U0919564

农村电商发展教材读本

姚金芝　编　著

中国建材工业出版社

图书在版编目（CIP）数据

农村电商发展教材读本 / 姚金芝编著．—北京：中国建材工业出版社，2016.9（2022.1重印）

ISBN 978-7-5160-1483-7

Ⅰ．①农…　Ⅱ．①姚…　Ⅲ．①农村 – 电子商务 – 基本知识 – 中国　Ⅳ．①F713.36

中国版本图书馆CIP数据核字（2016）第116223号

内容提要

本书共九章，内容包括：农村电商—互联网红红火火、电子商务与农产品的春天、“互联网+”时代—传统农业的转型与变革、农村电商+物流、农资电商：“互联网+”、加快培养农村电商发展的主力军、农村电商创业、农村发展的新热点：互联网+农业、农业+互联网：构建新常态下的现代化农业。

本书适合地方党政干部、农村电商相关从业人员、涉农电商企业负责人与农村电商创业者。

出版发行：中国建材工业出版社
地　　址：北京市海淀区三里河路1号
邮　　编：100044
经　　销：全国各地新华书店
印　　刷：大厂回族自治县益利印刷有限公司
开　　本：710 × 1000　1/16
印　　张：14
字　　数：220千字
版　　次：2016年9月第1版
印　　次：2022年1月第2次印刷
定　　价：26.80元

本社网址：www.jccbs.com　微信公众号：zgjcgycbs

PREFACE

前 言

2015年的中央一号文件题为《关于加大改革创新力度 加快农业现代化建设的若干意见》，这是自2004年以来的中央一号文件连续第12次聚焦“三农”，可见农业作为我国经济命脉的重要地位。2015年的“两会”上，“互联网+”正式被提到了国家战略层面，互联网对各个行业的整合和引导作用越发凸显。“互联网+”与农业的连接可以说是必然的趋势。一方面，我国农业发展不断加快，已经逐渐形成规模化，这为农业的现代化进程奠定了基础；另一方面，互联网不断为各个行业注入改革的动力，“互联网+”的时代已经到来。“互联网+”与农业的结合，不仅能够使农业现代化具有更大的发展空间，也能够为“互联网+”提供新的着力点和生存的土壤。

近几年，互联网巨头在农业领域的布局已经达到了如火如荼的态势。比如：联想10亿元投资，构建全新的农业产业生态圈；乐视推出“乐生活”平台，以垂直整合的思路打造农业生态；顺丰优先布局冷链物流，打造生鲜电商的“顺丰模式”；阿里巴巴打出“农业组合拳”，涉足后电商时代的下一个新蓝海......

随着经济的发展，农民生活水平逐渐提高，农村居民的消费观念也在与时俱进，在城市市场日渐饱和的前提下，越来越多的电商把目光投向了广阔的农村市场。

农村电商的发展与城市和一般工业品的电商进程很不一样，既有城乡差异、工农产品的生产方式和产品特性差异，也有电商发展的氛围与环境的差异，更有人才基础的差异。如何让农村电商快速发展起来，各地政府纷纷出台一系列政策措施，力图以政府的力量加速农村电商的发展，并因为切入

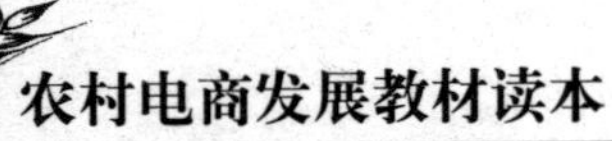

点、着力点等方面的不同，形成各具特色的模式。农业作为我国经济的主要支柱，迫切需要改变以往粗放、效率差、技术低的生产方式，而与互联网技术进行整合升级。农村电商迅速发展的实践，正呼唤着更多的研究成果问世。基于如上考虑，我们组织编写了这本《农村电商发展教材读本》。

本书通过对农村电商概念与框架的介绍、主要进展与问题及下行的电商进村、上行的农产品电商、乡村聚集的“淘宝村”现象等作了详尽的解读。

在编写过程中参考了大量的专业资料和同行专家的研究成果，在此对他们的研究成果和辛勤工作表示衷心的感谢。由于编写者水平有限，不足之处在所难免，恳请同行专家和读者批评指正。

编　者

2016年6月

CONTENTS

目录

第一章　农村电商——互联网红红火火

电商，即电子商务的简称，一般指商业和服务活动在网上以电子交易的方式进行。近年来，随着互联网技术的普及，电子商务发展迅猛，已经成为经济发展的新亮点。特别是在农村，电商也蓬勃兴起，促进了农民增收，也带动了农村经济发展。抓住当前经济转型的有利时机，大力推动农村电商发展，对农民增收和农村经济发展意义重大。

电子商务本来只是一种电子交易手段，但演化到今天逐渐成为一种新型商业形态，形成对传统商业的巨大冲击，一时间有“无商不电”之说。比尔·盖茨曾说：“21世纪，要么电子商务，要么无商可务。”阿里巴巴创始人马云也曾说过：“现在你不做电子商务，五年之后你必定会后悔。”二人的话虽然有些绝对，但就目前的形势来看，电子商务引导全球经济市场已是大势所趋。

电商时代的到来！

■“21世纪要么电子商务，要么无商可务”　——比尔·盖茨

■“现在你不做电子商务，五年之后你必定会后悔”　——马云

图1-1　电商时代到来的宣传图

第一节　电子商务的演化与基本类型

电子商务随着互联网技术的兴起而起步于20世纪90年代，至今经历两个大的发展阶段：第一阶段是商业活动电子化，即商业活动以电子交易作为载体，特点是方便化、快捷化，如电子银行、股票电子交易系统等；第二阶段是电子交易推动商业化，电子交易由工具延伸为网上市场的开发手段，颠覆了传统产业的“生产—销售”模式，形成了“销售—生产”的新业态。

一、电商的基本类型

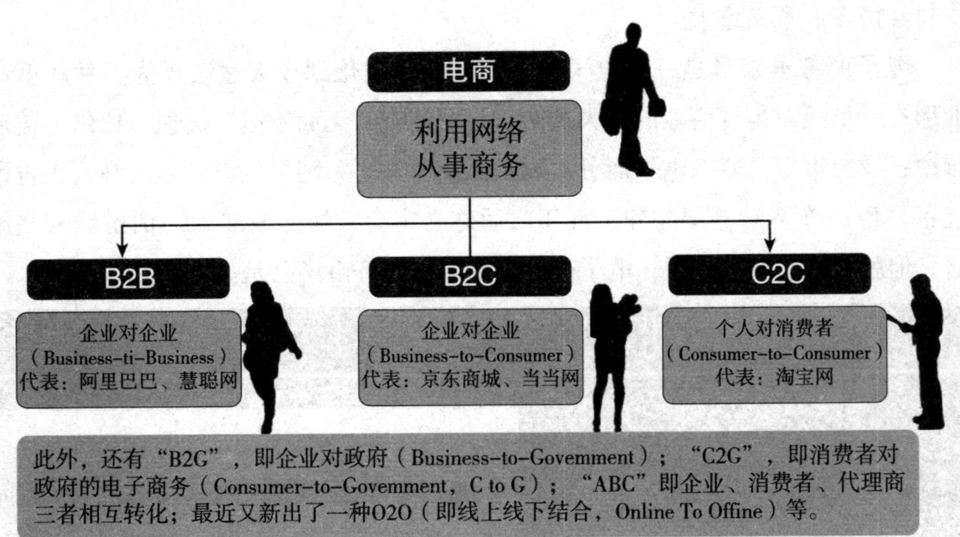

图1-2　电商的基本类型示意图

目前，电子商务概念高度集中于“电商”这个小概念，即利用网络从事商务，大体经历企业商务、个人市场爆发、企业零售转型三大阶段，可分为八种模式，而电商目前的热点又集中在网络零售市场。主要模式如下。

1．B2B，英文：Business-to-Business的简称，就是企业对企业的电子商务，代表型网站如阿里巴巴、慧聪网等，主要方便企业之间做生意。

2．B2C，英文Business-to-Consumer的简称，就是企业对消费者个人的电子商务，自2005年网络零售市场兴起后逐渐成为主流，代表型网站如天猫商城、京东商城、当当网等，企业在网上把东西卖给个人消费者。

3．C2C，英文Consumer-to-Consumer的简称，就是个人卖家对个人消费者，代表性网站是淘宝网，现在年轻人要买点日常用品一般都在淘宝网上搜一下，网上付款就行。

此外，还有B2G。企业对政府（Business-to-Government）；C2G，消费者对政府的电子商务（Consumer-to-Government）；“ABC”，即企业、消费者、代理商三者相互转化；最近又新出了O2O模式（即线上线下结合。Online To Offline）等。

二、面向个人的电商类型

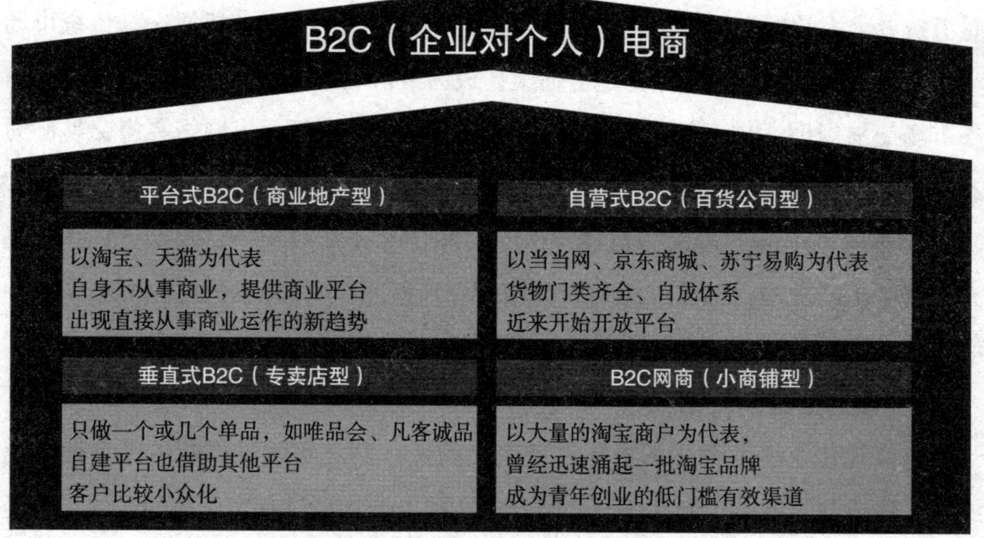

图1-3　面向个人的电商类型示意图

作为目前网络零售市场最主要的电商形式B2C，又有四种形式。

1．平台式B2C，也可以形象地称之为商业地产型，就像城市中心开发商业区的公司，商场盖好后租给商家用，提供配套服务。以淘宝、天猫为代表，自身不从事商业，只提供商业平台，但最近出现直接从事商业运作的新趋势。

2．自营式B2C，也可以形象地称之为百货公司型，商家自己开商场，自己来经营，自己去收款，自己去送货。以当当网、京东商城、苏宁易购等为代表，货物门类齐全、自成体系，近来开始开放平台给小商户。

3．垂直式B2C，也可以形象地称之为专卖店型，像城市里的品牌专卖店，做一个或几个品类，如唯品会、凡客诚品，自建平台也借助其他平台，客户比较小众化。像唯品会就是卖品牌服装的，一般以季末打折商品为主。

4．网商型B2C，也可以形象地称之为小商铺型，有点类似城乡集贸市场上的小摊贩，以大量的淘宝商户为代表，一般要借助电商平台开设店铺，曾经迅速涌起一批“淘宝品牌”，成为青年创业的低门槛有效渠道。

三、电商风潮愈演愈烈

电商早在20世纪90年代即起步，主要在企业与企业之间，一般老百姓还感觉不到。进入21世纪以来，普通消费者网上购物开始流行，企业开始大量做直接面对消费者个人的网上零售生意，规模越来越大。2008年金融危机以来，传统市场竞争逐渐增大，而电子商务却逆势而上，成为经济亮点。2014年底，中国电子商务市场交易规模达13万亿元，其中B2B交易额为10.2万亿元，网络零售交易额为2.8万亿元，直接从业人数为200万人，间接带动就业人数超过1500万人。据测，2015年中国电子商务规模达到18万亿元。2015年天猫双十一交易额达P12.17亿元，其中无线成交占68%，参与交易国家和地区232个，阿里巴巴再次刷新单一电商平台单天交易的世界纪录。

1．电商演绎的营销神话

电商让传统企业漫长的成长过程大大缩短，两三年就可以让一个企业飞速成长，最典型的就是“淘品牌”，即专门在网上销售而没有实体店的品牌，曾经被传统企业讥笑为“空手套白狼”，但经过多年培育，目前较成功的“淘品牌”有麦包包、斯波帝卡、韩都衣舍、小狗电器等。以服装电子商务企业韩都衣舍为例，2008年品牌创立时只有几间房子几个人，但到20l3年时企业员工超过2000人，淘宝网店铺会员人数突破800万人。电商流行语是，不怕买不到，就怕想不到。以陕西凉皮为例，淘宝网上现在开凉皮店的有726家，产品1.08万款，大家担心的包装、保质、运输问题都解决了。2013年网上一款“岐山方便擀面皮”赢得万人好评，一月销售4万多件，销售额60多万元。

2. 电商总体由1.0时代向2.0时代迈进

电商1.0时代	电商2.0时代
以个人电脑为基本载体，消费群体以80后为主力，基于互联网技术形成了门户网站时代的繁荣，造就了PC端电商网站的崛起。 竞争的核心是拼流量，看谁的网站更能吸引顾客，所以平台之争十分激烈，形成淘宝、天猫、京东、苏宁、当当、1号店、我买网等大型网购平台。 买东西的一般办法是登录网页，翻查商品，网上下单并网上付款，物流公司送达。 主要是等待顾客上网点击，导购十分重要，导流量耗费大量精力。	以手机为基本载体，适应移动互联网时代的到来，消费群体以90后为主力，传统的PC端网站模式受到挑战，微信商城脱颖而出。 竞争的核心是拼生态链，看谁的系统更适应手机上网和消费者习惯。 买东西的办法非常简单，只需手机扫二维码，手机支付下单即可。 与传统的电商等客上门不一样，变为基于大数据的主动推送和精准营销，社交基因显得十分重要。

图1-4　电商由1.0时代向2.0时代迈进示意图

电商1.0时代：以个人电脑为基本载体，消费群体以80后为主力，基于互联网技术形成了门户网站时代的繁荣，造就了淘宝。这个时代的核心是拼流量，看谁的网站更能吸引来顾客，所以平台之争十分激烈，形成淘宝、天猫、京东、苏宁、当当、1号店、我买网等大型网购平台。买东西的一般办法是登录网页，翻查商品，网上下单并网上付款，物流公司送达。

电商2.0时代：以手机为基本载体，适应移动互联网时代的到来，消费群体以90后为主力。传统的PC端网站模式受到挑战，微信商城脱颖而出。这个时代的核心是拼生态链，看谁的系统更适应手机上网和消费者习惯。买东西的办法非常简单，只需手机扫二维码，手机支付下单即可。

3. 当前电商发展的竞争热点

O2O：即网上网下结合，有的传统商城意识到电商的趋势，开始网上销售；但是网上买东西最大的问题是没有办法看实物，所以有的网商意识到消费者体验的重要，开始线下建店。如苏宁的破釜沉舟式转型，即是一例。

大数据：就是基于现代的云计算系统和互联网技术，对客户的数据进行全方

位统计分析和定位，从而更精确地营销。《大数据时代》形象地描述了一个美国的电商靠大数据推测，竟然比一个父亲早一个月知道他的女儿怀孕。如今的电商营销基本上建立在大数据的分析基础之上。

社交基因：现在的移动互联网与手机熟人圈即微信圈关联度极高，一个微信圈的消息很快就能转化为商品购买行为，有没有社交基因成为移动电商决胜的关键。比如，一个叫糯米酒先生的电商，依靠微信每月能卖几十万元的糯米酒。而2015年更被称为微商元年。

社区终端：主要对生鲜电商而言，只有与社区结合，才能将物流费用比商品费用还高的怪圈打破，所以各大电商在此方面不遗余力地参与竞争。

互联网金融：由电商的支付制度衍生而来，迅速成为新的金融工具，如支付宝钱包、微信钱包、网上信贷等。

跨界：一批互联网企业介入农产品的生产、销售，典型的是联想农业、顺丰优选等。

农村电商：广大农民的网购行为还很少，大量农产品还没有上网销售，市场空间巨大，2014年农村网购市场达到1800亿元以上，2016年将突破4600亿元。

跨境电商：即不同关境的交易主体，通过电子商务平台达成交易、进行支付结算，并通过跨境物流送达商品、完成交易的一种国际商业活动。目前我国跨境电商年均以30%速度增长，20多万家企业从事在线出口贸易，2014年跨境电商交易规模达到2万亿元。

第二节　三农电商近在眼前

2014年绝对是电商历史上值得回忆的一年，有京东、阿里巴巴等电商巨头的成功上市，有万达这样的传统企业开始电商转型，还有数不清的资本如火如荼地投入电商蓝海等。但这一年的电商历程可能对三农的影响更为深远，一系列三农电商事件的发生，正在让一场农村电商的台风越来越近。

一、热火朝天的三农电商

年底又在开始选年度汉字，如果在电商的三农领域选年度汉字的话，那我看就一个字：热。上到总理，中间是各个企业家、县长们，下面还有数不清的热血青年，三农电商真的热了。

1. 总理点燃了三农电商冬天里的一把火

2014年的l 1月19日，世界互联网大会在浙江乌镇召开，国务院总理李克强在参会前先去了一趟有天下第一淘宝村之称的义乌市青岩刘村。李克强在青岩刘村走访了三处地方：一家做旅行收纳包业务、年入千万元的B2B店铺，杨耀晖的亲子装网上零售店，以及一个每日接单一万多票的快递网点。总理一个小时的到访，无疑为刚刚起步的农村电商添上了一把大火，如果说前面的农村电商更多的是靠草根们自发地兴起的话，那么以后的农村电商无疑将多了些政府的关注与支持。

2. 176个县长的不约而同

在今天不知道还有什么样的会议能让100多个县长跑到一个民营企业去参会，而且不管住宿和接待，但阿里巴巴做到了。2014年7月3日，“首届中国县域经济和电子商务峰会”在杭州举办，176个县长齐聚阿里总部讨论农村电商，让人有些“愤愤不平”的是，马云竟然没有在会议上露面，然而县长们还是不亦乐乎。县长们为什么看上了电商，一句话，电商里面有民生、有GDP、还有政绩。

3. 电商下乡刷墙真是弱爆了

如果将时光倒回2014年的春天，对于农村电商这一块大蛋糕，各大电商们倒是有“春江水暖鸭先知”一般的敏锐，于春天开始了农村刷墙的竞争。有人统计，目前到农村刷墙的有60多个互联网与电商企业，在热闹中甚至有些喜剧的味道。除在淘宝网上已经流传时间较长的“生活要想好，赶紧上淘宝”、“在外东奔西跑，不如在家淘宝”等标语外，百度推出了“要购物、先百度”的口号，当当网的宣传口号是“老乡见老乡，购物去当当”，京东的口号则是“发家致富靠劳动，勤俭持家靠京东”，连做网络婚恋的世纪佳缘也开始在农村刷标语，说“上佳缘找媳妇儿，种地有帮手”。京东更是带头做起，首批下乡配送车队开进了农村，苏宁易购也设置了农村频道。

图1-5　电商下乡宣传图

4. 阿里巴巴在农村亮剑了

2014年9月19日，阿里巴巴在美国成功上市，这是2014年互联网界的大事件。上市当天，阿里巴巴以收盘价93.89美元、市值2314.39亿美元的惊人数字，一跃成为世界电商第一股；随着阿里巴巴上市，马云成为大陆首富，身家265亿美元，约1627亿元人民币，全球排名第23。然而，更让人关注的是，阿里巴巴集团今后要走向何方。对此，马云的回答是，要在农村电商、跨境贸易和大数据三个领域进行重点投资。随后阿里巴巴推出了“千县万村”计划，宣布在三至五年内投资100亿元建立1000个县级运营中心和10万个村级服务站。

紧随阿里巴巴的脚步，京东、苏宁也在2014年第四季度亮出了农村战略的底牌：京东则提出2015年电商下乡的总目标，新开业500家县级服务中心、招募数万名乡村推广员；未来5年，苏宁将建10000个乡镇服务站，覆盖全国四分之一以上的乡镇。一种风雨欲来风满楼的感觉正弥漫在农村上空，新的电商竞赛又开始了。

二、逐渐有谱的三农电商

1. 农产品电商，不畏浮云遮望眼

尽管有三千农产品电商无一盈利的说法，但依然无法阻挡农产品电商方面的热烈投资，大有高举高打、无所畏惧之势。2014年5月，顺丰嘿客开始运营，从

运送农产品转向直接卖农产品；也就是在当月，亚马逊宣布入股垂直生鲜电商平台美味七七，投资金额达到两千万美元；8月1日，中粮电商平台我买网宣布完成B轮融资，获得1亿美元注资；8月18日乐视网电商平台“乐生活”正式上线，要融农产品生产加工、冷链物流、品牌运营和金融投资于一体；9月30日，阿里巴巴旗下聚划算正式推出“聚土地”二期，在全国8个城市同时开启，消费者可以选择离身边最近的农场预购土地，定制套餐，享受新鲜的空气，还可以免费参观农场，浏览田园风光。

图1-6　电商巨头剑指农村示意图

2. 农村电商，小荷才露尖尖角

农村消费长期启而不动，有农民收入水平低的问题，更有农村消费市场水平偏低的问题，大量的假冒伪劣商品充斥着农村市场。也正是在这样的背景下，农村电商随着交通、通信、物流条件的不断改善，逐渐靠谱起来。目前，农村居民对网购模式的接受度达到84.41%，人均网购消费金额预测在500~2000元之间，仍有增长空间。继我国网购市场规模突破1万亿元之后，城市网购市场增速日渐放缓，农村市场成为电商下一轮增长的新引擎。过去三年，淘宝农村消费占比不断提升，从2012年第二季度的7.11%上升到了2014年第一季度的

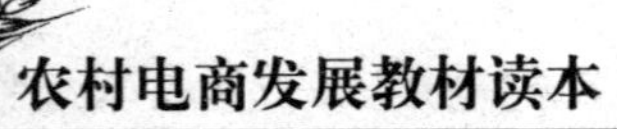

9.11%。预计2014年农村网购市场会达到1800亿元以上，2016年将突破4600亿元，继续缩小与城市网购规模之间的差距。如此这般，电商又如何不下乡呢？

3. 县域电商，柳暗花明又一村

消费不振，出口疲软，投资后劲不足。中国经济发展进入新常态模式，靠拼血本招商引资的传统县域经济模式也面临政策、环境、财政的重重压力。但电商却开启了县域经济增长的一个新领域。以小商品批发著称的浙江省义乌市，实现了网上再造一个义乌的转型，2013年注册地在义乌的淘宝卖家（含天猫）账户达到10万个，超过义乌国际商贸城的商户数量（7万家左右），成为义乌最大的商人群体；电商交易规模856亿元，交易额也超过实体市场。研究表明，电商带动了配套的生产、加工、储藏、物流和电商服务业的发展，增加了就业，为县域经济注入了新活力。县域电商、农产品上网、地方特色馆、电商园区、跨境电商，一时成为县长们关注的焦点，也就不足为奇了。

三、农村电商如何发展

中国接入互联网已经22周年了，互联网诞生的数十年来，互联网企业以“互联网+”的方式改造了一个又一个行业，唯独在农业上的进步不大。农村生态系统复杂，单纯的电商模式很难改造农村经济，所以也出现了一系列专业农村电商服务平台。这对互联网企业来说更多的是一种尝试，尝试中他们也知道了资源与城市社区资源颇有不同。

1. 城镇化现状：农民走向城市资源趋向整合

“三农”问题一直是当今农村电商不能回避的难题。农村社区化其实就是整合资源的线路，而整合资源就不可避免三农问题：增收、发展、稳定。几个村合并成社区，等于把几个村的劳动力资源都整合起来，另外，合并以后的农田也统一起来，建立生态种植基地或者招商引资建立养殖场或者其他工厂，附近村落的农民都进入这些工厂工作、挣钱、养家。由于一定的原因这个政策没有继续推行，却是农村今后的发展的方向。农村传统的分散式作业过于落后，不利于农作物产能及生产效率的提高。把农田或者养殖业整合成种植及养殖基地，整体上更有利于生产资源的提高及再利用。事实上，这也是当前农村城镇化的一个规划路线。

2. 互联网+三农：农村电商应该怎么做？

农产品大幅提升后，首要问题就是销售。虽然某宝、某东都在下乡，在农村刷了很多墙，可是这些电商平台无法将供应及需求链下沉，他们无法让没有互联网尝试的农人去团队化运营。所以农民需要的是一个能够从根本上了解当地农产品及生产资料再分配的平台，于是就诞生了卖货郎这样的专业的农村电商服务平台。卖货郎的初衷就是让农村与城市接轨，让中国与世界同步；以消费者需求为导向，以中小企业发展为己任，以市场化资源配置为路径。

3. 农村电商：需要更多“卖货郎”

当前农村电商涉及的商业模式有生鲜电商、农产品电商、农资电商等，每一种模式都有一定的产业链以及产业族群。卖货郎目前拥有运营中心上千家，服务站上万家，而农村人口数量多，需求大，需要有更多的“卖货郎”才能满足整体发展的农村产业。

农村电商这片蓝海，有着极为复杂的一面，但又有其足够的魅力和发展潜力，这也是各大电商平台竞相追逐的原因。无论电商如何渠道下沉，也只有像卖货郎这样的专业服务平台能让农村商业生态更为丰富，农村人能享受到高质量的生活。

4. 县域电商的热潮终于到来

如果说2014年7月阿里巴巴主办的全国首期县域经济与电商论坛标志着县域电商进入全面发展时期的话，那么2015年将会是一个县域电商的蓬勃发展期。随着一批县域电商模式的发布和一大拨四处参观的县长们谋划着自己的县域怎么干，2016年必将迎来一个县域电商发展的热潮。从农产品电商做起，还是直接建设电商园区，搞电商经济，各地也注定会各出奇招，展开新一轮的竞争，也不排除决策水平不高导致的偏离与失误。衷心地希望，县域电商能带给农民实惠，带来农村的新改变，带来县域经济发展的新亮点。

图1-7 首届中国县域经济与电子商务峰会论坛

第三节　农村电商为什么会红红火火

阿里研究院院长高红冰说，“农村的市场是一个新的蓝海市场，我们发现在整个网购现象的背后，其实在三线、四线、五线、六线城市的分布是超过一半的，所以未来一个新的增长点是在这块。”目前，农村居民对网购模式的接受程度达到84.41%，人均网购消费金额预测在500～2000元之间，仍有增长空间。继我国网购市场规模突破一万亿元之后，城市网购市场增速日渐放缓，农村市场成为电商下一轮增长的新引擎。过去三年，淘宝农村消费占比不断提升，从2012年第二季度的7.11%上升到了2014年第一季度的9.11%。预计2016年将突破4600亿元，继续缩小与城市网购规模之间的差距。

如果顺着阿里巴巴的思路再进一步梳理，则我们会发现农村电商蕴藏着巨大的潜力，至少表现在以下五个方面。

一、农村电商市场前景具有明显的广阔性

2010年村镇农村电子商务交易总额（网购总额加网销总额）约209亿元，仅占实体交易总额（采购总额加销售总额）的0.07%。特别是随着农村物流体系的改善、农村信息化的普及、农村消费水平的提高，整个农村电商的增长空间值得期待。再像农产品电商，目前农产品实体市场约2.5万亿元，而网上销售额仅500亿元左右，市场想象空间巨大。

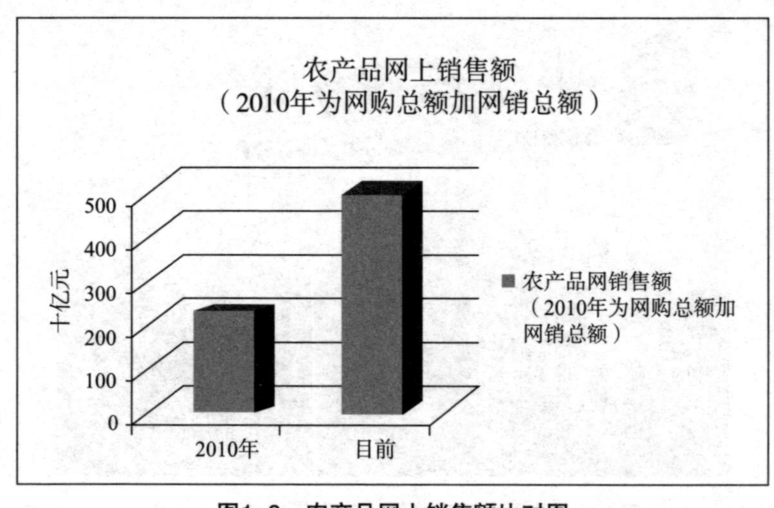

图1-8　农产品网上销售额比对图

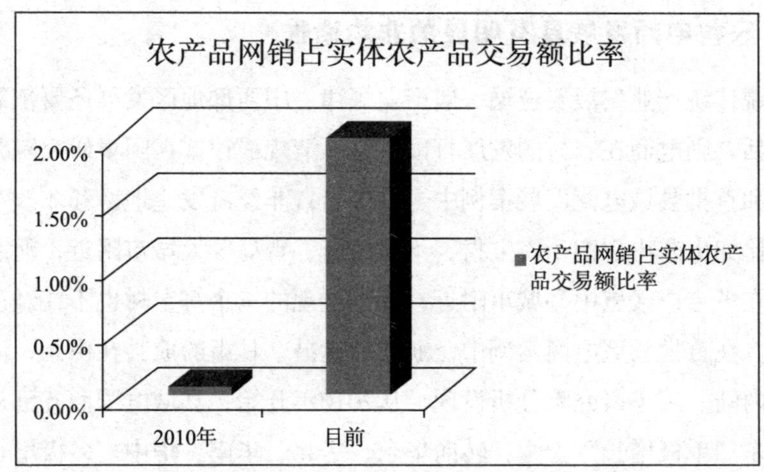

图1-9 农产品网销占实体农产交易额比率图

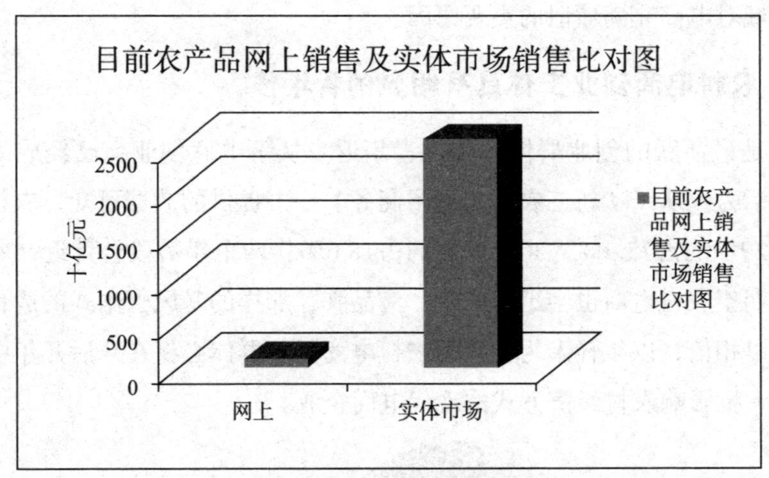

图1-10 农产品网上销售占实体农产交易额比对图

二、农村电商消费具有明显的新生性

有研究表明，消费者通过网络零售消费的100元中，约6l元是替代性消费，即从线下消费转移到了线上；但是另外的39元，则是因网络购物的刺激而产生的消费增量。但在三四线的县域地区，网络新增消费更高达57元，拉动消费作用明显。目前的农村，可谓假冒伪劣产品横行，好多东西农民想买却买不到，进城买又不经济，还有很大的消费潜能。一些地方已经出现了专门为村民代理网络购物的淘宝代购客，也从侧面证明了这一点。

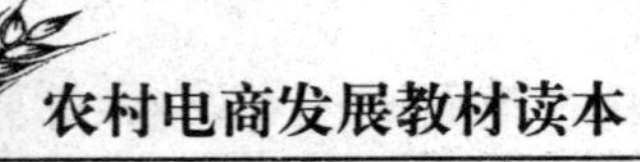

三、农村电商发展具有明显的非均衡性

如果说传统产业发展要遵循一般产业规律、中西部地区发展还要依靠产业梯次转移的话，则电商在农村的发展打破了这一清规戒律。在阿里研究院公布的首批淘宝村和首批县域电商发展案例中，许多出自非经济发达地区和非改革开放沿海地区。比如山东出现四个淘宝村，不在济南、青岛等大城市附近；河北两个淘宝村也不在省会或区域中心城市附近；江苏出现的三个淘宝村也不在经济发达的苏南地区。在首批县域电商案例中，浙江的遂昌、甘肃的成县在山区，河北的清河更身处内陆。阿里研究院分析发现，从2010年开始，县域电子商务已从以江浙代表的华东“单极增长”为主，转向华东、华北、华南、华中“多极增长”的新阶段。显然，由于电商打破了时空的限制，为电商的地域突破提供了条件，这也是一批县域对电商充满憧憬的重要原因。

四、农村电商创业主体具有明显的青年性

青年是最活跃的创业群体，大批青年返乡从事电商创业，已经成为农村电商的最大活力。从《“新三农”与电子商务》一书提供的数据可知，农村网商年龄在20～29岁的占75.9%，30～39岁的占18.6%，两个年龄段合计近95%。虽然我们难以期望农村电商也会迅速产生“淘品牌”那样的暴风骤雨式的成长奇迹，但至少可以相信，以年轻人为主体的农村电商创业群体必将在今后几年中蓬勃发展，形成一批影响农村经济方式的现代电商企业。

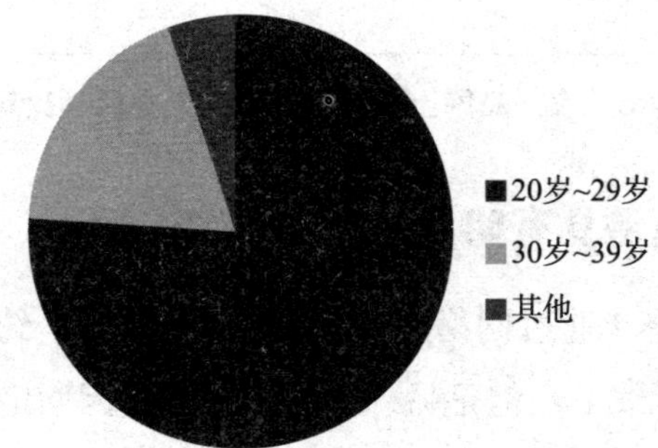

图1–11　农村网商年龄分布图

五、农村电商的发展具有明显的产业再造性

电商在农村的发展不仅是渗透到传统产业之中，而是深刻的影响与再造，甚至是催生农村新的产业，这是农村传统产业模式不可想象的。比如目前的农产品

上网，普遍面临标准化程度低的问题，电商运用现代信息技术和科技手段进行了系统性的产业链改造，这对农业生产方式的影响是深远的。而且，电商把盲目生产逐渐转向依靠市场，拿到订单再生产，可以有效避免销售难。电商带动了配套的生产、加工、储藏、物流和电商服务业的发展，增加了就业，为县域经济注入了新活力。

可以预见，随着城市电商竞争的日趋激烈，在信息化基础不断完善、农村消费水平不断提高、农产品生产销售模式加快转型的情况下，农村电商成为了下一个重要的电商蓝海市场，未来值得期盼！

第四节　农村电商的可靠性

农村电商自2009年以来呈现爆发趋势。到2013年，仅在淘宝和天猫平台上，从县域发出的包裹就达约14亿件。关于农村电商的蓬勃发展，各方表述较多，下面从四个领域的成就加以概括。

一、个体农民电商创业自发兴起

大量回乡农民工、返乡大学生和部分大学生村官，开始运用电商这一便捷的平台，大量销售农村土特产品，2013年，在淘宝和天猫平台上，注册地在农村（含县）的网店超过200万家。比如作为经典案例的全国百佳网商“山之孕”特产店的创办者杜千里，是河南辉县上八里镇杨树庄人，家里非常贫穷，MBA研究生毕业后回到农村创业，利用一根网线，把太行山区的野生药材、绿色杂粮、野生核桃、红枣、山楂等健康食品通过互联网销售出去，2011年实现150万元的收入。既满足了城里人对于天然绿色食品的需求，也帮助了贫困的乡亲们销售和增收，当地野生核桃的进山收购价从6元一斤涨到了13元一斤，增长了一倍多；野生山楂片由原来1元一斤涨到了7元一斤，涨了七倍。

二、以乡村为区域实现聚集

不仅企业、个人在电商中发财致富，而且一批村子也因为搞了电商经济迅速发展，像“淘宝村”就是传奇的代表。“淘宝村”指的是大量网商聚集在农村，以淘宝为主要交易平台，形成规模效应和协同效应的电子商务生态现象。判断

“淘宝村”的主要依据是：

1.农村。农村草根网商自发形成，也就是农民自己办网店，不是企业办；

2. 规模。网商数量达到当地家庭户数的10%以上，且电子商务交易规模达到1000万元以上；

3. 协同。形成相对完整的产业链，具有协同发展的特征，就是说生产、贮藏、加工、包装、物流这些配套都比较齐全。阿里研究中心发布的《淘宝村研究微报告2.0》显示，截至2013年年底，国内已经发现的淘宝村数量增加到20个，涵盖网店1.5万个，带来的直接就业人数为6万人，并且带来了物流快递、包装等服务业的大量间接就业。被称为中国第一淘宝村的浙江义乌青岩刘村，总人口不到2000人，但居住却达8000多人，开了1000多家淘宝网店，拥有两家金冠店、数十家皇冠店，每年成交额超过20亿元。

三、以县域为单元形成电商新经济

2014年7月，阿里巴巴主办全国首期县域经济与电商论坛并发布一批县域电商模式，标志县域电商进入全面发展时期。以小商品批发著称的浙江省义乌市，实现了网上再造一个义乌的转型，2013年注册地在义乌的淘宝卖家（含天猫）账户达到10万个，超过义乌国际商贸城的商户数量（7万家左右），成为义乌最大的商人群体；电商交易规模为856亿元，交易额也超过实体市场。浙江的遂昌，在农产品标准化程度低、市场信任难的情况下，通过政府的背书来整合推动，2012年全县电商交易为1.5亿元，2013年1月淘宝网遂昌馆上线，初步形成以农特产品为特色、多品类协同发展的县域电子商务“遂昌现象”。作为陕西首批电子商务示范县的武功，提出“买西北，卖全国”的县域电商发展思路，建设电商园区，配套建立电商产业四大服务平台，先后吸引20多家电商企业入驻，培养了300多个淘宝店铺上线，仅半年多时间做到一天网上发货8000单的出货量，成为县域经济发展的一个亮点。

四、农产品电商企业创造营销神话

在依托电商平台大量出现快速消费品淘品牌神话的同时，农产品电商企业也开始崭露头角。安徽三只松鼠电子商务公司，其标签是第一个互联网森林食品品牌，主要销售坚果，上线仅65天销售就在淘宝天猫坚果行业跃居第一名；成立仅1年，营业额就达到3亿元；2013年“双11”一天就销售了3562万元，创造了一个异军突起的农产品电商网奇迹。陕西本土成长的农产品电商企业——熊猫伯伯，主营特产食品、绿色无公害农产品、进口休闲食品等，采用“全网络营销+自建平台”模式，2013年营业额也达到6000万元。

农村电商在这四个方面的成就表明，电子商务已经在农村落地生根，正在由农民个体的自发行为转变为政府推动下的经济发展新潮，而困扰农村电子商务发展的瓶颈因素，也因为发展势头日益强劲，得到各方的重视并予以化解，农村电商的前景完全有理由更加乐观！

第五节　增强电商下乡信心的四大理由

长期以来，对于县以下消费市场总有一种认识上的傲慢与偏见，因为占据人口约70%的县以下消费市场只占全国商品零售总额的30%，那里会有什么商机？然而，在农村经济社会迅速发展的今天，农村消费市场也正迎来全面升级的历史机遇，电商的新蓝海隐约可见，正所谓，风物长宜放眼量。预计农村电商市场2016年可达4600亿元的数字遭到质疑，相信农村电商至少有四大理由。

一、农村生产生活商品化程度全面加深

目前的农村，最后的自给自足经济消失了，农村生产生活商品化程度全面加深，带来电商发展的新空间。如果说城市的母亲们早已失去了为孩子做衣服的本能的话，则今天的农村也正在与这样的传统告别，大量的农村女孩告别乡村，进入城市，已然成为城里人，也不会再像她们的母亲那样，辛苦地纳鞋底，密密地缝棉衣。也许再过若干年，唐代诗人孟郊《游子吟》中的名句“临行密密缝”会让孩子们费解，而多少散文家写滥了的寄托着母爱的一双布鞋也可能在若干年后成为文物，这就是今天农村的深刻变化！这还只是农村生产生活变化的冰山一角，今天农村的孩子们从小也开始和城里的孩子一样上幼儿园，还要上寄宿制小学，他们无论身上穿的，口里吃的，手里用的，无一不是下乡的工业品。这样的消费空间难道还

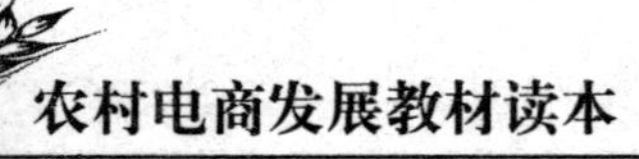

小吗？正在城市苦苦挣扎的二三线消费品牌，如果能早一点认清形势，到农村去，则也许会跳离与外资、国产一线品牌的力不从心的对抗，找到新的发展空间。

二、农村消费还有大量东西买不到

目前的农村消费不振，有买不起的原因，更有买不到的原因，电商可以顺势而为。到农村走一圈，时常会有一种哭笑不得甚至是欲哭无泪的感觉，在市场经济日趋发达的今天，城乡的消费市场却依然有着天壤之别。走到农村的集市上，假冒伪劣产品比比皆是，触目惊心，康师傅变身“康帅傅”，娃哈哈变身“娃恰恰”，喜之郎变身“喜大郎”，奥利奥变身“奥立奥”，甚至泸州老窖也可以变身“泸渊老窖”等，还有大量过期食品、三无产品等充斥着农村集市商店。这些年，农村居民收入水平增长速度明显快于城市，重要因素是工资性收入增长较快，一些研究者往往把农民的农业收入不高与农民的家庭收入、消费水平挂钩，殊不知来自城市的收入反哺才是农民现金收入的最主要来源，随着农民收入水平的提高，客观上有消费升级的要求，但农村市场并没有及时给予满足。特别是一些农村富裕群体，要想体面地消费一下，必须进县城甚至进省城。而电商的渠道却恰恰可以打破时空的限制，满足农村不同消费层次的需求。

三、模仿型排浪式消费农村刚刚开始

虽然中央经济工作会议讲，城市的模仿型排浪式消费正在终结，然而农村却刚刚开始。电商在城市的爆发，最终演化为以顾客为中心的个性化消费，过去穿衣服，唯恐没有赶上潮流，如今穿衣服唯恐没有个性，撞衫事件甚至导致心理失衡，这标志着再像80年代那样人人穿喇叭裤的模仿型年代一去不复返了。同时，在传统意识中的几大件相继普及之后，城市新的消费增长点开始多元化，排浪式的消费也面临终结。这是许多商家难以适应形势的根本原因，不是生意不好做了，而是生意不能再像过去那样做了。然而，与城市相对应的是，农村的模仿型排浪式消费刚刚开始，城市人已经家家户户都有的冰箱、空调、电脑这几件必备家电，在农村的消费增长才刚开始，正在成为新的排浪式消费，这一点从农村婚嫁的陪嫁品就可以看得出来。同时，几经进城与回乡，农村人的消费观念开始追逐城市，品牌消费慢慢起步，成为一种模仿型的消费流行。比如，在农村电商村级服务点，经常出现的情形是，一个农村妇女买后说好的衣服，其后一段时间往往会有其他妇女购买同款。

四、农村妇女的“消费”能力不可低估

农村是真正的女人当家，马云精心培养的“败家娘们”群体，后备力量在农村。做商业的都知道一句行话，能不能卖得好，关键看能不能抓住女人心，这个你懂的。第一要抓女人本身，一年四季，女人的形象何止万千，需要的消费又何止千万；第二要抓女人的孩子，一天长一个样的小家伙们，消费自然不可少；第三要抓女人的亲人，包括丈夫、父母等，有时候看女人有心无心，就看给亲人买东西多少。可以看得见的是，那些已经在淘宝上买东西买到“剁手”级别的女人们，如果心里对这种疯狂购物有负罪感时，则往往就会再为家里其他人也买一些，这就是城市的女人！而农村的女人什么样？勤俭持家是当然的传统品质，但并不意味着她们不愿意更多的消费，特别是在生活水平一天天提高的时候。浙江遂昌的实践表明，自从有了电商，县域内的人均年消费提高了1000元左右。更重要的是，农村妇女在目前农村人口的“386199”部队结构中，处于生产生活的绝对主导地位，随着一批80后的新一代农村媳妇逐渐成为大当家的时候，农村电商就天然地有了增长的空间，只需要配套的电商服务跟进即可。全球管理咨询公司麦肯锡最新发布的2015年中国数字消费者调查报告指出，尽管互联网在三四线城市和农村普及率较低，但这些地区的大部分消费者都在使用电子商务，网购的比例分别达到了68%和60%；农村用户中的“网络达人”更是比一线及二线城市多出25%，渴望第一个尝试新的产品和服务。麦肯锡全球董事季翔说，“很有意思的是，虽然在农村互联网覆盖率仅为19%，但是在电子商务的使用上他们跟城市居民一样活跃”。

那么说到最后，如果上述这些都不是可以相信的理由的话，那么就看看那些热烈地下乡刷墙的电商吧，他们不可能不约而同地做着同样低智商的事情，现在农村电商只需要农村与电商之间的有效链接。

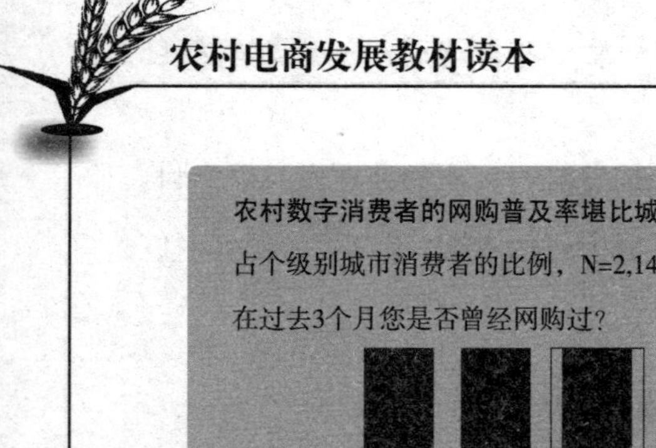

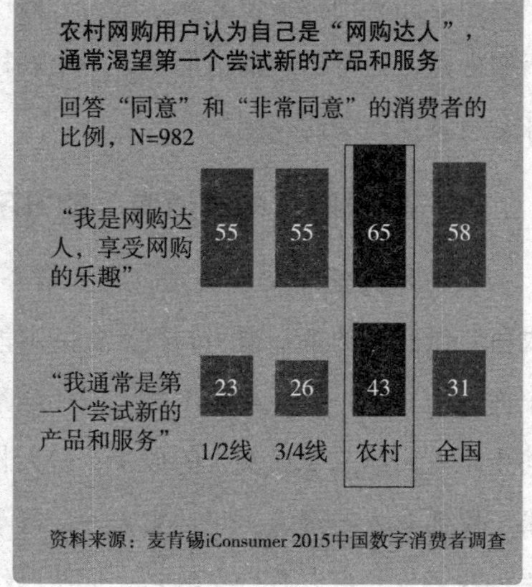

图1-12　2015年中国数字消费者互联网普及率调查图

第六节、农村电商的“三家村”及其“邻居”们

一向被为人忽视的农村电商市场在2014年下半年徒然升温。2014年9月，阿里巴巴在美国上市后随即宣布，今后的三大战略是农村电商、跨境电商和大数据，农村电商随即因为阿里巴巴的高度关注而受到大家的关注；2014年10月阿里巴巴正式公布农村电商战略，推出“千县万村”计划，准备投资100亿元，在1000个县建设电商服务中心，在100000个村建设淘宝服务点，并将第一个农村电商试验点确定在浙江桐庐。2014年11月19日，李克强总理视察淘宝村后，农村电商进一步升温。到2014年底，京东也公布了自己的农村电商战略，按照两条腿走路的办法，在县城建设京东帮和服务中心，分别负责大家电与家具的四位一体服务和一般商品的农村导购。苏宁也不示弱，及时推出了自己的农村战略，并在京东老总刘强东的老家江苏省宿迁市洋河镇开设苏宁易购第一家服务站。至此，农村电商争夺战全面爆发。

一、阿里巴巴：以农村再造一个淘宝

在推出农村淘宝计划之前，阿里巴巴可谓精心准备，马云专门前往浙江遂昌调研赶街项目，阿里研究院也发布了《农村电子商务消费报告》，报告核心数据表明，农村电商大有潜力，过去3年，淘宝农村消费占比不断提升，从2012年第二季度的7.11%上升到了2014年第一季度的9.11%，2014年全年农村网购市场规模达到1800亿元，到2016年甚至有望突破4600亿元；来自商务部的统计数据显示，2015年农村地区网购交易额达到3530亿元，同比增长96%；农产品网络零售额达到1505亿元，发展农村网民达到5659万人，新增网店达到118万家，在全国1000个县里，已经建成了25万个电商村级服务点。

图1-13 阿里巴巴“农村淘宝”首单落户图

2014年10月13日，阿里巴巴集团在首届浙江县域电子商务峰会上宣布，启动“千县万村”计划，主要目标是，在3～5年内投资100亿元，建设1000个县级电商服务中心和100000个农村淘宝服务点，主要定位于四个方向：一是让农村也能享受与城市一样的消费选择，即代买、代缴费服务；二是让优秀的人才可以回归农村创业，即带动农村就业创业；三是让农民可以直接从厂家采购生产资料从而降低成本，即放心农资下乡；四是让农业产品足不出户卖到全世界，即代卖农产

品服务。

为了推进这一计划，阿里巴巴确定了四个方面的重点工作：首先是投资基础，具体说就是在县乡建立运营体系，加强物流，做好基础设施建设；其次是激活生态，帮助培养更多的买家卖家和服务商、做好人才培养；第三是创新农村代购服务、农村金融、农资电商O2O等；最后一点是创造价值，帮助农民提高收入、增加就业、实现新型城镇化。

具体推进方式是，各地政府向阿里巴巴集团公开申请，由阿里巴巴在选定的县级城市开设县级服务中心站点，由县级服务中心站再去开拓合适的村级服务站。村级服务站由当地村民或合适做村民网购网销服务的店铺来运作。阿里巴巴将同地方政府对接，整合当地物流配送、培训机构、农副产品检验检测机构、农资农具厂家等资源，打造一个“消费品下乡、农村产品进城”的双向流通体系，并提供包括金融在内的综合服务。

到2015年3月底，根据媒体披露的数字，“村淘”已进驻全国10多个省区市，覆盖800多个村，推进速度相当快。

为了配合农村战略的实施，阿里巴巴先后做出几项重要部署：一是对淘宝网进行改造。2014年11月针对农村市场推出了二级页面“农村淘宝”，页面布局更为简单，除了淘宝常规的服装、鞋包、母婴、电器、居家百货之类外，特别的要属“农资用品 / 农耕工具”品类，在这里能买到包括肥料、农药、塑料薄膜、种子、播种机等各种涉农商品。二是加快农村物流体系建设。根据菜鸟网络首度公布的数据显示，菜鸟统计了阿里巴巴“村淘”覆盖区域的快递进出时效，发现有约13%的订单也在当日或次日即可送到，在长三角、珠三角的网购更为普及的地区，农村快递速度已不逊于城市，可谓进步神速。按照规划，菜鸟将用5～8年的时间，努力打造遍布全国的开放式、社会化物流基础设施，未来能够支撑日均300亿元（年度约10万亿元）的网络零售额，支持国内任何一个地方网购实现24小时送货必达。三是加快农村金融布局。蚂蚁金服发布的数据显示，2014年新增的农村余额宝用户超过2000万元，增收7亿元。其中，东莞、温州、苏州、泉州、成都等地的农村尤为活跃，开户数居全国前五。“80后”和“90后”是绝对的主力用户，占据2013年新增农村余额宝用户的75%。随着互联网金融的深入农村，将在拉动农村居民消费、解决农村居民融资难等问题上进一步发挥作用。

但整体观察，目前农村淘宝的实施情况是，代缴费业务相对简单，开展顺畅；代买服务通过消费习惯培养，正在加速推进；而代卖农产品服务依然推进不畅，农用物资下乡还需要梳理体系。究其原因，代买的商品多为工业品，标准化程度高，产业体系成熟；而代卖的农产品则产自千家万户，标准化缺失，质量不一，还有安全检测与信任的问题，鲜活农产品更有保鲜与冷链运输的问题，城里的生鲜运输尚且还是问题，农村就更不用说了；至于农用物资的电商下乡，则必须面对长期以来形成的强大的传统农资流通体系，其买卖配送又与普通商品明显不同。

但无论如何，农村淘宝的试水，大大增强了阿里巴巴的信心，“千县万村”计划在2015年开春明显加速，而阿里巴巴高层也明确表示，农村电商投资100亿元仅仅是初期的，不是最终数字，显然未来的投资力度还会更大。进一步联想到近期的阿里巴巴内部业务整合，天猫停止了新入商家的申请，整体业务与淘宝合并，差异化运作显然可以让人感觉到，在城市电商日益竞争激烈和饱和的情况下，农村将担负着再造一个淘宝的重任，并且初期的试点已经给了阿里巴巴足够的信心。

二、京东：两条腿走路打开新天地

2014年底，京东全国首个电商试点县落户四川仁寿，仁寿县人民政府成为京东下乡进村“星火试点”的首个签约地区。2015年京东在农村的扩张明显提速，仅在1月的上半月，京东“县级服务中心”就已经在包括江苏省宿迁市、湖南省长沙县、四川省仪陇县、山东省平度市等全国多个县市正式开业，预计年内开业数目将超过500家。

从目前公布的资料来看，京东的农村战略属于“两条腿走路”。

一条“腿”是“京东帮”服务店。主要采用合作模式运作，挑选县域有实力的家电销售商授权合作，主要服务于涵盖大家电、家具在内的所有交付不便利的大件商品业务，是集营销、配送、安装、维修四位一体的服务店。自2014年11月开出首家“京东帮”之后，已经在四川大邑、山东宁津、广东连州和山西太谷等多地开业，2015年开到上千家。2016年“京东家电专卖店” 商家加盟模式将从3月 开始做几个试点，并在 4月 份开始全面向全国铺开。京东家电部对新开设的“家电专卖店” 的战略目标为至 2017年 开设 2 万家，覆盖行政村 40 万个。

另一条“腿”是京东县级服务中心。和“京东帮”服务店互为补充，性质

为京东自营，集京东传统配送站和电子商务体验中心等功能为一体，为消费者和商家提供物流配送和电子商务咨询、体验和培训等服务。在京东县级服务中心之下，以村为单位建立乡村电子商务服务站，服务站集电子商务推广宣传、物流配送自提点、电子商务服务（培训指导注册、交易）、电子商务代购、网络支付、网络订票等功能为一体。每个乡村服务站再由京东县级服务中心负责招募乡村推广员，推广员为附近农村居民提供代购、支付、配送、网购指导等形式的服务，为京东提供推广宣传服务，收取业务提成。。

为了加快在农村的推广，京东金融也开始瞄准电商渠道下沉的趋势，发挥在“白条业务”上积累的经验和优势，通过为乡村推广员试点授信，正式进军农村金融。包括两个方面：一个是向农村提供消费信贷和农资信贷服务，面向农村市场推出“农村白条”业务。农村居民在京东购物可以享受京东30天免息、分期付款等金融服务。另一个是，2015年推出了农资产品电子商务，面向农民推出赊销服务，暨农村在种植环节在京东赊销农资产品，农产品销售后还款的金融服务。目前，京东金融已为江苏宿迁市宿豫地区的部分乡村代理员开通了“农村白条”业务，用以缓解乡村推广员们在京东代购时的资金垫付压力。

同时，京东还表示，加大县级特色馆建设的力度，并愿意向当地电商企业开放平台与物流体系。

总体观察京东的农村战略，与阿里一贯的平台思维不同，京东继续坚持以自营为主的节奏，并对自己的物流与金融服务表现出相当的自信。

三、苏宁：在痛苦的转型期寻找新稻草

与做电商平台的阿里巴巴和做3C电商起家的京东不同，苏宁由传统企业转型而来，但这几年的转型并不顺利，在传统渠道与网上渠道互相掣肘的情况下，苏宁以破釜沉舟的勇气对企业架构进行了重大调整，也对战略布局进行了重新的审思。当农村电商的争夺战开始后，苏宁再次鼓起勇气，投入又一重要领域的争夺，如果不能在新兴的农村市场中取得主动，则很可能出现城市、农村腹背受敌的情况，形势十分严峻。

图1–14　苏宁易购万年服务站

苏宁的农村战略与阿里巴巴和京东的注定不同，与阿里巴巴的农村电商生态打造的大气魄相比，苏宁实力明显不济；即使与京东的“两条腿走路+京东金融”战略相比，苏宁则更多立足于现有资源的整合，并把目光投向自己不遗余力构建的O2O，在推进工业品下乡的同时，利用苏宁在城市的大量实体店，大力推动农产品进城，实现双向流通。正如苏宁云商副COO李斌表示的，苏宁主要打造两个维度：一个是怎么样让农村用户享受到更好的商品、价格、服务；另一个是从下往上，将农村好的土特产品推广出去。

那么，又如何实现农产品进城呢？据苏宁方面透露，苏宁超市业务上线后，为苏宁易购平台起到了强大的引流作用，短期内迅速新增用户100万人以上。同时，超市商品的复购率高，对提升苏宁用户黏性起到了积极作用。也正是在这种背景下，苏宁的农村战略有意将农村变为苏宁超市的一个产品采购地。

据媒体报道，苏宁2015年计划建成1500家苏宁易购服务站，并计划在5年内建立10000家，覆盖全国1／4的乡镇，从渠道建设层面打通“农村电商”发展壁垒；同时，苏宁超市将通过专业经营购销体系，把大量优质商品带到农村，启动农产品直采、农产品众筹等项目，把大量优质农副产品销往全国各地。苏宁的底气在于，目前线下拥有1600多家门店，线上苏宁易购排名前三，是国内唯一一家打通线上、线下渠道O2O闭环的互联网零售企业，国内首个内部打通现代化物流O2O闭环的企业，并且有向社会第三方开放物流资源的绝对实力。拥有物流仓储

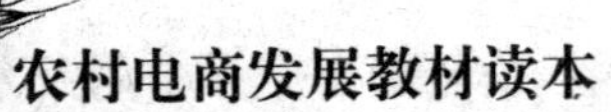

面积近500万平方米，形成了全国8个采购枢纽中心、57个区域配送中心、352个城市转配中心，自动拣选和传送系统达到国际先进水平、物流妥投率达99%以上。

虽然苏宁的农村战略迟至2014年底才公布，但实际上早在一年前就开始通过将原先三四级市场的代购点、售后服务网点等进行升级改造，推出一大批集销售、物流、售后、客服、招商等功能为一体的苏宁易购服务站。这些自营服务站，涵盖了日用、百货、家电、3C、食品酒水、母婴美妆等多个品类，同时还摆放少量实物商品供当地居民体验试用。除销售商品外，服务站还将同时具备品牌推广、购物消费、金融理财、物流售后、便民服务、招商等六大功能。有记者在苏宁易购服务站现场看到，出样的“商品”多是二维码，还有专人手把手“教”网购，物流售后的问题也可以解决。此外，还提供免费贴膜、代购车票等服务。

关于苏宁的转型，业界充满了争论，但无论如何，都改变不了苏宁对O2O模式的痴迷，能否在农村如愿实现设想中的双向流通，让人拭目以待。

四、觊觎农村市场的其他力量

在潜力巨大的农村市场面前，并非只在上演阿里巴巴、京东和苏宁的“三家村”恩怨，据说到农村刷墙的互联网与电商企业已经多达60余个，一批企业加速农村市场布局，而一些已经在农村提前试水的农村电商模式同样不可小视。

1. 联想在农村的深耕：投资云农场

2015年3月19日，联想控股股份有限公司战略投资云农场。云农场于2014年2月8日正式上线运营，以创新可持续发展的模式开展农资电商平台业务。其主要创新点在于，采用村站模式，解决农民无上网习惯及对电商信任度低的难点；以“便宜”和“保真”解决农民农资购买的痛点；以预付模式解决传统农资流通的赊账问题；通过与多家金融机构合作，向农户及村站提供低息贷款；通过“农技通”APP、测土配肥等多个项目，为农民提供最及时的农技服务。云农场上线不到一年，登记注册的用户数量就超过百万人，已经发展成为全国最大的网上农资商城。在战略投资签约仪式当天，云农场正式对外发布了“云农助梦，收入倍增”计划，将通过整合旗下农资电商——“云农场”平台、农产品电商——“丰收汇”平台、农村物流——“乡间货的”、技术服务——“农技通”、测土配肥项目、农村金融小额贷款等多产业平台，实现农村全产业链的电商运营。

2. 遂昌赶街：一路前行的农村电商探索者

在阿里、京东、苏宁大战农村市场的时候，似乎对遂昌赶街项目的关注少了一些。但行业内的人知道，后来的农村电商模式，多多少少都有遂昌赶街的影子，包括目前为农村电商四大业务板块的定义。2013年6月浙江遂昌建立了第一家赶街村级电商服务站，2014年浙江全省建立约2000个网点，2015年达到10000个网点。而且，今天的赶街项目也不再偏安于一隅，开始向外进行大规模的输出。三明市成为赶街模式在福建的首个落点地区，大田、清流等县已列入第一批示范区县。2015年4月，江西万年县政府启动江西省“赶街”第一个县域农村电商签约仪式。目前“赶街模式”已在全国10个省份推广。与几家电商巨头不同的是，赶街以自己的平台打通了淘宝、京东、苏宁的门户藩篱，只要上赶街网，谁家东西好、谁家东西便宜就买谁的；同时，赶街网由运营公司遂网公司出面，对农民手中的农产品进行整体包装设计和营销，也解决了单个农户农产品难以进城的问题。只要赶街模式复制到一定程度，达到一定规模，就会形成一个携巨量用户以令商家的优势，形成一个新的农村电商超级平台。当然，美好的前景并不能遮盖住目前的隐忧，一家标准的赶街村网点，硬件投入包括一套电脑、一台显示器、展板及附属设施等，软件则是运维人员的开支，每个县需要10～20人的运营维护人员，处理售后服务及村网点的监督、巡视等任务，每家店的一年成本约为2万元。而现在赶街村网点的平均销售额约1～2万元，在经济不发达的中西部，村民消费能力更低，收入不一定能抵消成本，近期的盈利模式显然还需要琢磨。

图1-15　赶街模式图

3. “乐村淘”：又一个不安分的农村电商土豪

与遂昌赶街主要在浙江推广类似，乐村淘也是一个省域内的项目，是由山西西依威网络科技有限公司开发和运营，定位于打造中国首家村镇O2O服务平台，通过“乐村淘”线上商城，在山西省建立1000个镇和10000个村级“乐村淘”线下体验店，把镇和村现有的小卖部、便利店进行改造，升级成为“村镇O2O服务平台”的线下体验店。“乐村淘”在线销售涵盖超过400万种商品，所有的交易均在线上下单、支付，同时由线下实体体验店提供优质服务。在物流上主要借助于村小卖铺或便利店，每个乡镇选一家规模较大的便利店作为该乡镇的村镇物流配送中心，使物流终端到达村里。2014年10月26日，“乐村淘”第一家农村电商体验店在山西省晋中市太谷县朝阳村启动。到2015年1月，“乐村淘”已经发展了1000多家线下体验店，成功在忻州、临汾、晋中等地打开了市场。当然，“乐村淘”的目标也是走向全国，并在2015年成立了北京办事处，走出省外扩张的第一步。从本质上讲，“乐村淘”与赶街较为类似，自营平台，自办物流，其发展状况取决于资金链的实力和运营能力。

图1-16 创新购物平台

4. “邮乐网”一个正在醒来的农村电商“狮子”

“邮乐网”由中国邮政和TOM集团分别持股51%和49%的合资公司——北京邮乐电子商务有限公司负责运营，中国邮政提供销售、物流、收款及仓储服务，TOM集团主要负责推广“邮乐网”，并独家为平台提供技术，主要销售品牌服饰、箱包鞋帽、个人护理、居家生活、食品保健、母婴用品、数码家电等。在中国邮政的战略布局中，“邮乐网”使其从实业领域进入电子商务的核心平台，最为直接的作用，是在赚取商品进销差价的同时，为中国邮政旗下规模庞大的营业网点、物流配送设施提供源源不断的业务。据了解，邮乐网已于2014年1月完成1.1亿美元首轮融资，估值达到50亿元；2014年上半年销售额达到23.1亿元，同比增长354%，2014年全年突破55亿元。从2013年开始，邮乐网加快切入乡村电商市场，力图通过O2O模式，将基层邮政网点与互联网连接起来，让网点成为电子商务落地点。一方面，形成“活动推动+村邮站代购+目录营销+投递配送”的工业品下乡模式；另一方面，尝试“农产品加工企业+邮政网点+邮乐网”“农户+村邮站+邮乐网”的农产品进城模式。根据“邮乐网”在河南商丘市的摸索实践，逐步完善农村电商平台，实现“邮掌柜”、“积分兑换”、“缴费一站通”三个系统在综合服务平台上的叠加。其中，“邮掌柜”系统是中国邮政为推进农村O2O战略而专门研发的一套系统，以邮乐网为基础平台，具有商品线下代购、商品采购、进销存管理、会员管理（CRM）等功能，同时还能提供多项便民服务，如代收话费、水费、电费等，可以有效提升村邮站与邮政的黏合度，为邮政发展代理金融、保险等业务拓宽了渠道。“邮掌柜”系统可以让农村超市实现智能化操作，替代了原来的进出货手工计算、盘点工作，不仅价格无误、能清楚地统计每天的营业额，了解到底有多少货、剩多少货，哪种商品需要进货了，一目了然。在试点地区，这一套系统受到了欢迎，特别是扫描枪配备后，似乎一下子让农村超市现代化起来。

但“邮乐网”存在的问题也是明显的，其依然定位于自运营的综合式B2C，其运营能力受到业界的质疑，如果能开放平台的话，发挥出4.6万个邮政营业网点、3.6万个银行网点及15万名配送人员的优势，则其在农村电商的竞争优势会大大提升。同时，基层的“邮乐网”系统一方面在对外招商，建设基层的服务点；另一方面，基层的邮政服务人员却没有充分解放，如果能在机制上彻底激活基层邮政队伍的活力，那么其扩张能力也将大大提升。不知这种体制机制上的问题，会不会随着改革的深入推进而逐步解决。

此外，还有一个叫做“淘实惠”的农村电商平台也在悄然上线，开始建设基层的服务点；再像陕西的武功试点建设的智慧乡村项目，某种程度上也是遂昌模式的本地化。可以预见，随着国家的政策鼓励，还会有更多的农村电商模式与平台涌现，农村电商竞争将会更加激烈，也会更加好看。

第七节　正视农村电商的七个现实问题

“前途是光明的，道路是曲折的”，这话用在所有的新生事物身上恐怕都合适，对于农村电商也依然如此。农村电商前途光明，发展迅猛，但现实中的问题与困难也不少。

一、认识问题

在城市中已经泛滥的互联网思维、电商理念、微营销等概念，至今在农村中还是新事物，不要说留守在农村的农民群体对电商处于“乃不知有汉，无论魏晋”的状态，就是一些县乡的干部也是相当陌生，最多只知道开淘宝店就是电商了，离真正的电商概念还有相当大距离。在我们组织的问卷调查中，创业青年对电子商务这个词并不陌生，但大都只停留在名字本身，而电商究竟做什么，很少有人能够讲清楚。那些在农村电商领域的先行者，也往往走入两个方向的误区，要么把电商看作一个独立的产业形态，为电商而发展电商，与实体产业结合不紧密，最终成为无源之水；要么把电商看作一般的营销手段，作为一个新的渠道来运作，忽视了与现有产业的有机融合，结果独木难支。在参与农村电商发展推动工作的过程中，对这些认识方面的问题感受皮颇深，切实需要一场比较深入的电商理念普及，尤其是对县乡干部，而且需要降低电商理念宣讲的层次，从基本知识入手。

二、人才问题

干事创业靠人，这话对农村而言更关键。发展农村电商，人才已经是一个非常紧要的制约瓶颈，政府喊缺人，企业喊缺人，行业整个都在喊缺人。有数据说，整个电商行业大约短缺人才150万人；最近阿里研究院与淘宝商学院联合发布了《县域电子商务人才研究微报告》，未来两年县域网商对电商人才的需求量将超过200万人，最缺运营推广、美工设计和数据分析三类人才。即使已经开始从事电商创业的人才，也面临能力不足的问题。《“新三农”与电子商务》引用的调查数据表明，20%的人认为缺少开店知识，另有14%反映不会设计网店，31%认为当前最大的困难是经营管理和发展问题。所以，引进人才是一个方面，培训人才也十分迫切。

三、政策问题

农业发展，一靠政策，二靠投入，三靠科技。这话套用在农村电商发展上，同样适用。在发展明显滞后于城市的农村搞电商，政府的推动作用十分重要，这也是各地发展县域电商的普遍经验。当前农村电商的政策有，但方向与重点有偏差。一个是在方向上，还停留在平台思维上，动不动想花大力气自建平台，花钱多，效果却不好。实际上，随着几大平台的形成，电商的平台时代已经过去了，已有平台面临的最大问题是“高速路”太多了，要解决的是“车辆通行量”的问题；而新建则基本是步其后尘，多数的命运可想而知，还是老老实实地做孵化平台更现实些。另一个是重点上，往往注重“大象起舞”，把扶持重点放在了电商园区、企业招商上，对草根电商创业重视不足，开网店贷点款、享受点政策很难，电商创业的“蚂蚁雄兵”态势形不成；电商软环境建设跟进不够，配套服务跟不上，电商经济很脆弱。

四、物流问题

农村电商，能看上做的人不少，但真正动起来的却不多，究其原因，物流是一个大瓶颈。农村物流体系，非不能，是不为，经济规律解释了这一现状，因为太分散，不经济。两个层次，一是配送成本很高，特别是在非平原地区，成本高过城市数倍，还没有效率；二是返程空载严重，这又抬高了物流成本。出路在哪里？只有降成本。虽然各大电商不约而同地做出了电商下乡的姿态，但离问题破解还有时日。解决问题的关键是，降成本要靠“草船借箭”、“梯次转运”。所谓“草船借箭”，就是要用好农村现有的小商业基础，如乡镇的批发门市、小超市和村里的小卖部，以此形成类似城市社区化的格局；所谓“梯次转运”，就是把电商的集中配送终端设置在乡镇，而乡镇到村再到农户手中的这一段，由村里的小卖部去完成。同时，积极开发农村土特产品，争取在工业品下乡的同时，把农产品再运进城，这个过程更复杂，有待逐步探索。

五、品牌问题

卖的东西多了，竞争就激烈了，如果不能标新立异，那么便只有干着“杀敌一千，自伤八百”的低价营销套路，这便是当前电商C类市场的大致情况。农村的产品搬上网络时间并不长，但已经陷入两个泥潭：干货品类，像红枣、核桃等，与普通消费品的储藏物流特性差不多，又没有什么大的品牌，于是基本陷入低价营销误区，都干着赔钱赚吆喝的事情；生鲜品类，保鲜成本高，物流困难大，损耗率十分惊人，属于看上去很美，毛利率高得惊人，实际亏损程度也是大得惊人。在这样一片烂泥潭中，如何爬出来，一靠品牌，二靠模式创新。品牌不等于名牌，但却是最好的识别标识，能形成固有的品牌用户。特别是农产品，品牌问题进展只迈出半步，虽然形成了诸如洛川苹果、阳澄湖大闸蟹等地域品牌，但基本上陷入“公地悲剧”，假冒伪劣严重，最终还是要进展到企业为主体的市场品牌上。模式创新主要针对生鲜产品而言，大家基本看到了社区化这个出路，但具体路径还需探索。

六、标准与安全问题

农业不是工业，农产品不是工业品。哲学中有句话，世界上不可能存在两片相同的树叶，套用在农产品上，就意味着不要想象有与工业品一样标准化的农产品。更重要的是，农产品是分散的小农户生产的，更加剧了产品的非标准化程度，可能不同批次的同一农产品都不一样。同时，由于标准化程度低，农产品的安全与信任就成了大问题，毕竟是人吃的东西，不放心怎么行？但现在市场上有机绿色满天飞，各类认证一大堆，哪个是真的？所以，农产品的标准化是个大课题，外观与内在品质的标准是一大体系；从田间到餐桌的全程可追溯又是体系问题，两个都得有。但是，这样复杂的体系与漫长的链条，一般的企业根本做不下来，农产品的标准化进程还需要一个艰难的过程。但可以预计，谁要率先破解了农产品标准化问题，谁就将在农村电商的竞争中率先胜出。

七、模式问题

一波又一波的电商热，实际上是热了电商投资。电商投资看什么？说白了，是看模式。京东至今不盈利，各路投资依然趋之若鹜，因为看重其模式。唯品会上市之后股价能涨得离谱，也是因为其模式的独特性，把代销模式进行了创新。但农村电商模式整体还处于混沌状态，路径很不清晰。主要原因：农村电商涉及面太宽，几乎要达到电商生态链的再造程度，难度可想而知；农村不是城市，农产品也不是工业品，现行的城市与工业品为主的电商模式，农村套用不上。当然，农村电商肯定不是漆黑一团、荒漠一片。比如，城市电商到了消费升级的时候，农村电商的大门才刚刚打开；城市电商是陌生人交易，而农村人有熟人圈可以依托；城市人心急火燎对物流速度到了只争朝夕的地步，农村人的生活节奏要慢一些；这些都是重要机遇，只要认真研究，巨大的潜力和空间就能开发出来。

第八节　做农村电商应关注的一些积极变化

作为业界眼里的蓝海，农村电商正在多方推动下不断追赶电商整体发展的步伐，并在实践中显露出明显的乡村特色，未来值得期待。

一、从卖到买的转变

农村电商的发展经历了初级的卖农产品，到中级的农业产品开发，现在向电商经济转型，既着眼于将农村的特色农产品进行包装开发，推销出去；又着眼于农村的新兴消费需求，推动生产生活资料下乡，形成有买有卖的电商经济。陕西的武功县率先提出了“买西北、卖全国”的县域电商经济模式，进一步将农村电商的内涵拓宽到更大的视野，推动形成了以电商为中心的县域新经济模式。

二、从自发形成到政府推动的转变

早期的农村电商基本由返乡的大学生、农民工等群体来推动，经过个体电商创业的成功示范，再带动村、乡及县域电商的发展。但随着近年电商日益得到各级政府的重视，由县乡政府推动的电商发展痕迹越来越明显。在首批全国淘宝村中，既有自发形成的，也有政府推动形成的。像广东揭阳的军埔村，在政府的强力扶持下，只用了半年时间就形成淘宝村，创造了淘宝村成长的神话，也充分体现了行政推动的强大力量。在阿里研究院公布的首批县域电商模式中，有着一个明显的共同特征，即行政推动，是最重要的成功经验之一。各方的讨论也认为，县域电商的发展必须有当地政府强有力地推动。而且，在电商竞争日趋激烈的情况下，无论是个体创业还是企业介入，也已经离不开政府环境的支持，这是农村电商发展的重要变化。

三、从粗放到精细的转变

早期的农村电商，基本保持了“纯朴”的本色，其推出的产品是“纯朴”的，而营销手段也是“纯朴”的，整体显得粗糙。最初推出时，由于经营商户少、产品量少，还能吸引消费者，到后来商户与商品量猛增时，这种初级手段只能进行升级，无论是商铺网页的设计，还是产品的包装及营销的手段，都开始向

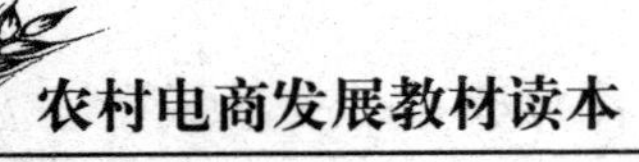

精细化转变，早期形成的淘宝村也开始了产业升级之路。像江苏的沙集，在家具产业初具规模后，再靠简单的模仿、低价营销和家庭作坊式的加工已经难以持续，只能向现代工业园区和现代电商企业或电商联合体转变。

四、从个体为主到企业参与的转变

“淘品牌”的成功，让更多的电商企业把眼光聚焦于城市和快消品，对农村一时还难以顾及，当然也有农村电商基础不完善的问题。但2012年起，农村电商明显发力，得到企业越来越多的关注，一批农业电商企业开始崭露头角，像三只松鼠、西域美农等农产品企业开始迅速成长，让人耳目一新。当前的农村电商发展，呈现出企业“大象起舞”与个体商户“蚂蚁雄兵”同时存在的生动场景。

五、从商品到品牌的转变

农产品品牌建设相对滞后，但经过多年发展，目前大体进入由商品到地域公用品牌过渡的阶段，出现了一批让人耳熟能详的地域品牌。比如吃苹果过去要吃烟台苹果，后来要吃陕西苹果，陕西苹果又首推洛川，其次白水、旬邑等。再比如，枸杞肯定是宁夏的好，但进一步问宁夏什么地方的好，又让中宁枸杞声名远播。诸多此类可以列举出阳澄湖大闸蟹、赣南脐橙、五常大米等。但公用品牌有自己的缺陷，这就是品牌公用，鱼龙混杂。因此，农村电商应推动农产品品牌由地域公用品牌向以企业为主体的市场品牌再次升级，一些农业电商企业已经成为有号召力的市场品牌，而地域品牌则退居产品内核。像过去吃葡萄干，知道要吃新疆葡萄干；当三只松鼠公司名气大增后，大家知道好的葡萄干在三只松鼠，但三只松鼠卖的其实就是新疆葡萄干。

六、由产品到服务的转变

农村电商发展有一个城市电商绝对没有的优势，这就是自然生态环境。生产好的农产品的地方，一般也是山清水秀的好地方，乡村文化特色浓郁，特产吃了让人难忘，优美环境更让人神往。于是农村电商开始由卖产品向卖乡村旅游服务方向探索。浙江遂昌县走在前列，借鉴餐饮“O2O”的模式，吸引游客到遂昌来乡村旅游，集乡村文化体验、农家美食品尝、自然生态感知、农业劳动采摘等为一体，让农村电商经营的内容再次得到拓展。

第九节　把握农村电商的四大商机

农村电商的美好前景在2014年已经展露无遗，在初期的观望、质疑、思虑之后，随着总理视察淘宝村和阿里巴巴集团的农村战略亮相，一股投资农村电商的热潮正在兴起。农村可能会再造一个淘宝，也可能让京东打开新的增长空间，也让转型阵痛期的苏宁看到新希望。但更重要的是，农村电商的爆发，不仅仅是几大电商平台的机遇，也不仅仅是农村群众的民生福祉与县长们的政绩标杆，最终要带来实实在在的产业机遇，造就一个农村电商大生态系统的繁荣，这才是农村电商最终持续发展下去的根本所在。据观察，农村电商将带来四大产业机遇。

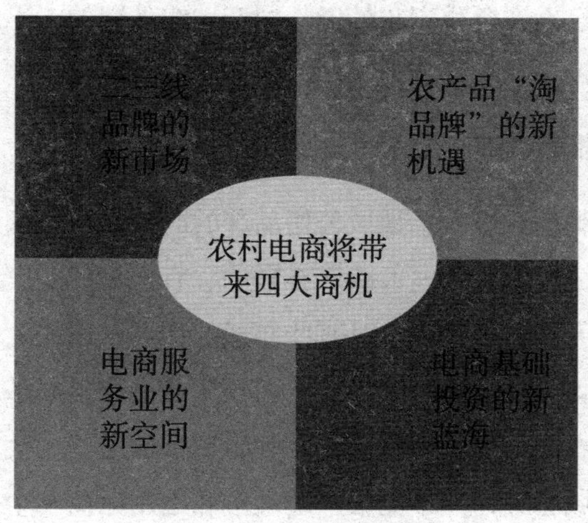

图1-17　四大商机示意图

一、农村电商将带来二三线品牌的新市场

全球管理咨询公司麦肯锡最新发布的2015年中国数字消费者调查报告指出，尽管互联网在三四线城市和农村普及率较低，但这些地区的大部分消费者都在使用电子商务，网购的比例分别达到了68%和60%；农村用户中的“网络达人”更是比一线及二线城市多出25%，共同特点是渴望第一个尝试新的产品和服务。麦肯锡全球董事季翔说，“很有意思的是，虽然在农村互联网覆盖率仅为19%，但是在电子商务的使用上他们跟城市居民一样活跃”。淘宝农村消费占比正在不断提升，从2012年第二季度的7.11%上升到了2014年第一季度的9.11%。2014年农

村网购市场已达到1800亿元以上，2016年将突破4600亿元，继续缩小与城市网购规模之间的差距。

再看目前的农村市场现状，可谓假冒伪劣产品横行，好多东西农民想买好产品却买不到，进城买又不经济，加之一些富裕农民群体的形成，确实还有很大的消费潜能。城市的模仿型排浪式消费正在终结，而农村却刚刚开始，像城市人已经家家户户都有的冰箱、空调、电脑这几件必备电器，农村这几年才开始普及。一些地方已经出现了专门为村民代理网络购物的淘宝代购客，也从侧面证明了这一点。

完全可以说，在农村经济社会迅速发展的今天，农村消费市场也正迎来全面升级的历史新机遇。正在城市苦苦挣扎的二三线消费品牌，如果能早一点认清形势，到农村去，那么也许会跳离与外资、国产一线品牌的力不从心的对抗，找到新的发展天地。

二、农村电商带来农产品“淘品牌”的新机遇

尽管农产品品牌已经进入了地域公用品牌的时代，但互联网上的农产品品牌化进程，并没有与之配套起来，太缺乏有影响、有实力的农产品品牌企业了。于是，出现了一个与天猫商城起步之时有些相似的情形，即线上品牌的兴起，让人不禁回想起“淘品牌”风云一时的年代。而农产品电商虽然从2009年开始进入高速增长期，但传统农产品品牌与互联网品牌出现了明显的“代沟”，那些有一些影响力的农产品地域品牌，并不能很好地理解和运用电商这个有效工具，特别是目前的农产品企业，还普遍缺乏应有的电商敏感和有效的电商策略，显得慢慢腾腾、漫不经心、漫无目的。

由此，在传统农产品品牌大规模网络化之前，又出现了一个农产品“淘品牌”的美好时代，其表现就是以三只松鼠为代表的互联网食品品牌的兴起。他们基本上没有农业生产基地，主要从农民或合作社或供销企业手里收购农产品，或者建立可靠的买手团队到生产一线负责生产指导与后期收购，然后进行独特的包装设计、精选加工、创新营销，往往突破了传统农产品包装设计上的土气笨拙，也一改颜色上的大红大绿，精准地抓住了“80后”、“90后”的消费心理，借助于电商这一渠道，实现了超常规增长。

而且，与一般消费品的没有区域性相比，农产品恰好相反，地域特色鲜明，

这又是特色品牌的温床；农产品具有品类上的高度同质性，却有品质上的千差万别，品牌的差异化应运而生，而且很有空间；目前农产品缺乏突破区域限制的大品牌，而电商给了可能，仅新疆特产就已经养活了多少个农产品“淘品牌”！

目前，农产品地域品牌日趋成熟，我们完全有理由推断，还会有大量的农产品细分行业，存在着农产品“淘品牌”成长的空间。在目前以干果、进口水果为主要类目的农产品“淘品牌”日益成熟后，将会逐渐带动其他类目的农产品网络品牌化进程，甚至是目前电商难以有效征服的生鲜产品领域。这也意味着，农产品电商还会出现一批异军突起的新品牌，成就一批创业人士的新梦想，也会创造像当年“淘品牌”一样的造富神话。

三、农村电商将带来电商服务业的新空间

农村电商发展到今天，如果把经验与教训总结为一条，那就是电商已经过了单打独斗的时代，如果没有一个成熟的电商生态环境，就不会有地方电商发展的壮大。如果再说得明白一点，农村电商要抓，则关键在电商服务，就像打造航空母舰一样，给电商们提供一个起飞的平台；也像电脑的Windows操作系统一样，让大家便捷地自动化办公而不需要再艰苦地从BISIC语言学起，从DOS命令用起，让电商成为一种方便的应用体系。

目前一些地方反映的农村电商人才短缺，不会运营，最根本的原因还是电商服务没有跟上，美工少，专业摄影少，页面设计不会，客服水平低，后台管理混乱，仓储物流信息跟不上等，都需要专业公司提供服务。

从目前的发展态势来看，电商正加速向服务专业化迈进，围绕电商的各个环节正在加速成长为一个独立的电商服务门类，而农村电子商务服务的广度与深度均十分苍白，发展亟须的IT技术类、运营服务类、营销推广类、市场研究类、仓储物流类、品控保险类和电子商务整体外包类（电商整包类）大多处于荒漠状态。如果说在城市竞争中力不从心的话，在城市水泥森林生活厌烦的话，在远离他乡而故土难离的折磨中沉浸已久的话，那么玩电商已经十分老到的年轻人回到县城吧，那里不仅有事业上的发展空间，更有价值上的充分被尊重，还有重回故土的自由自在。

以最常见的人才培训为例，一个陕西省每年约需培训10万人次左右，培训市

场在3000万元规模左右；更不要说专业运营了，各个企业、各个地方政府对代运营公司、优秀运营团队、运营管理人才等，求贤若渴。

再以一般电商规划为例，一般一个县级电商规划需要30万元左右，加上省市级、乡村级、企业的、行业的，一个省的电商规划市场也在数千万元。

四、农村电商将带来电商基础投资的新蓝海

电商虽然属于时尚的轻资产模式，但并不意味着电商的轻资产不需要其他配套产业的支撑，一个发达的电商背后必须有发达的工业制造业来支持，也会有发达的物流业来配合，而农村电商还会涉及一、二、三次产业的关联与打通，恰恰是中央农村工作会议提出的第六产业形态。

就目前的发展情况来看，农村电商需要在以下方面加快投资：

1．县域电商园区。整合电商企业、仓储物流、产品检测、配套生活服务等。预计仅陕西省每年将有3～5个县启动建设，每个投资在亿元以上。

2．电商孵化中心。集合运营服务、软件服务、营销服务、人才培训、金融服务等，每个服务中心建设资金约在千万元左右。

3．物流中心。承担县域快递物流的分拣、交换、二次配送等，投资因电商规模而异。

4．信息化基础建设。网络改造、硬件升级、增值服务等。

图1–18　电商下乡宣传图

可以说，整个农村电商将带来数亿级的投资新机遇。在宣布投资100亿元实施农村电商“千县万村”计划后不久，阿里巴巴集团补充说，100亿元仅仅是一个开始，表明农村电商确实需要很大的投资强度。2015年京东电商下乡：已开业500家县级服务中心、招募数万名乡村推广员。未来5年，苏宁将建10000个乡镇服务站，覆盖全国四分之一以上的乡镇。显然，农村电商发展所需的硬件与软件投资空间已经同时打开。

第二章　电子商务与农产品的春天

第一节　从交易费用看电子商务的兴起

近几年，互联网技术下的新经济发展迅猛，以“淘宝、天猫、京东”等为首的电子商务平台来势汹涌，不到三两年工夫便占据了国内零售市场近10%的份额。电子商务不仅来得快，其杀伤力也是势如破竹，众多传统商业受到巨大冲击，曾经霸气十足、人气旺盛的购物中心也变得门前冷落车马稀，各种商铺店面纷纷关门大吉，传统经济正在经历一场前所未有的商业革命。

甚至有人断言，未来的商业将“无商不电，无电不商”。2013年天猫与淘宝“11.11”日销售额超过300亿元，快件量突破4亿件。一天销售额300亿元是什么概念？王府井百货前三季度营业收入145.36亿元；沃尔玛2012年在中国的销售额约100亿美元。销售额300亿元相当于王府井百货三个季度销量的两倍、沃尔玛中国半年销售额。为此，马云也在公共场合表示；“只有电商起来了，线下零售萧条，才能遏制商业地产的投资，也才能迫使商业地产周边的房地产项目价格回调到合理的价位，并坚信电商将超过整个零售业的一半以上。”

为什么历经几百年的传统商品经济，在区区不足十几年的互联网经济面前如此不堪一击？

中国经济过去十年的高速增长，是建立在以房地产为核心的城市化进程之上的，尤其是产业结构从过去的制造业逐渐转移到第三产业时，地产经济便迎来了辉煌的春天。因为第三产业是服务型的消费结构，依赖的载体是“商铺”，在需求旺盛的前提下，商业的繁荣由商铺的数量与面积决定，房地产怎能不火爆？

因此，在过去的传统商业中，从最原始的农贸市场，到最现代的购物中心，无不是以占领地盘与空间为竞争准则的游戏，无不是占地为王的逻辑。如此一来，以城市商业综合体为核心的房地产便成为了近年来经济发展的助推器，也成为地方财政收入的主要来源，这才会出现像万达、华润、龙湖等众多商业地产的奇迹。

然而，任何经济的繁荣不可能持久不衰，有需求必有竞争，有竞争才有平衡。在竞争下，不可能有超过行业平均利润之上的收益，房地产的暴利一定会终结，因为竞争无处不在，市场的竞争会滋生更低的产品与服务来抵御当前的垄断暴利。如同过去移动、联通的短信服务，以往每到春节除夕，祝福短信可达十几亿条，移动、联通在一夜之间可以赚取数亿收益。

而如今，移动还是过去的移动，联通还是原来的联通，但人们不再发短信了，因为微信出现了，移动、联通的短信暴利时代也就终结了。

当中国的产能逐渐走向饱和甚至过剩时，当中国的房地产成为富人的盛宴时，当普通百姓毕其一生积蓄也买不起房子时，中国的经济就必然会产生另一种经济方式来降低运行成本，否则整个经济就会崩塌下来，社会就会走向不稳定。而电子商务就是在传统经济走向饱和，竞争过度的阶段下诞生的一种低成本的经济运行方式。

任何商业的演变都是围绕利益为原点，无利则无商，电子商务能够短时间胜出，是其带来的利益远胜于传统商业。那么电子商务带来了哪些利益呢？降低了哪些交易费用呢？

同样一件衣服，商场卖1000元，淘宝卖600元，为何有400元的差距？在传统的卖场中，一件衣服的市场交换需要支付房租、工资、水电等额外的支出，而在淘宝呢？则只需20元的快递费，如此巨大的差价是传统卖场永远无法对抗电商的，这也是为什么传统购物中心很惧怕电商的原因。

电商大大降低了交易费用，实现了产品价值的最大化。这个价值的最大化并非产品价值的升值，而是付出的代价降低了，也即产品的租值消散降低了。任何产品要实现交换，一定要付出代价的，代价的大与小就是交易费用的高低，电商让这种代价降到了最低，实现了产品价值与价格的一致性，而传统商业则无法做到这一点，因为交易费用太高，即没有场地就做不了生意，没有店面就无法销售，这是传统商业必须要支付的代价。电商的出现，减掉了中间的渠道成本，降低了交易费用，实现了产品价值的最大化。

为什么电商出现了十多年，唯独这两年才如此火爆？那是因为过去十多年中国经济高速发展，传统商业带来的利益远远高于其交易成本，而当前经济低迷，

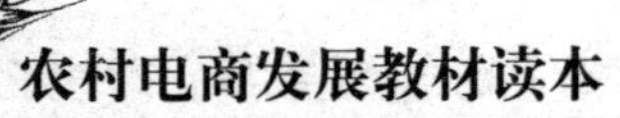

商业地产价格与日俱增，卖场租金随之水涨船高，导致传统商业中产品的租值消散严重，即100元的产品要卖到200元的价格方可支付昂贵的流通成本，最终转移到消费者的支付成本中去，这个时候电商的出现就成为必然。

这也是为什么一大批传统商业会涌向电商的原因，它把产品的价格与价值趋于一致，把中间巨大的交易成本砍掉了，把利益让给了消费者与商家，实现了产业链利益的重构，让企业的竞争回归到价值上来，回归到客户中去。

从本质上说，电商革命其实是一场利益的革命，是一场围绕利益重新分配的竞争游戏。电商带来的利益远远大于传统商业，消费者的趋利本能会自然地选择电商，这不是电商平台本身有多么强大，也非马云有多高明，而是以利益为原点的社会选择与竞争的结果，是人类在趋利本能下的演进，即人追求利益的最大化。

第二节　电子商务推动农产品产业化

遂昌位于浙江西南山区，在浙江省内仍属经济后发地区。遂昌地处钱塘江、瓯江两大水系源头，森林覆盖率达82.3%，境内海拔千米以上高山达703座。或许正是这些天然屏障，有力地阻断了工业文明的污染，使遂昌得以保持自然纯净的生态环境和独特的气候条件，并因此成为国家级生态示范区，农产品非常丰富。

由于自然资源丰富，遂昌一直坚持因地制宜发展原生态精品农业，笋制品、竹炭制品、菊米、山茶油、土猪、土鸡、高山蔬菜、红提等产品是遂昌县重点打造的特产，尤其是笋制品和竹炭制品在全国小有名气。

作为浙江山区科学发展综合改革试验区之一，遂昌县依靠信息高速公路搭建农产品销售渠道。浙江省各地方政府也一直支持电子商务的发展。早在2003年，遂昌县政府就搭建了电子商务公共平台，希望利用电子商务弥补当地农民专业合作社和小微企业市场信息闭塞、营销手段缺乏、物流不畅的短板，促进当地经济转型升级。

此后，在遂昌县，不管是回乡创业的大学生，还是78岁的老翁，人人都拿起鼠标开起了网店。据统计，在遂昌这个只有5万人口、16辆出租车的小县城，现有网店约1500多家，皇冠级别的网店20多家，2011年网店销售额约1.2亿元。

到2016年底，遂昌计划在全县培育出2家以上年销售额超亿元电子商务企业，5家以上超五千万元的电子商务企业，全县电子商务实现销售总额超10亿元。

电子商务这一销售渠道给遂昌县带来的不仅是个别人的增收致富，更大的意义是带动了相关产业的发展。

2016年，预计农村地区的网购市场总量将突破4600亿元，呈现“井喷”行情。阿里巴巴、京东、苏宁易购等电商巨头在农村的刷墙大战和网点争抢更是将农村电商烧上了天，在城市市场已经陷入白热化竞争的情况下，越来越多的工商资本涌入农村。

与此同时，电子商务拓宽了农产品销售渠道，从而提升了农业专业合作化程度，使农产品从分散、个体种植到零星销售转变成通过专业合作社组织种植，并实现了遂昌网店协会包装并网上销售的新模式。2012年，遂昌县400多家农业专业合作社中有100多家是与供应商、网店协会及网商携手合作，带动了农村1000多户农民发展效益农业，给农民带来了真金白银。

鉴于电子商务的巨大示范效应，遂昌县政府也加大了扶持力度。2011年，遂昌县出台“扶持全民创业基金”政策，每年县财政拿出不少于300万元的专项资金，扶持全民创业，其中“扶持网上创业”是重点，每年县财政用于扶持网上创业的资金不少于100万元。

这个“淘宝县”还有更大的理想，那就是3年内成为丽水地区最大农特产交易平台，发展网商3000家以上，实现3亿元以上销售规模，而在5年内要成为浙西南地区最大农特产品交易平台，分销平台网商总数发展到5000家以上，实现5～10亿元的销售规模。

遂昌县是属于典型的依靠电子商务来推动农产品市场化与产业化的县域城市。在中国两千多个县，有许多资源禀赋与遂昌类似的县，尤其像云南、贵州一带地处偏远，交通不便、信息闭塞，但生态环境优越，农产品资源丰富，有好产品但卖不出去，走不出大山。

在一个偏远的农村，无论这个村庄可以种植多么珍贵的“神果”，但如果没有人将这一信息传递出去，那么这些“神果”也只能是孤花自赏，无法转化为财富。遂昌模式的成功，在很大程度上是利用互联网技术把产品的信息快速传播出去，让供给与需求产生了对接，让买家和卖家实现了远程交流。更重要的是，电子商务不仅仅是传播产品信息，关键是把产品的市价公之于众，以信誉机制作为保障，通过第三方平台的监督，从而让产品与市场需求实现全球范围自由配置，大大降低了以往农产品的交易费用，即所谓的交易风险。电子商务最核心的不是产品信息的传播，而是价格信息的传递与信誉机制的建立。

城镇化建设必须要有产业化支撑，产业化最大的问题在于如何建立市场机制。农产品的产业化不仅仅是生产的规模化、专业化的问题，而是如何建立起畅通的市场机制让供需之间实现无缝对接，但畅通的市场机制必须建立在有效的信息交易平台基础之上，这就是电商的价值所在。

遂昌走的是一条以信息化带动农村产业化的模式，在这里信息化不是一个辅助手段，而是一个火车头，带动了产业化与产业集群的形成，信息化下的低成本电商模式对中国的城镇化是一个巨大的推进作用。

第三节　电子商务、价格理论与农产品交易费用

不久前在浙江温岭，近15000吨大白菜因滞销烂在田头。据温岭市农业部门调查，2013~2014年，温岭种植大白菜7200亩，至3月下旬，还有1000多亩秋冬大白菜留在田里，其中七八成已抽薹，丧失商品性。这是2008年媒体首次报道温岭大白菜“待嫁”以来，温岭大白菜第4次遭遇大面积滞销。大白菜为何滞销？为什么年年难卖年年种？这是媒体记者调查的一个真实问题，我相信这样的问题在农产品种植中时有发生。

农产品滞销的问题表面上是供求失衡的问题，本质上是信息不对称的问题，用经济学专业术语表述则是信息费用太高。今年种白菜赚钱了，明年也许就会亏损，这亏损主要不是遭受天灾人祸，而是供需信息不对称引起的供需矛盾。农产品的种植门槛低，具有羊群效应，今年一农户种植大白菜赚钱了，整个农户都会一哄而上，使得第二年供应量倍增，价格当然会低了。

一方面，当一个农民无法确定农产品市价的时候，他唯一的做法就是按照以往的价格作为参考标准，但是以往的价格信息具有滞后性，去年与今年的价格是会变动的，而传统农业又最受天气等因素影响，天气又往往无法准确预料。因

此，在传统农产品市场，产品的信息传递存在严重的滞后性，无法及时指导和调节生产，农民也就无法及时降低损失。

另一方面，市场虽是一种优胜劣汰的机制，但这种机制也可能会因为信息的不对称导致好产品卖不掉，出现“劣币驱逐良币”的现象。比如当产品的真实信息被屏蔽，市价被人为歪曲时，产品不仅会滞销，还会因为极高的交易费用而无人问津。比如当年人为炒作起来的“天价普洱”，如今商家们已是谈之变色、避之不及。电商最大的价值在于大大降低了产品的信息成本，可以在瞬间将产品的价格信息传播到全世界，过去的传统经济是无法做到这一点的，这使得产品的价格变得高度的公开与透明，成为最能反映产品价值与经济水平的指数。有了这种价格的指导，所有的资源和生产都会以价格为中心来进行调节配置，所谓的“盲目区”就不会存在，所谓的“浪费、滞销”也不会存在，因为有价格的指引，羊群效应就不会发生。

一个地方的农产品能否市场化、产业化，主要由三个因素决定：

一、价格信息传播的成本

在电子商务出现之前，过去的农产品价格是通过一层一层的经销商来传递的，具有极大的滞后性。有了电子商务之后，农产品与城市消费会实现高效对接，农产品不仅可以快速传播到消费者手里，还实现了提前预售，即生产之前就将产品预定好了。广东一带的农户，在荔枝还未结果之前，就已经实现了预售。这对于农民来说，可以极大地降低其种植风险，如果白菜能够实现预售，滞销的现象就不会出现。

二、配送成本与中间环节的交易费用

我们知道，农产品的生产环节很多，从生产者到消费者，中间要经过多层中间环节，有一级批发商、二级批发商，甚至菜贩子等，每一个环节都会占一部分产品利润。海南的香蕉卖几毛钱一斤，如果运到北京销售，至少几块钱一斤，这中间的巨大差价就是交易费用，也是中间环节的利润。电商的好处在于可以直接砍掉众多中间环节，直接从生产种植进入到消费环节。这样一来，中间众多的交易费用就节省了，产品的租值消散就降低了，价值就提高了。当然，这提高可不是产品品质提高，而是交易费用降低了。

三、交易风险的降低

中国的农村分散偏远，许多地区拥有廉价的优质绿色农产品，因为信息成本太高导致交易风险大，产品无法销售出去。而相对城市消费者来说，有钱却买不到好产品，因为他们无法相信哪一产品属于真正的绿色。因此，电子商务的第三个重大意义在于建立了信誉机制。在传统商业中存在很多不道德的商家，为追求利益的最大化不惜一切手段欺骗消费者，甚至不惧牢狱之灾而大肆行骗，这就导致了在商业交换中存在巨大的交易成本，甚至有的人因为害怕被骗而放弃交易，这也是为什么传统经济大部分是圈子生意，是熟人生意。做生意首先相信的是人，而不是产品，因为熟人知根知底，会大大降低交易风险。

正因为中国的传统商业缺乏良好的信用环境，导致商业的销售半径很短，无法走向更大的市场。尤其是对于农产品而言，因为担心收不到货款，单个农民是无法将产品运出大山的，所以过去农产品交易大多都是以农村合作社的方式来降低交易风险。电子商务的价值在于，它通过第三方监督平台建立起买家与卖家的信誉机制，让双方不再担忧商业欺骗，不再担心商业损失，即交易费用大大降低了。对于农民个体而言，只要产品足够好，他就再也不用担心收不到钱的问题了。淘宝、天猫的成功主要在于降低了产品的交易费用，因为其大大降低了产品信息成本和交易风险。

第四节　城镇化的背后是产业化，产业化的入口是电商化

以电子商务为平台的农产品销售，会成为中国农民、农业、农村升级的引擎，这也是中国农产品走向春天的开始。

城镇化的核心是产业化。什么叫以人为本？以人为本不仅是建保障房解决居住的问题，也不仅仅是建立起养老与医疗保障，真正的以人为本是为农民提供就业机会，提高农民收入。

什么叫稳定？稳定是农民实现安居乐业，前提则是收入的稳定，无论政府初衷多么向民心，无论“造城”运动多么热火朝天，但如果农业的产业化发展不起来，农民收入提不高，城镇化是不可持续的。城镇化首先解决的是农民收入的问

题，城镇化一定是“造血”富民，而非“输血”养民，其前提是农业产业化。

农业产业化的前提是什么呢？农业产业化的前提是市场化，即要让资源自由流动起来实现价值交换。农业产业化的核心是农产品，如何让农产品市场化、产业化呢？农产品产业化的入口是通过电子商务来降低交易费用，从而实现农产品的低成本流动与交易。

目前国内的产业结构严重失衡，产能过剩严重已成事实，不仅外贸出口形势不好，依靠投资拉动消费也引起了不良的反应，尤其是以房地产为支柱的地产经济严重损害到了实体经济的发展，导致实体产业逐渐空心化。中国人口众多，消费市场分布广，下一轮最大的发展动力在于内需市场，在于城乡之间的产业需求对接，也就是如何将农村的资源与城市的需求实现产业联动与需求衔接，这是中国经济下一个十年获得持续发展的关键。

但是城乡之间的产业联动与供需交换，过去最大的问题是交易成本太高。高在哪里呢？首先是信息成本太高，即产品信息传播成本，价格形成机制滞后；其次是交易成本太高，即农产品市场交易风险太大；最后是流通成本太高，即产品流通的中间环节成本与运输成本太高。这三点是导致中国农产品难以规模化、产业化的根本原因，而电子商务的出现恰恰解决了这三大问题。

一、电子商务是如何降低信息费的？

在这一点上遂昌县的做法很值得我们学习。对于目前的农村，大部分地方是具备建立信息化设施条件的，只要信息化基础设施建立起来，通过电子商务平台就可以快速将产品信息传播出去。在这一方面遂昌县是一个样板，对于中国农业产业化的推进，我觉得地方政府要高度重视农村的信息化设施的建设，这是推进农产品产业化的引擎。任何一个落后的国家，首先是其信息的封闭与落后，电子商务平台很好地把产品信息，价格信息与城市需求对接起来，无论你在哪个角落，只要用鼠标一点，所有产品的价格信息一目了然。如此一来，整个市场的范围就放大到无限，过去是停留在集贸市场、批发市场，而今天利用电子商务平台可以放大到全球市场，任何一个消费者通过电脑都可以看到你的产品信息，都可以实现交易，这是过去传统农产品交易不具备的，也是不可想象的。

二、解决了产品的交易信息，但如何确保交易的安全呢？

也就是如何降低交易风险。过去农产品交易，甚至大部分传统商业都是通过人与人之间的信任，通过对经销商、对中间商的信任来实现交易。因为生人之间的交易风险大、成本太高，交易人因为惧怕经济受损，直接影响了交易的范围与数量。而电子商务把这种交易风险彻底杜绝了，以第三方中间平台担保的方式来建立信誉机制，让买家与卖家通过线上实现交易，不需要再担心货发出去收不到钱，或者钱转过去后收不到货的问题。在电子商务平台的交易体系中，因为货款给了第三方而不是直接进入卖家手中，买家验货之后才会将资金划给卖家，这样就完全解决了交易风险问题。所以淘宝对商业的贡献在于此，在法治不完善的商业环境中，通过信息技术来建立起商业信誉机制，这远比所谓的商业道德要来得实在、来得靠谱。

三、我们知道农产品最大的成本是物流成本，那么电子商务是如何降低流通成本的呢？

过去的农产品主要依靠农贸市场，通过多层次批发商来解决农产品的流通问题，但前提是通过量大来降低单体运输成本。因为农产品流通环节太多，导致交易费用非常高，另外农产品本身价格比较低、利润薄，一卡车白菜不值几千元，但运费却占到了一半，这是目前农产品不赚钱的主要原因，因为一半的钱给物流公司与中石油赚取了，到农民的手中已是所剩无几。

电子商务的逻辑是什么？又是如何降低流通成本的呢？电商直接让消费者与生产者对接，把中间环节消灭了。过去有批发商等中间环节，是因为需要中间商进行分流，每一层批发商都掌握了一个或几个地区的消费市场，他们对当地的市场行业、价格信息、需求量有足够的掌控权，所以要想进入这些地区就必须依赖这些中间商。而电商的出现则逐渐打破了这种传统的商业格局，所有的产品、价格、消费需求等信息可以直接传递到生产商，不再需要中间冗长的批发环节，传统经销商职能不过是一个“搬运工”，不再是以往的资源与信息控制的大佬。

这几年出现的生鲜电商的配送就说明了这一点，即消费者直接从网上订购农产品配送到家里，把传统的经销商、批发商环节，甚至零售商环节统统消灭了。随着城市消费需求的升级，人们越来越关注食品安全，对生态、绿色食品的需求越来越强，这就会倒逼农产品的升级，使得农产品不再是廉价的温饱产品，而是健康、营养的高附加值产品，这样农民才能真正成长为“富农”，种田才会成为一种产业化下的现代职业。

城镇化的人口是要创造需求来带动市场，而这个需求是内需，拉动内需是中国城镇化的唯一出路，即如何释放城市与农村的需求？如何让城市的需求释放到农村中去？这个过程不是简单的多建一些房子，取消户籍管理制度，把农民聚集起来那么简单，背后是农业市场化与产业化的进程。过去城市化是通过卖地建房造城，现在则需要充分利用当地的特色产业与低成本优势，以信息化为平台，砍掉中间环节成本，实现城市与农村供需之间的高效对接。

随着物联网的发展，以及国家对基础设施的投入，民间“菜鸟”物流网的建设，未来的流通成本会越来越低，而以电子商务为平台的农产品销售，会成为中国农民、农业、农村升级的引擎，这也是中国农产品走向春天的开始！

第三章 “互联网+”时代，传统农业的转型与变革

第一节 站在风口上的“互联网+农业”

自从“互联网+”一词出现在2015年的政府工作报告中，“互联网+”的热度便一直不减，在多个垂直领域汹涌澎湃地开展起来。目前，除了教育、医疗、交通、饮食、娱乐等领域外，农业也站在了“互联网+”的风口之上。

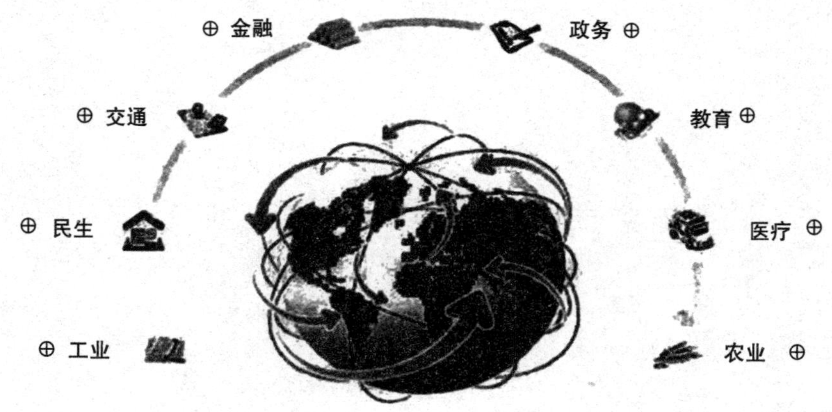

图3–1 “互联网+”可以结合的领域

一、传统农业遇上互联网

近几年，农业仿佛成了一个“香饽饽”，各个资本大佬都纷纷“不务正业”地布局农业。例如：阿里巴巴旗下的基金尝试奶牛养殖；乐视推出了自己的线上食品电商平台——“乐生活”；联想以蓝莓等产品为切入点，构建了全新的农业产业生态圈……

当传统农业与互联网融合后，其在营销、流通、资金、商业模式等方面都会发生变化。例如：农产品的营销可以借助互联网新媒体；农产品的流通可以借助农产品信息平台；农产品供求关系的分析可以参照大数据；农企融资可以借助互联网金融；个人承包制趋势增强；等等。

（1）个人承包制趋势增强

新希望集团的当家人刘永好曾经提过一种设想：当农户饲养新希望的奶牛时，通过摄像头就能够实时对奶牛的情况进行监控，养殖系统会自动地根据饲养室的温度、湿度、光照等进行调节，并定时为奶牛喂食物和水，当奶牛开始产奶后，农户通过微信就可以与顾客联络，并将牛奶快递给客户。

虽然说目前这种设想仍然在规划中，但随着互联网与农业融合的推进，这种设想也必将成为现实。

在上面的设想中，刘永好规划的商业模式其实是家庭定制化承包奶牛，而这种模式可以说与阿里巴巴2014年推出的“聚土地”的设想不谋而合。“聚土地”业务是用户通过网上预约的方式认购土地，获得土地的使用权后自行进行农作物生产。

随着人们生活水平和经济能力的提高，人们对放心、健康农产品的需求将会日益迫切，而如新希望和阿里巴巴推出的模式正是针对消费者的迫切需求，因此也具有比较理想的市场潜力。

综观中国的乳制品市场，蒙牛、伊利等品牌具有绝对的竞争优势，凭借明星单品、规模、奶源、品牌等资源能够获得比较长远的发展。而新希望等企业，为了谋求自身发展，就必须采取差异化道路。所以，对新希望来说，通过互联网实现创新发展是最佳的策略。

（2）流通借助农产品信息平台

从农企和农户的角度来看，农产品价格的波动性是一个非常大的问题。由于买卖双方信息的不对称，不仅会使农企和农户的收益受到严重影响，而且容易造成巨大的资源浪费。虽然国家从政策层面引导农产品的流通，但落后的信息沟通方式仍然使得农业发展受限。

农产品信息平台的崛起，从根本上为这个“顽疾”开出了“处方”。农产品信息平台最大的特点就是数据大，通过互联网将海量的农产品信息汇集到一起，覆盖全国的价格信息和供求关系都一目了然，极大地缩减了买卖双方获得信息的成本。

另外，通过农产品信息平台之上的供需关系，还可以预测投资的机会和可能的风险，指导农产品的结构生产。

（3）营销借助互联网新媒体

自从互联网，尤其是移动互联网获得发展以后，企业营销的方式就不再限于在平面媒体和电视上投放广告。相比传统的营销方式，互联网营销更容易以低成本获得好效果，而这对于推动企业和行业的发展而言至关重要。

目前。中国的主要消费群体已经是伴随互联网成长起来的“80后”“90后”，他们更容易受到互联网营销的影响。从这个角度来说，企业也更应该在营销时选择互联网新媒体。

2015年初中央下达的一号文件，再次对农业问题进行了强调。例如：加快农业产业化和信息化，土地制度继续推进，农垦改革首次成为改革重点，农产品生产应重视食品安全等。其中农业信息化的重要形式即互联网农产品信息平台，其在流通端的体现是农业电商，在生产端的体现是精准农业的应用。

与其他产业相比，农业不仅投资的周期长、收益低，而且面临的风险更大，但由于农业事关国计民生，因此得到国家政策的支持。而互联网与农业的融合，将会给农业注入新的动力，使得传统农业发生变革。

二、“互联网+”怎样链接农业

就以往的经验来看，互联网确实具有链接其他行业的属性。例如，实体经济与互联网的链接，催生了电子商务。这不仅使实体经济焕发出了新的生命力，使得老百姓的生活、购物变得更加便利，而且孕育出了一批优秀的互联网企业，阿里巴巴、京东等都因此而发展壮大起来。

由于农业本身固有的特点，一直以来并未与互联网发生实质性的链接，但这并不意味着“互联网+”无法链接农业。

村村乐的创始人胡伟就是“互联网+”链接农业的探索者。他打造的村村乐平台，目前已经成为国内最大的“扎根农村、服务三农、惠及三农”互联网综合性平台，而且由于紧随行业潮流和切合用户需求，村村乐也更进一步推动了“互联网+”链接农业的进程。

通过不断发展，村村乐已经越来越“接地气”，其覆盖的村庄已经超过了60万个，招募的网络村官也超过了20万人。另外，通过帮助农民售卖农产品、代理化肥、电影下乡、路演巡展、墙体广告等形式的经纪人模式，村村乐已经为广大农村引进了多方面的战略合作，在资金统筹、保险理财、农村贷款等方面给农民提供了极大的支持。

为了尽可能地采取多样的方式接近农村，增加与农民的沟通，更好地为农民服务。村村乐正努力打造一个以村庄小卖部为据点的集物流代办中心、信息交流中心、服务中心、销售中心等为一体的覆盖农村的连锁超市系统。

虽然过去数十年农业互联网化的口号一直存在，但由于农业易受交通、环境等多种因素的影响，因此相比其他领域并不具备链接“互联网+”的优势。但随着互联网的进一步发展和“新农人”理念的改变，农业互联网化的趋势正在蓬勃发展。

村村乐的案例，正属于“互联网+”与农业的链接和融合。“互联网+”与农业链接的根本目的在于用互联网带动农业的发展。

第二节 “互联网+”重构农业全产业链

若想在这个“大众创业、万众创新”的时代创出一片天地，必须对固有的模式进行改造。在这一创新理念推动下，“互联网+农业”的模式逐渐受到了众多上市公司的青睐，开始成为农业依托互联网发展的新模式。目前，这一模式已经在农业信息化、农业电商发展以及农村网络金融三大领域逐步展开。

一、“互联网+”深入农业产业链：从生产到销售

中央一号文件要求电子商务进驻农村，对于如何加快农村电子商务的发展，商务部展开了一系列的研讨活动，研究的重点在于以信息化手段对传统的农村流通网络进行改造，以建立优质的电商平台，通过整合农业生产资料，开拓电商覆盖领域，从而加速农村整体电子商务的发展。

目前，这项政策已经在广大的农村地区得以推广和实施，政府一方面大力推动京东、淘宝等大型电商平台大面积入驻农村商业市场，另一方面也在敦促农村的传统商业同网络平台实现线上和线下相互融合的发展模式。

如今，与农业相关联的网站已经达到了3000多个，仅在淘宝网进行注册并经营的乡镇以及行政村的网店就超过了163万家。其规模让人惊叹。而在这163万家网店中，主营农产品的网店就达到了将近40万家，这充分说明农业在电商平台上的蓬勃发展。

不仅如此，在全国许多省份如山东、江苏等，它们的农产品通过网络销售出去的数量也与日俱增，这给广大农民，尤其是广大青年农民带来了极为广阔的就业前景。

“互联网+农业”的模式是一项可持续发展的经营战略，不仅在于它为农村提供了销售途径，而且它已经深入到了农业的整条产业链，从生产到加工，再到销售，互联网都可为其“保驾护航”。

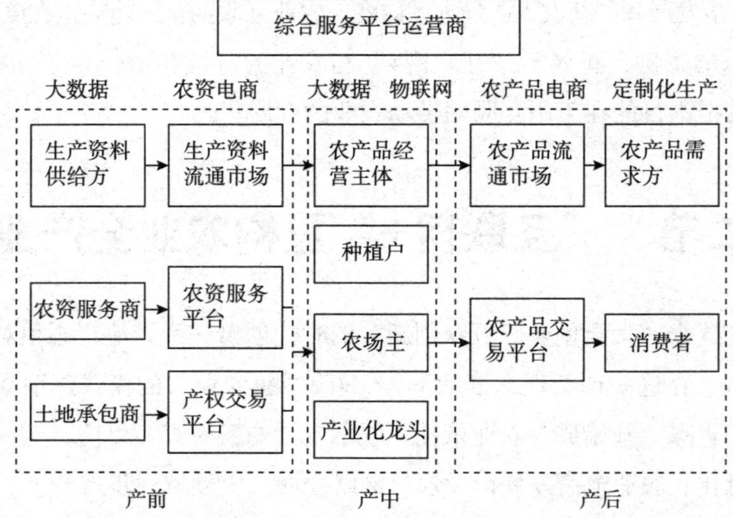

图3-2“互联网+”重构农业全产业链

二、发展方向：“互联网+农业”的未来

“互联网+农业”的发展模式逐渐渗透到传统农业发展的各个环节，影响力与日俱增，许多上市公司都瞄准了这一块肥沃的土地，正在拼命抢夺资源，而它们的目光也大多投向了农业电商、农村互联网金融以及农业信息化这三个领域，所以，这也被人们看做是“互联网+农业”的三个发展方向。

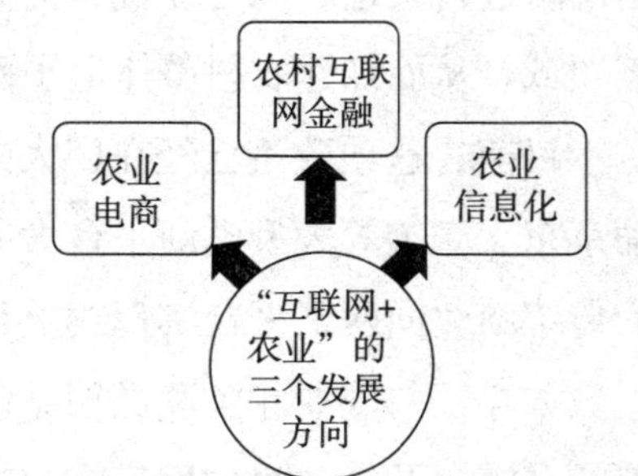

图3-3“互联网+农业”的三个发展方向

（1）农业电商

金正大集团[①]在农业电商这个领域起到了带头的作用，作为一家上市公司，它们在农业电商这一方面已经大大地扩展了自己的行业布局。金正大的董事长万连步在接受采访时曾表示，金正大首先要做的是对现在其所拥有的销售渠道进行进一步的优化升级，在此基础上实现与农资电商的完美对接。

金正大集团现有二级经销商10万多家，这将是发展农业电商的优质资源。通过提高效率、降低成本等方式，此类经销商将为线上和线下实行有效融合打实基础。此后，进一步实现农资电商与种植园、农场、养殖生产基地等的面对面直接对话。

（2）农村互联网金融

中国人民银行发布了《中国农村金融服务报告》，深入解读了互联网与农村金融服务的关系，显示了对农村网络金融的高度重视。

新希望集团[②]是我国农业产业化的重点企业之一，其同样认为“互联网+农业”是大势所趋，因为农民的数量大和农业的基础坚实两大条件无可争辩，如若能借助这一优势，必然能极大地开拓公司的主营业务以及互联网金融业务。

为此，新希望集团专门在天津注册了金融保理公司，希望能够推动养殖业和食品业的网络化发展。新希望集团本身在产业链上的优势就十分明显，依托这样的优势，新希望集团与线上进行融合来发展自己的互联网业务，根据不同的养殖户所承担的不同风险来实行不同渠道、不同风险的资金注入，从而降低了养殖户所承担的风险以及融资成本。

（3）农业信息化

农资龙头的成长空间是巨大的，其中一个重要的原因就是农业信息化的不断发展。不少商家都抓住了这一重要的信息点，大力介入农业物联网、农业地理信息系统等领域，为此注入了大量的资本。

比如芭田股份[③]，在去年的10月便启用了资金4000万以及部分股份来介入这一领域。同样不甘示弱的还有新梦想集团，通过对各大养殖场进行不同的数据分析与比对，提出具有针对性的发展方案。

---

① 金正大集团：成立于1998年，是一家集科研、生产、贸易于一体的生态化工集团公司，主要从事复合肥、控释肥、叶面喷施肥料、生物有机肥及土壤改良剂的科研开发和生产经营。

② 新希望集团：中国最大的饲料生产企业，中国最大的农牧企业之一，拥有中国最大的农牧产业集群，是中国农牧业企业的领军者。1982年，由刘永言、刘永行、陈育新（刘永美）、刘永好四兄弟创建。

③ 芭田股份：成立于1989年7月21日，公司主营业务为复合肥产品的研发、生产和销售，主要包括无机复合肥、有机复合肥、控释肥等。

三、“互联网+”创造农业新模式

改造旧模式是实现“互联网+”的必要环节，但“互联网+”更多的是在创新，创造新型农业发展模式。“创新”原本就是当今时代的核心词，对于创业者来说，“互联网+”无疑给人们提供了更多的创业契机。

与传统农业形成鲜明对比的是高端农业。现如今土地资源、水资源等都十分紧张，加之人们对食品安全的问题日益关注，因此发展以互联网技术为核心的农业被许多人认为是未来农业的发展方向。

但是相较于传统农业，高端农业的发展所需技术条件较为苛刻，成本投入也更大，经过层层累积，最后的价格可能会让消费者望而却步，因此销售又是一个问题。所以，如何尽最大可能地削减中间成本以压低价格，是高端农业所要关注的。

在解决途径中，创新销售渠道无疑是不错的选择。比如通过微信平台，由厂家直接销售，出厂价和售价相同，免去了中间店铺等一系列费用。而且，这样的方式比较便捷，还能够通过微信这个平台进行品牌宣传。

这里有一个例子便是青年菜君[①]，其以半成品的生鲜销售为主营方向，客户可以通过网络进行预订，而后在线下的营销点进行自提，这样就省去了中间的物流费用，节约了成本，而且有利于增加客户的信任度。此外还有光和生态农场等，都在创新发展模式，以尽量缩减成本，使“互联网+”的模式得到最优化利用。

一直以来，传统农业都在寻求一个更加科学的发展模式，努力创新发展途径，其中一个比较棘手的问题便是中间环节太过烦琐导致成本无法压缩，而互联网技术恰好解决了这个问题，把众多中间环节搬到线上，省去了线下的许多操作。在互联网的推动下，农业商业模式正发生巨大的变化，从事涉农互联网的创业者在未来将得到投资者的更多关注。

第三节　农业1.0模式到4.0模式的跨越

2009年，“网络三剑客”之一的丁磊开始了其“第三代养猪模式”的探索；2011年，京东的当家人刘强东开始“不务正业”种植大米；2013年，备受瞩目的“褚橙”“柳桃”纷纷上市；2014年，乐视宣布进军农业，并落户山西生态农业

① 青年菜君：半成品生鲜电商。2015年3月，获平安创投、真格基金和策源创投三家机构数百万美元的第三轮融资。

基地……可以说，这几年农业受到互联网大佬的青睐，已经“遍地开花”。

另一方面，从2013年十八届三中全会、2015年的中央一号文件到“两会”，有关农业的政策红利不断下发，困扰农业发展的土地流转问题等得到解决，预示互联网农业的时代已经到来。

一、农业1.0模式到4.0模式的跨越

纵观国内外农业发展的模式，我们可以大致将其归为以下几类：

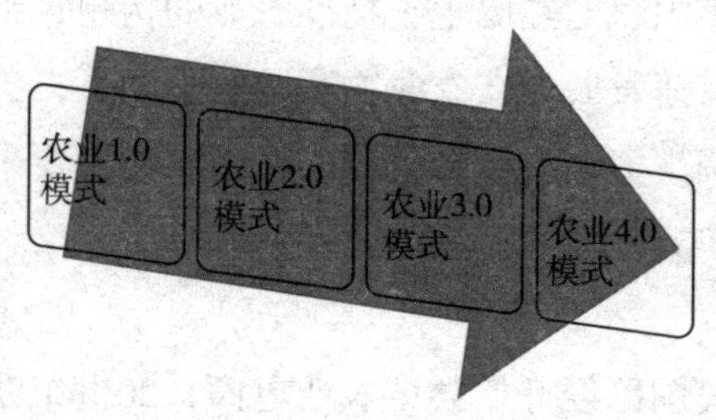

图3-4 农业发展模式变迁

★农业1.0模式：主要依靠体力劳动，以家庭承包责任制为基础；

★农业2.0模式：以大型机械农场的出现为标志；

★农业3.0模式：以高度自动化机械化精确生产为主要特点；

★农业4.0模式：与互联网融合。达到高度智能化。

目前，欧美等发达国家和地区的农业发展模式已经从农业3.0模式向农业4.0模式进化，而我国农业的发展模式仍然以农业1.0模式和农业2.0模式为主。

落后的农业发展模式具有两个主要弊端：一是制约了生产力的发展；二是阻碍了农业流通体系发展。这在中央电视台播出的美食纪录片《舌尖上的中国》中有比较直观的体现，无数鲜美天然的食品由于生长在偏远闭塞的大山里，难以被大山外的人们所品尝。

而中国的农业要摘掉贫穷落后的帽子，就应该打破生产和流通的阻碍，改变农业发展模式。随着相关政策的推进和互联网的发展，相比其他产业，农业更应该与互联网融合，实现从农业1.0模式到农业4.0模式的跨越。

二、农业互联网革命的两大领域

借鉴发达国家的农业发展模式，农业互联网革命主要体现在两大领域：

图3-5 农业互联网革命的两大领域

（1）生产领域

20世纪80年代，美国就已经诞生了精准农业的构想；到20世纪90年代，美国的农业物联网获得了飞速发展，在农业物联网的带动下，美国的精准农业达到了世界先进水平。根据调查资料显示：美国的大型农场主要采用高度自动化的机械设备进行生产，农业ITO技术的普及率达到80%。

（2）流通领域

20世纪80年代，美国已经开始尝试农业电商；20世纪90年代，互联网浪潮兴起以后，美国的农业电子商务随之崛起，带动了整个农业经营效益的改善。

相比美国，中国农业互联网的发展虽然相对滞后，但仍具有诱人的增长空间。

互联网对农业的渗透，主要体现在对四大基本要素的改变上：

★劳动力。互联网与农业相互融合后，农业生产的劳动力将由面朝黄土背朝天的农民，转变为具备现代经营理念、掌握先进技术和知识的互联网新农人。

★劳动工具。互联网与农业相互融合后，农业生产的劳动工具就不再是传统的机械和农具，而是以物联网为基础的智能机械。作为互联网的延伸，物联网能够自动对农业生产过程中涉及温度、土壤、空气、水分等因素进行调节，最大限度地提高农业生产的效率。

★劳动对象。虽然互联网与农业相互融合后，农民劳动的对象仍然是土地，但土地的状态发生了实质性的变化，不再是零散无序的状态，而转变为更加集中适合规模化经营的土地。

★劳动成果。随着劳动力、劳动工具和劳动对象的变化，劳动的成果也会由依靠农药等不健康的农产品，转变为产量更高、质量更好的无公害产品。

三、农业互联网革命的两大驱动力

（1）顶层设计和政策红利

近几年，随着互联网的快速发展，多个行业都搭上了互联网发展的“顺风车”，而农业作为我国经济发展的命脉，也迫切需要互联网为其注入新的活力。

从近几年政府下发的与农业发展相关的文件中可以看到：互联网已经成为解决农业问题的重要手段，在有关农业的顶层设计中，互联网的地位正在逐步提高。

实际上，与农业发展相关的很多因素，比如：信息服务、农业综合服务平台、农业科技创新、农业信息化、电子商务、物流等，都与互联网有着密切的联系。有关"互联网+农业"的顶层设计已经越来越清晰，而与"互联网+农业"相关的政策红利也越来越多。

★中央一号文件《关于加大改革创新力度加快农业现代化建设的若干意见》中明确提出："创新农产品流通方式，支持电商、物流、商贸、金融等企业参与涉农电子商务平台建设，开展电子商务进农村综合示范。"

★交通运输部同农业部、供销合作总社、国家邮政局联合印发的《关于协同推进农村物流健康发展、加快服务农业现代化的若干意见》中明确要求：加强邮政快递、供销、交通运输等农村物流基础设施的衔接，完善农村物流基础设施网络体系；根据当地的实际情况，建设包含快递配送、再生资源回收、日用品分拨配送、农资及农产品仓储、客运服务等功能的农村综合运输服务站。

（2）互联网产业

政策利好提高了农业领域的吸引力，使得大量新兴的创业公司投身到互联网与农业的融合中，进一步促进了互联网农业的发展。

在众多的新兴企业中，既有农产品电商，也有农产品溯源管理、农业智能化机械制造和农业物联网系统研发和集成企业。

能够极大地带动农业生产的物联网系统尤其引人注目。例如：奥地利一家企业推出的农业物联网系统，不仅能够自动地采集信息、实时监测，而且成本极低，能够覆盖的范围比较广泛。目前该系统在国内已经投入使用，前景十分广阔。

而农产品电商的表现也非常活跃。在京东、阿里巴巴等电商巨头的带动下，农业互联网的双向流通都已经雏形已现：一方面，城里的消费品能够更加顺畅地进入农村；另一方面，来自农村的丰富的农产品也可以及时向外输送。由于拥有人才、技术、资金等丰富的资源，电商巨头与政府和地方企业的合作也逐渐增多，不仅激活了农村的电商生态系统，而且增加了农村地区的就业，提高了农民的收入。

四、"互联网+农业"迎布局良机

目前，我国的经济结构正面临调整，经济的整体增长速度也基本放缓，居民的消费需求已经发生了变化。农业作为我国经济的主要支柱，迫切需要改变粗放型的生产方式，与互联网技术进行整合升级。

对农业来说，互联网不仅能够提升农业的信息化运用，而且可以打通农业发展的物流链、资金链，更新销售的渠道，拓展农业的下游消费。

在这样的背景下，不管是互联网巨头还是农资公司，都已经加快了布局互联网农业的步伐。

★互联网巨头方面的布局，最重要的方面在于电子商务。例如：京东已经与陕西省长武县政府订立了战略合作协议，计划从多个方面推进农村电子商务的发展；而阿里巴巴的“淘宝村”、“淘宝镇”也变得越来越密集。多个村级服务站都已经挂牌运作。

★农资公司布局的主要方向包括三个：农业信息化、农村互联网金融、农资电商。其中，农业信息化方面的代表是芭田股份，其已经通过入股金禾天成的方式投入农业地理信息系统、种植业投入品平台、农业移动互联应用、农业物联网、农业大数据等领域，并开始探索农业信息化方面的产品组合；农村互联网金融方面的代表是大北农，其农信网便是提供P2P、“小贷”等金融服务的；农资电商方面的代表是金正大，其布局已经比较成熟和完善。

第四节　“互联网+”引领“智慧农业”新时代

进入2015年，中央一号文件继续聚焦“三农”问题，足可见中央对其的重视。2015年2月，华尔街投资大师罗杰斯在接受记者采访时表示，尽管近期中国股市有走低的趋势，但就农业板块来说，已经持续走低好多年了，2015年对农业来说是一个新的机会。

农业互联网的时代已经悄然到来，尤其在国外，互联网已深入到农业产业链的各个环节，以网络资源等优势给农业以强大的技术支持。

一、“互联网+农业”是未来发展趋势

众所周知，美国向来是大农场机械化和互联网联合生产，其所用到的人力资源要远低于我国。举例来说，在美国，一个种植7万亩玉米的家庭农场，整个环节下来只需要3个人，而在我国黑龙江，仅种植这一环节就需要多达1000人，差距明显的同时意味着互联网农业在我国有着巨大的发展空间。

相较于发达国家，我国的产业信息化还处于发展的初级阶段，技术方面还不是很成熟。但由于我国政府对网络科技发展的重视和支持，使我国即将步入农业信息化建设的飞速发展时期，其契机主要有以下两个：

第一，政府不断出台相关政策来鼓励农业信息化的发展，这对其产生了刺激作用。在2011年，我国国务院出台了《全国农业农村信息化发展“十二五”规划》，此后连续四年，中央一号文件都提到了农业信息化的问题。

第二，农村信息化基础设施不断完善，互联网不断深入覆盖，电商平台的建立也帮助农民进一步了解了互联网的巨大价值，这为农业信息化的理念在农村的传播打下了坚实基础。信息渠道的畅通和基础设施的逐渐完善为农业信息化提供了条件。拿电商平台来说，仅在“十二五”期间，农村电商就从不到1000家增加至6000家，此外淘宝上农业产品的销售额也呈递增趋势，这充分说明电子商务的概念已经被农民普遍接受，互联网思维开始在农村市场上活跃开来，在很大程度上推动了农业信息化的发展。

2015年3月16日，中央电视台新闻联播对“互联网+农业”进行了报道，报道中提及了物联网、电商、大数据等由互联网催生的新生名词，并说明这类互联网技术正与农业不断进行融合，为我国传统农业的改革注入新鲜血液，农业商业化有望在这种模式的带动下早日实现。

二、互联网思维席卷农业领域

互联网思维正以其先进的理念迅速深入我国各个行业，传统的农业领域也可见其身影。从农业整条完整的产业链来看，每一个具体的环节互联网都或多或少地有所涉足，比如农资销售、土地流转、农产品销售等。互联网正从细节上提高农产品种植效率、优化产品品质、拓宽销售途径。

就国外而言，互联网与农业的融合已趋于完善，其对农业产业链进行了全方位、立体化的改造，提高了农业生产的整体品质。

对于国内来说，我国农业还存在不少问题，其中粮食安全和食品安全问题尤为突出。粮食安全方面，我国耕地面积呈减少趋势，粮食产量相应降低，不仅如此，农民的数量不断降低并呈现老龄化趋势。种种不利因素导致我国农产品对外的依附度不断加大，本土生产力遭遇“瓶颈”。食品安全问题更是经常登上各大新闻的头条，使得民众对于食品安全的信任度降低，十分不利于农业的发展。

针对这些问题，2015年中央一号文件提出要提升农产品质量和食品安全水平，锁定“三农”新定位，明确了“强富美”三大方向，把粮食安全和食品安全放在了重要位置。

为了尽早解决农业发展存在的问题，我国正在实行关于土地制度和经营体制的深刻变革。家庭合作社、私人农场等农业经营新主体的规模不断扩大，土地流转的速度不断加快，使得农资服务商的运行模式亟待改变，因此，许多企业把目光转向了互联网，借助网络资源和技术实现优化转型。

三、“智慧农业”凸显重要价值

农业是一个基础性的大产业，生产总体规模大，长久以来储存的资金底子雄厚，所以一旦它进行升级改造，对于信息化需求的影响是惊人的。

农业信息化贯穿于农业产业链的各个环节——资料流通、生产管理、产品流通等，所以整个产业的规模决定了信息化发展的广阔程度。

2013年，我国农林牧副渔业生产总值超过9万亿元，这样庞大的生产基础无疑为农业信息化提供了难以估量的发展前景。

传统农业的升级改造无疑是一场革命，而在这场革命中，农业信息化是不可缺少的支撑和动力。无论是未来土地确权市场、精准农业市场还是农产品追溯体系市场，农业信息化都将拥有巨大的发展空间。尽管农业信息化在这几个环节中刚刚起步，但其前方的道路是无比宽阔的。不少公司正是认准了这条路的前景，纷纷追随农业信息化的脚步早早起步，这些公司有望在竞争激烈的发展浪潮中占得先机。

2015年，中国大种植业板块股权投资迎来了发展的新时期，呈现出黄金增长的趋势。我们推测，在未来“土地、化肥、种业、农药、农机”五位一体的农资综合服务平台很有可能会孕育出一批优秀标准公司，这些公司的估值将达到千亿元。

四、前景广阔的生物农业

农业的发展也受到科技和工业发展的影响。在进入大工业化以后，化学产品逐渐被应用到农业当中并产生了重要影响，如化肥。我们不可否认，这些化学产品在提高产量等方面做出了巨大的贡献，但随着时间推移，其造成的不良影响也日渐凸显出来，比如土地生产力降低、水源污染、产品有害物质含量超标等。目前，生物技术受到农业专家的青睐，他们在考虑如何加快促进生物技术与农产品的融合，在保证农产品产量和质量的基础上尽可能降低生产成本、减少污染。

具体来说，生物农业又细分为三个子行业，其分别面临着新的发展机遇。

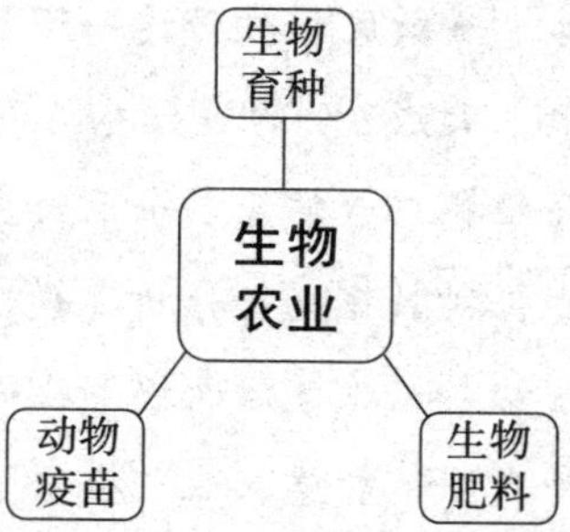

生物育种
生物农业
动物疫苗
生物肥料

图1-6 生物农业的三个子行业

（1）生物育种技术。我们所熟知的转基因技术引起了激烈的讨论，其核心问题便是食品健康安全问题。就目前形势来看，转基因生物技术的实施和运用是大势所趋，尤其是转基因的商业化，在发达国家中已经加速发展。

（2）生物肥料板块。化肥在农业生产中起到了至关重要的作用，但化肥的危害显而易见——土地肥力下降、水污染、大气污染、农产品质量下降等。我国单位面积化肥的使用量为437千克／公顷，几乎为发达国家的两倍，因此找到一种肥料来代替化肥便显得尤为急迫。提高肥料使用率和减少废料的污染是未来发展的趋势，而生物肥料则很好地满足了这一条件，如缓控肥、微生物肥、有机肥等。

（3）动物疫苗行业。我国的动物疫苗行业已经走得很远了，但在未来其势必要进行三个方面的变革：第一，销售渠道上，由政府招标苗向市场苗演变。历史上政府招标起到过积极的作用，但在市场经济高度发展的今天已凸显出严重的弊端。第二，在生产工艺方面将进一步升级，以国际化的标准严格要求。第三，营销模式朝着一体化的方向发展。

五、“智慧农业”的布局

什么是智慧农业？所谓与现代紧密结合的“智慧”，无非是指现代信息技术成果，具体来说有物联网技术、音频技术、无线通信技术等。具体放到农业上，是指专家通过可视化远程技术对农业的各个环节进行监控和操作，对于可能出现的灾害以及其他紧急情况做出及时乃至提前的应对措施，利用此类先进技术从根本上解决粮食安全和食品安全两大基本问题。

就目前的情况来看，投资农业板块还是一个新领域，因此了解农业产业链上的某些公司是如何与互联网进行融合的，对于未来投资方向的把握有很大参考价值。

★就肥料生产这一环节来说，最具代表性的莫过于芭田股份。该公司收购了金禾天成20%的股权参与到了农业信息化的领域，使传统的复合肥业务向农资综合服务平台转变。金禾天成此前已经积累了大量的种植业生产大数据，在此基础上，对数据进行分析建模，类比建立出一个完整的信息分析处理系统，经过大规模的数据收集后而逐渐摆脱这一模式，朝着指导种植业生产实践转变。这一进步为我国“智慧农业”提供了最有价值的服务。

★在农业IT服务领域，农村信息化是值得关注的焦点，神州行就由此出发，进一步完善了“智慧城市+智慧农村”布局。中农信达在农村信息化领域已经发展了十余年，有着十分丰富的经验和广阔的市场，实力和专业性极强。神州行收购了中农信达，希望借此机会尽快融入农地确权和农村信息化市场，使战略布局进一步扩大，产业链更加完善。

第五节　运用互联网思维改造传统农业

“三农”问题多年来一直备受人们关注。随着时代不断向前发展，传统农业的发展遭遇了种种“瓶颈”，要想有所突破，必然要改变发展模式。互联网恰恰凭借其强大的流程再造能力，给农业注入了新的活力。

互联网的思维方式是系统化的，同时也具备网罗信息资源、搭建优质平台的能力，其与农业的结合可以对农业进行一个系统的产业优化升级，从产业链的每一个具体环节入手，注入现代理念，最终突破农业发展的“瓶颈”，形成符合时代发展潮流的互联网农业模式，其优势主要体现在以下五个方面。

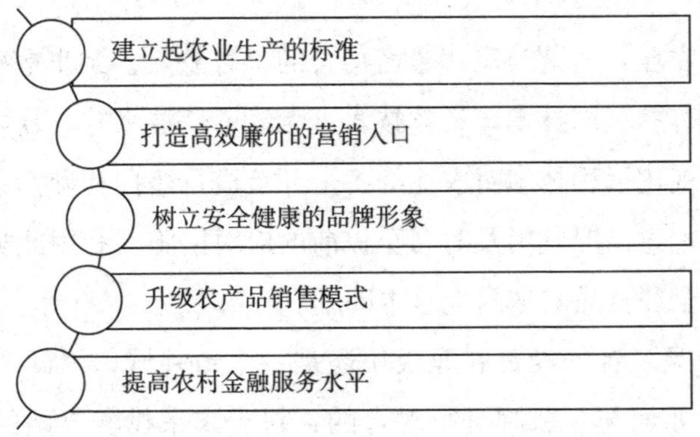

图3-7　互联网农业的五个优势

优势一：建立起农业生产的标准

以往的农业生产往往没有标准，多数流程都是靠农民自己的经验进行操作，这样带来的不稳定因素太多，比如温度、光照、降水、土壤等环境参数，一旦出现偏差就会带来难以估量的损失。而且，人工操作的效率太低，不满足大规模的生产需要。于是，“智能农业”这一理念便应运而生。

所谓“智能农业”，其核心便是物联网在农业生产中的应用。这种技术可以把农业生产中的诸多因素通过无线传感器进行实时采集，然后及时迅速地将信息进行整合，从而做出精确判断，以此来决定农业设备是否开启。这样便极大地提升了效率，降低了可能的损耗。

另外，物联网可以从生产这个环节对农业进行彻底的改造。目前这种方式还未流行，但必然会成为一个发展趋势。

优势二：打造高效廉价的营销入口

营销是互联网最常用也是最擅长的手段，网上营销模式层出不穷，如体验营销、服务营销、饥饿营销等。营销，换句话说就是利用客户的消费心理来推销商品。

对于农业来说，互联网营销最大的优点便是成本极低，通过移动信息工具等入口，可以建立多种多样的营销入口，比如微信、微博、QQ等。互联网通过此类入口可以在客户与行业之间搭建桥梁，并且是相当受消费者信任的桥梁。

此外，营销打响品牌的能力也不容小觑。最令传统农业头疼的一个问题就是品牌问题，缺少品牌效应，农产品的附加值就上不去。而营销借助互联网产生了极大的推广效应，因为成本低，所以宣传的覆盖率就可以极尽所能地扩大。苹果品牌“潘苹果”为什么能迅速蹿红?其中营销的力量功不可没。

农业若要建立高效廉价的营销入口，切不可盲从，需要遵循以下几条原则：

★不能泛化营销。任何产业都有自己的潜在客户，这些客户就是销售的重要目标。整合数据精确定位，这是农业营销的第一课。

★质量与服务并重。狠抓质量，再加上利用客服保持与客户的紧密联系，营销才能起到应有的作用。

★适当控制产业链。不贪多也勿狭隘，既不能试图覆盖整个产业链的经营，

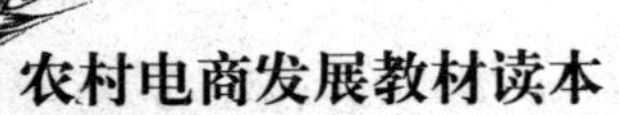

也不能只着眼于其中的一个方面。合理分配，优化利用，生产环节中严把质量关与产品标准化生产结合才是最重要的。

优势三：树立安全健康的品牌形象

食品安全问题广受关注，人们对食品安全的信任呈降低趋势。如何重拾客户的信任，是传统农业亟待解决的问题。

要想使人们恢复对农产品的信任，最直接的办法便是农产品生产链条的透明化，这在传统农业中几乎是一个不可能完成的课题，但互联网农业却以其强大的线上交流模式弥补了这一缺陷。

可追溯系统是从食品行业中延伸出来的，人们可以通过一个小小的二维码实现对整个生产过程的追溯，包括耕种地点、生长环境、采摘日期等，这样便实现了生产过程的透明化。当然，其实现还需要互联网的支持。

由此一来，人们因为了解得多，信任感自然增强，再加上权威机构给予肯定认证，安全健康的品牌形象便可以建立起来。

优势四：升级农产品销售模式

目前，电商平台的发展为我国农产品的销售提供了更加便捷的途径。在此之前。农产品生产规模小，与大市场的对接有困难，加之农产品从种植到收获需经历一定时间，受气候等不可抗力因素影响大，因此“销售难”现象时有发生。

电商平台的建立则直接拉近了消费者与生产者之间的距离，使地域问题对农产品的影响相对削弱。距离的缩小意味着成本的降低，从而压低了商品的最终价格。价格降低，销售成本减少，销量增大。企业的利润当然也就随之增长。正如新华社特约经济分析师马文峰所说：“企业能做大的，都是流通环节所减少的。”

此外，电商平台清货的能力也是可圈可点的。2013年11月25日，“淘宝网·特色中国湖南馆”（由湖南省农业厅和阿里巴巴集团联合打造的电商平台）正式上线，仅椰子饭便销售掉了以往线下全海南岛一年销售量的63%，成果显著。

不仅如此，互联网一个极大的优势就是可以利用强大的数据分析帮助农业生产定位客户群，分析客户的需求，这使得生产有了一定目的性，实现了利润的最大化。

优势五：提高农村金融服务水平

金融问题一直是经济发展的核心问题，农村金融服务却一直未能跟上经济发展的脚步，不能够满足村民的需要。

农村金融产品种类较为单一，供给方面不足，虽然金融机构创新的脚步从未停止，比如2000年以来，中国人民银行和银监会鼓励涉农金融机构展开小额信贷、村镇银行等形式多样的金融产品及服务的创新，但是由于受地域问题、产业结构等多方面因素的限制，原来存在的问题依旧比较突出，创新之路还很艰难。互联网农村金融服务在未来还有很长的路要走，具体来说主要体现在两个方面。

（1）小额信贷

小规模的经营者是农村小额贷款的主要服务对象，如零食零售、餐饮业等。这类贷款业务数额不大，且相对较为分散，但优势在于资金安全问题与大规模贷款相比更加有保障，也更能吸引贷款者的目光。

更为重要的是，农村城镇化的脚步日益加快，随着农村城镇化步伐的加快，对银行信贷的需求会更大，银行的数量将不断增加。

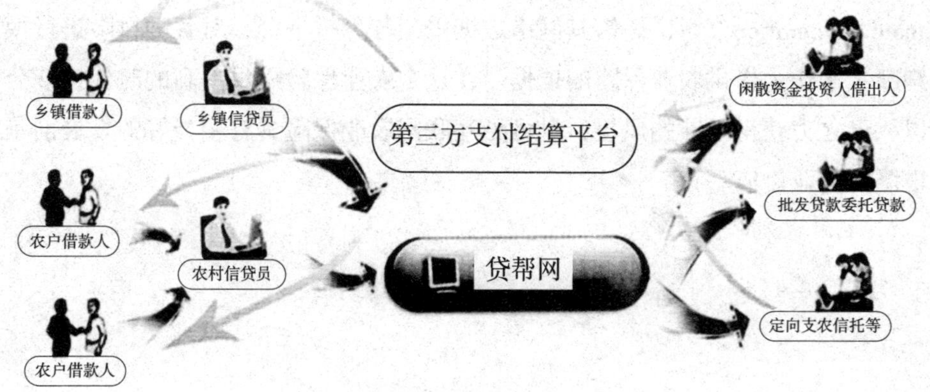

图1-8 贷帮的商业模式

P2P贷款公司在农村发展良好，最引人注目的莫过于贷帮，它被称为首家银行资金监管平台。贷帮通过互联网来出借资金，但具体的贷款业务是在线下进行，这样可以确保贷款人资金以及信息的安全。贷帮的贷款程序十分严格，不但会对贷款人的资质进行亲自上门审核，而且还在各地农村开设办事处，并规定贷款者与当地办事处的路程不得超过半个小时。

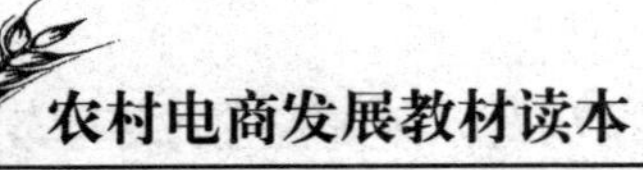

贷帮利用互联网外加自己的风控体系对贷款人进行审核筛选，建立起了对接交易的商务模式。

（2）农业保险

自古以来，农业生产的成败便与自然环境息息相关，与之相应的，农业生产者们从投入生产那一刻起便承担着自然和经营两方面的风险，规避风险最有效的方式便是入保。

从大体上来说，保险的形式有两种，一种是政策保险，另一种是商业保险。虽然我国素来重视农业发展，政策上对农业的保障从未间断，但是仅凭政府之力是远远不够的，因此商业保险必不可少，虽然政策给予的补贴也会减轻农民投保的压力。2007年到2012年，我国农业保险的收入达到600亿元，市场活跃度仅次于美国。

但农业经营存在着风险大、赔率高的特点，因此许多保险公司在这一方面的积极性不是很高，直接导致了农业保险种类单一，主要是小麦、玉米、棉花三种农作物。

而现今，借助互联网强大的数据流进行分析，对各种可能出现的灾害等问题进行网络模拟，便可以使农业保险赔付率大为降低。例如，美国加州的‘The Climate Corporation公司，凭借其网络数据采集与分析平台，对各种风险进行模拟和判断，来作为提供农业保险的依据。在这个农业保险赔付率高的时代，该公司能以一己之力获得不菲的风投，足可见互联网农业保险具有相当好的发展前景以及丰厚的商业价值。

第四章　农村电商+物流

第一节　构建完善物流网络，赢得万亿元农村市场

随着我国网购市场的不断扩大，2014年上半年，网购市场规模已突破万亿元，城市网购市场趋于饱和。于是，网络电商们开始另辟蹊径，将目标锁定在农村。

2015年2月6日，浙江省奉化市中山路出现了第一家苏宁易购服务站，店铺的墙壁上几乎贴满了网购商品的二维码，顾客可以通过扫二维码进行网购或议价，这里的工作人员会对从未网购过的顾客提供指导和相关服务。

2015年2月9日，浙江省宁波市余姚凤山街道出现了第一家京东农村服务中心，以往在幕后服务的京东“小二”开始走向前台为大家服务。

2015年4月15日，宁波市奉化乡村出现了第一家农淘项目服务中心，阿里巴巴也开始在农村地区积极构建电商平台。

由此可以看出，农村电商市场将成为各电商巨头激烈竞争的焦点。

一、电商巨头下乡圈地农村市场

不管是在国内还是海外，电商巨头们都已使出浑身解数，让自己的市场占有率尽可能增长，以期获取更高的利润。然而，城市网购渐趋饱和，从一二线城市逐渐放缓的市场增长率可以看出来，供经营城市网络的电商们能够榨取的利润已经很少，在这种相互僵持的环境下，农村市场为各大电商提供了一片新的领地。

2014年年初，各大电商——阿里巴巴、苏宁、京东纷纷开始进攻农村市场，第一步就是开展“刷墙运动”，借此向农民朋友们宣传自己的品牌。

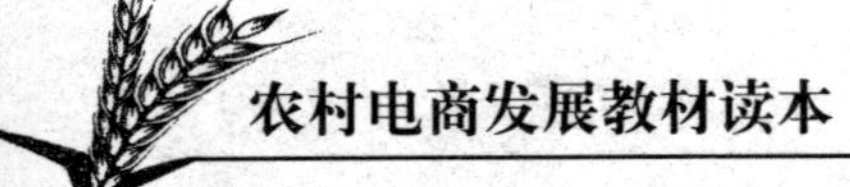

1. 阿里巴巴

2014年7月，阿里巴巴抢先在农村开启电商战略布局，将供应链深入下沉至农村市场，经过整合优势资源，借助菜鸟网络这一平台，推出覆盖范围最广的家电下乡服务，可以直达的县区有2600多个，乡村超过50多万个。2014年12月，阿里巴巴又设定了“千县万村”计划：在3～5年内投资100亿元，建立1000个县级运营中心和10万个村级服务站。

2. 苏宁

2014年，苏宁也开始在农村地区布局物流网络，建设自营服务中心，通过点状的乡村服务站，实现对农村市场的覆盖。苏宁为客户提供全面服务，从客户下单、“最后一公里”配送，再到售后维修等服务，让用户做到安心购买、安心使用。此外，苏宁还对外公布了下一步的农村电商计划，计划投巨资用以建设农村物流网，用5年的时间在全国1/4的乡镇中，成立10000家苏宁易购服务站。

3. 京东

2014年年初，京东为拓展自营配送体系，将渠道下沉至3～6线城市。

2015年，京东加速推进农村电商建设，在县级地区，成立“京东帮服务站”作为网点核心，开展电商网络服务，并计划1年之内构建千家农村电商网络。同时，京东还建立了“县级服务中心”，在乡镇建立了“乡村合作点”，通过乡村推广员，将电商渠道进一步下沉。

二、千亿红利待释放

各大电商巨头——阿里巴巴、京东和苏宁纷纷将触角伸向了农村市场，希望在农村地区赢得属于自己的一片领地，这当然是有因可循的，从目前电商行业的发展趋势来看，各大电商之所以把目标定在了农村，有3个主要原因。

1. 城市的市场增长率放缓

国家统计局数据显示，2013年，农村地区居民人均净收益比上一年高出了12.4%，而城镇地区居民的人均可支配收入比上一年增加了9.7%。同时，2013年，中国县级市场比城市市场的网购消费额高出13.6%。由此可以看出，农村市场的快速发展是电商们将目光聚焦于此的重要原因。

2. 政策的支持给了电商们巨大信心

2014年年底，中央政策给出明确指示，强烈鼓励各大电商“推动农村电商”，促进农村地区的发展。比如，中共中央国务院在《关于全面深化农村改革加快推进农业现代化的若干意见》中提出要建立完善的农村物流体系；2015年年初，中央一号文件也提出要完善农村物流体系，而且国家邮政局也提出启动“快递下乡”工程。这一系列政策给了电商们拓展农村市场的决心以及信心，不仅为各大电商指明了未来电商的发展方向，也为今后农村地区的物流发展奠定了基础。

3. 农村市场广阔的发展前景

中国的农村人口约占全国人口总数的1/2，但是农村网民的比例却不足30%，在网上购物的网民更是少数，不到10%。但是随着移动互联网的发展，就在过去的2012~2014年这3年期间，农村地区网民的数量不断增多，农民网购的比例也在不断上升，从淘宝网购数据我们可以看出，2012年第2季度，淘宝农村消费占比为7.11%，到2014年第1季度，淘宝农村消费占比达到了9.11%。CNNIC第35次调查报告显示，截至2014年年底，我国网民规模达6.49亿人，农村网民规模达2亿人。阿里研究院曾预测，到2016年，农村网购市场规模很有可能达到4600亿元，如此庞大的市场规模将成为网购市场的新增长点。

三、发展农村电商仍有瓶颈亟待解决

发展农村电商的好处显而易见，它不仅为电商们的发展提供了一个新的市场领域，更使广大的农民朋友从中受益良多。但是，由于农村地区本身的特殊性，使得农村电商必须克服重重障碍才能得到发展。辛普科技电子商务研究中心发现，电商要想在农村市场发展，必须克服以下三大瓶颈。

1. 农村传统的交易习惯

农村是一个相对闭塞的地区，而且农民对新科技了解甚少，所以“触网”意识薄弱。长期以来，农民习惯从附近的实体店，与售货人员面对面的交易中购买商品，对新兴的网购形式并不了解，对在线购买、挑选以及售后服务政策都很陌生，甚至觉得网上购物很不安全。所以，他们在一定程度上很难接受网购这种方式。此外，现在农村里的年轻一代大都外出上学或者外出打工，这种年龄结构的不平衡也造成了电商难以在农村地区普及。

2. 农村地区电商人才稀缺

在农村地区开展电商销售业务，需要精通电子商务技术的农民“卖家”。

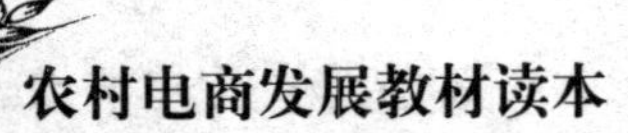

他们不仅要了解农产品的特点和市场行情，还要能够专业地回答客户提出的相关问题。对相关知识缺乏了解，你就无法说服客户，让客户相信你的产品。对于网购，农民一年的收入不高，电脑对一些农村家庭来说是奢侈品，所以，有电脑的家庭屈指可数，更别说懂电脑的人了，在这样一种大环境下，农民很难参与到网购生活中。所以，在没有专业的网络技术人员的指导下，买卖双方很难在互联网领域获利，这也是农村电商难以开展的一个重要原因。

3. 物流网络尚未成熟

由国家统计局数据可知，中国有60%的农村居民认为接收快递太麻烦，物流配送成为让农村网民担心的一件事。目前，“四通一达”、顺丰、邮政等快递行业在农村的营业点最多只触及乡镇，而且网点的布局还有待进一步完善。农村地处偏远、居民分散的特点制约了农村电商的发展。

因此，广阔的农村市场虽然是各大电商的垂涎之地，但若想在这片土地上获取利润，开发农村市场的潜力，各大电商必须认真走好每一步，做好长期备战的准备。

四、农村物流的三大机遇

2015年，中共中央国务院印发了中央一号文件《关于加大改革创新力度加快农业现代化建设的若干意见》，文件中涉及“五个重大”，每点都关乎中国的农业、农村和农民问题。由今年的中央一号文件，我们可以看出，我国今年的工作重点就是强化农业基础、加快农业发展、促进农民增收。2015年1月30日，杭州举行了首届淘宝大学县域电商服务提升班，与会者大都是县域电商经济发展的主力，由此看来，阿里巴巴已经着手向农村市场发起进攻了。

据CNNIC第35次调查报告显示，截至2014年12月，农村网民占我国网民总数的27.5%，网民规模达1.78亿人，与2013年年底相比较，网民人数增加了188万人。不管是从比率上还是数字上看都呈上涨的趋势。所以，网上交易行为增多，必然会促进线下物流的发展，县域电商的发展势必会促进农村物流的发展。

1. 冷链物流

农村经济的发展靠创新改革，农村电商的发展靠农村物流建设。目前，中国农村的物流主要是常温物流，在流通过程中，农产品的损耗问题应引起足够重视。

农产品的损耗会直接影响商品形象，使得商品的销售量以及未来的买卖行为受到影响，进而农民或经销商的利益受损。从最直观的角度来看，整个城市的贸易流通数字会受到影响。于是，利用有效的保鲜技术，减少农产品在流通过程中的损耗是一种有效的方法。

冷链物流的始端即农产品的原产地，冷链产品配送具有时效性，从农村产地向千里之外的销售市场配送的过程中，冷链的各个环节要具有高协调性，实现从农村产地到销售市场的无缝对接。

冷链物流进入农村市场需要企业投入更多的资金和人力，不管是借助第三方物流体系，还是自建物流体系，电商企业付出的成本都很高。基于此，政府应出台相应的政策来解决这类问题，如降低货物运输费用、营造便利的交通、取消不合理收费、优化中转配送环节以及提供运输货车停车位等相关政策。与常温物流相比，冷链物流需要投入更多的资金，产品价格自然也比较高，所以，物流企业和农牧业电商企业都可以向当地政府申请资金补贴。

2. 物流节点建设——完善农村“物流最后一公里”

网络电商进攻农村市场，由于物流体系建设还不完善，所以“门到门”服务还不能实现。要想让客户足不出户就能收到货物，物流节点的建设还需进一步完善。比如，为让村民可以方便地在线上购买农资产品，可以成立社区服务站，同时，为使农村高品质的农产品或者土特产可以通过线上销售出去，农民也可以通过线上平台把自己的意见反馈出去，形成县域地区O2O闭环。传统的农民企业家或者本地的农场主都可以成为农村新网商，把更多的绿色农产品经过加工，输出原产地，然后通过完善的物流节点将产品信息汇总之后，配送至客户的具体地址，逐步实现农村物流“门到门”服务，壮大农村县域电商。

3. 整体供应链规划

从供应链规划的出发点可以将整体供应链规划分为两个方面。

（1）被动式规划。围绕消费者的需求进行拉动式的供应链规划；

（2）主动式规划。围绕县域的主打商品进行推动式的供应链规划。

以县域电商为背景的供应链规划主要包括以下6个方面：

（1）县域农牧产品组织形态，如市场分析、地域产品分析、供应商分析等；

（2）县域农牧产品标准，如生产标准、产品推广标准等；

（3）县域农牧产品品质检测监控，如选择第三方检测、检测流程标准等；

（4）品牌传播方案，如事件营销等；

（5）渠道建设，如市场容量分析、制定渠道管理机制等；

（6）适合农牧业产品的营销、仓储配送、售后反馈等。

由此看出，县域电商的农村物流以及对应的整个供应链体系将成为县域电商的建设重点。

第二节　刷墙公司估值10亿元：哪一类物流企业能够获得商机

农村物流是相对于城市物流而言的，作为一个新兴领域，中国农村物流刚需的市场具备无限的潜力，具体来说则是工业品下乡与农产品进城所打造的双向物流平台使农村物流市场孕育着巨大的商业价值。据估算，中国农村物流市场所造就的物流平台规模可以达到1000亿元。

互联网的兴起与发展催生了众多新兴行业，而“互联网+”则为许多传统行业带来新的商机，赋予传统领域新的生机与活力。下面我们提到的“刷墙”案例将会带来某些启示。

某农村刷墙公司年收入几千万元，风投为这家公司的估值已经达到10亿元。

在众多互联网企业抢占农村墙头的时代，该公司则以其良好的运营模式独占鳌头。

看准墙体广告与农村互联网的紧密联系，为布局农村市场的企业提供刷墙营销服务。打造“网络村官”管理模式，即招募20余万名网络村官，密切与村中上网用户联系，同时展开线下推进，联合村民统一刷墙。提供一体化服务，即利用路演巡展、电影下乡等与企业展开合作，借用村委会广播、农家店、农村旅游等方式进行推广，甚至还提供农村贷款、农村保险理财等服务。充分进行数据挖掘，整合了1万家小卖部，对乡村用户进行深入分析。在实施策略上则是采用非常接地气的语言进行宣传，简单易懂。

一个农村刷墙公司的估值都可以达到10亿元，那么一个服务于9.5亿人口的全网农村物流平台的商业价值就不言而喻了。作为见证了农村电商、物流以及农特微商发展的物流互联网人，此案例对农村物流市场的从业者或即将迈入该行业的人提供了些许启示。

一、中国农村物流刚需的市场规模

京东、阿里巴巴等电商平台以及顺丰、“三通一达”等快递领先企业的迅猛发展，与4亿多人的城市网购人群的超强购买力是分不开的，2014年的快递数量甚至达到了140亿件，而与此相对的，占据全国70%人口的农村网购物流需求潜力已成为众多企业挖掘的重点，农村物流刚需造就1000亿元估值的物流平台不再是神话。

刷墙这种低频率需求的企业都可以达到10亿元的估值，那么汇集农产品与工业品的农村双向物流市场则是高频率的需求，其市场潜力是巨大的。

二、阿里巴巴、京东、日日顺、顺丰如何布局

1. 阿里巴巴

面对潜力巨大的农村市场，阿里巴巴试图建立自己的农村电商体系和规则，为此马云提出“千村万县”计划，即在3～5年内投资100亿元建立1000个县级运营中心和10万个村级服务站，将农村电商代购与物流配送融为一体，为农村用户提供更加完善的服务。就目前来看，马云的农村布局仅在浙江部分地方试行，因为这种整合布局还需更大的市场网络给予必要的支撑。

2. 京东

京东深入农村市场的布局方式是联合“京东帮”设置县级服务中心。京东的农村电商战略在2015年明显提速，京东在2015年4月宣布其县级服务中心已超过100家，乡村推广员人数破万，并计划在2015年开设500家县级服务中心。不得不说，京东的农村布局的速度令人惊叹。

3. 日日顺

日日顺在2014年以稳扎稳打的态度极速深入农村市场。据了解，日日顺拥有8176家门店，覆盖全国2800多个县市，建立了24000多家乡镇网点，打造了O2O送装一体的“物流+服务”网络。日日顺与天猫的合作从根本上解决了困扰家电网购的配送安装难题。

4. 顺丰

顺丰布局农村市场是通过其所推出的城市快递员回乡创业计划来开展的，快递员回乡创业必然会带动顺丰的农村网络布局。在解决员工创业梦想的同时抢占农村市场，从而使企业收获更为广阔的农村物流网络。作为快递行业的领军企业，其布局速度也远快于“三通一达”。

5. 中国邮政

就资历来说，中国邮政是最具备农村物流网络的平台，但是国企体制却限制了邮政的发展。各省各地各自为政，战略思维不一致，使得全国超过50万个农村网点的平台未能激活，这导致中国邮政的农村布局甚至落后于某些民营企业。

通过上述分析不难看出，虽然企业的切入点各有不同，但是核心方向都是打入农村市场，大力布局农村物流网络。

三、农村物流的死穴

农村物流市场存在巨大商机不言而喻，但是如何把握商机、切入农村市场？在商机背后又隐藏着哪些鲜为人知的死穴呢？

1. 农村物流网络建设与流量的问题

农村电商所处的成长期是我们需要把握的机会，但是此时的网络覆盖并不健全，某些行政村不支持物流配送，所以长远来看要搭建全网物流，而在试点时最好是选择有流量基础的农村。

2. 农村物流要以O2O物流和多家快递流量聚合取代单一快递

由于农村市场十分广阔，单靠某一家快递企业必然不能满足农村消费者的需求，所以整合快递流量是非常有效的方式。就2015年当前的状况来看，县级快递站点大都实现了O2O物流与多家快递流量的聚合，但是实现全国各县域城镇的全面整合则是我们亟需把握的商机。

除了农村电商物流，农资物流也是我们农村物流布局的重点，且农资多为线下产品，这就需要以村级站点为基础，借助县级物流平台进行网络整合，从而推动整个农村物流市场的聚合。

3. 农村物流网络建设需要众包创业思维

建设农村物流网络不是单靠一己之力便可完成的，与农村刷墙公司的成功一样，也需要众包创业思维。刷墙团队一方面借助村官的力量密切与村民的关系，另一方面也调动了农村剩余劳动力，以众包的形式整合了智力与体力资源。对于农村物流网络的建设来说，众包思维既有利于农村物流市场的建立，又推动了新农村创业平台的搭建。

4. 双向物流是农村物流亟需解决的难题

农村物流市场之所以具备如此大的潜力，是因为我们在理论上将其设定为工业品下乡与农产品进城的双向物流平台，但是事实上双向对流的实现是有一定难度的，比如工业品下乡需要完善的配送服务，农产品进城需要快速的物流通路、低温冷藏设备，实现这些要求是有相当难度的。所以双向物流问题是导致物流资源浪费、单位商品流通成本居高不下的主要原因。

总而言之，农村物流市场处于成长期，其巨大的潜力不容忽视，我们需要在当前的最佳时机精准切入，并最终成为农村物流市场的领导者。

四、哪一类物流企业最有商机？需要应用怎样的方法才能事半功倍？

农村电子商务的迅猛发展使农村物流看到新的商机，然而这也决定传统快递企业是无法把握这一商机的，而当前比较流行的加盟、直营模式也并不适合农村物流。对于运用何种方法才能使物流企业事半功倍，我们提出以下几点建议。

1. 县级是农村物流发展的基点

县级物流公司老板具备本地化的运营能力，对当地消费者的消费行为更加了解，他们的人脉基础也有助于各大企业切入农村物流市场。

2. 以创业孵化形式建设农村物流网络平台

以参股的形式带动县级城市物流公司老板进行创业，借此帮助他们统一品牌，实现规范化经营和系统管理。

3. 农村物流初期不要以赚钱为目的

要想最终把握农村物流，在初期所要做的就是建立完善的物流网络，布局农村O2O商业模式，这是农村物流赚钱的基础，只有布好局才能够有足够的发展空间。

4. 具备互联网思维的从业者是县级物流站点所需的人才。

在互联网时代，具备互联网思维的人才是农村物流布局中的重要内容，县级物流老板要为之后的商业拓展储备足够的互联网人才。

5. 整合理念驱动农村物流的布局

农村物流不是单一的某个快递或企业可以建立的，这需要以具备新思维的整合理念来驱动整体布局。

五、5年后农村物流的趋势

就目前的农村物流的发展状况来看，我们甚至可以预见5年后农村物流的趋势。

（1）百花齐放、百家争鸣将会成为未来农村物流主要趋势；

（2）新锐农村青年会将农村物流作为自己的创业方向，O2O零售+物流+新农业成为农村发展的新方向；

（3）阿里巴巴、京东将会收购整合农村物流的创业平台；

（4）独立“物流+互联网”企业将会成为农村物流布局成功的企业。

随着互联网的发展，新农村已成为最具商机的领域，农村物流市场是服务于9.5亿农村人口的商业平台，1000亿元级的估值当真是受之无愧，而企业应当具备类似于“互联网+电商+新农业+物流”这样的跨界思维，这将有助于其抓住真正意义上农村互联网化的商机。

第三节　建立双向流通体系，农村物流发展之路应如何走

2014年7月，中国物流与采购联合会会长何黎明在接受采访时说：“在电子商务领域，阿里巴巴牵头成立‘菜鸟网络’，对未来电商物流生态将产生重要影响。”而在国际运输领域，中外合资推出跨境物流电商平台，充分利用领空和领海资源，将分散的国际运输资源整合起来，发挥最大效用；在家电物流领域，海尔日日顺物流建立了“送装一体化”的社会化服务平台，负责运输家电以及大件商品，通过整合物流网、配送网、服务网、信息网四大网络，使物流体系覆盖全乡镇。

随着城镇化进程的加快，终端客户对物流服务的要求更严格，促使物流网络向二三线市场、居民社区以及农村乡镇延伸。在物流下沉的过程中，考虑到农村以及社区的经济条件、地理位置等因素，尤其重视冷链物流的发展。

但是，目前我国农村的物流发展还比较落后，运输成本高、效率低，制约了电商的下沉。解决农村物流滞后的难题可以从以下几方面着手。

一、抢占电商物流大市场

2013年12月9日，阿里巴巴为海尔注资28.22亿港元，2014年3月，顺丰优选入驻京东，再结合当下农村物流的发展情况看，未来，电商的下沉将是必然趋势。

2013年，阿里研究中心发布中国“淘宝村”现状调研报告，报告显示至2012年年底，淘宝网+天猫正常经营的注册地在农村（包括县）的网店数已高达163.26万个，其中在村、镇一级的淘宝网店总数已达59.57万个，经营农产品的网店超过26万个，有14个村的淘宝店总数超过1万家，年销售总额高达50多亿元。而截至2013年11月30日，淘宝网+天猫农村（含县）网店数同比增长24.9%，其中注册地在村、镇一级的网店数同比增长76.3%。

随着城镇化进程的加快以及互联网的发展，电商下沉是必然趋势，农村物流市场的发展前景无限。

根据2013年阿里研究中心的数据显示，随着电商的下沉，以及农户网上购物习惯的养成；未来几年，将是农村电商的舞台，淘宝村的数量也会适时增加。此外，淘宝网也会在家居用品、服装、小商品的基础上向外拓展，经营多样化的产品。

发展农村物流至关重要，不仅可以满足“农资”的供给，还能满足农民日常生活的需求，更重要的是，发展农村物流，能够消除农民信息不对称的问题，提高他们的收入。发展农村物流、加快农产品的流通速度、解决配送过程中“最后一公里”的问题，是新农村建设的关键，有利于促进农业以及农村物流向现代化转型。此外，发展农村物流，还有利于农产品的升值，从而提高农民收入。

二、建立双向流通的物流体系

农村物流与城市物流相对，主要是为农村居民服务，打通农村与外界联系的渠道，为农民的生产、生活以及其他经济活动提供物流支持。农村物流主要包括三大部分：农业生产资料物流、日用工业品物流和农产品物流。这三部分相互联系，共同为农民提供服务。

农村物流与其他物流不同的地方在于，农村物流是个双向流通的体系，在将农民生活、生产资料配送到村后，还承担着将农产品输出农村的责任。因此，农村需要建设双向流通的物流体系，既充分利用农村的现有资源，又打破农村的封闭状态，使之与外界相连。

三、第三方物流和共同配送模式是方向

在农村物流体系建设过程中，物流运营主体和配送模式是两个核心要素，决定着农村物流运营的效率。随着电商的下沉，农村物流也在加快发展速度，并且

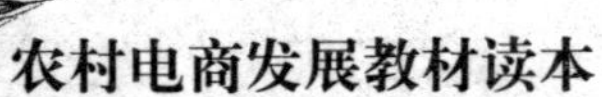

运营主体也趋于多元化、多层次。在邮政企业、原有的交通运输企业和农资企业之外，又兴起一批规模较小的运输企业以及个体运输户，为农户提供专业的生产生活运输服务。

但是，从总体上看，农村物流目前还存在诸多问题，如规模较小、组织松散、物流网络覆盖面积小。此外，还无法充分利用农村现有的资源，导致运输效率低下，“最后一公里”问题还没有得到解决，农村物流运营主体还无法满足农户的需求。

在建设农村物流体系的过程中，需要以培养农村物流运营主体为重点。通过运营主体与第三方电子商务平台相连接，引入现代化的配送模式，规范农村物流秩序，使之趋向专业化和规范化，同时，提高农村闲置资源利用率，节省时间和成本。除此之外，建设农村物流体系，还能为农户生产种植提供良好的市场环境，鼓励农村物流企业的发展，充分发挥其优势，为农村的发展、农户的生活服务。

四、大力发展农村物流的基础设施

基础设施建设是发展农村物流的关键，物流配送的整个流程都依赖于基础设施的建设。随着农村经济的发展，以及电子商务的下沉，农村应建立起基本的物流运输网络。

但是在农产品生产的旺季，农村现有的运输体系还无法满足大量产品输出农村的需求，冷链物流发展滞后，无法保障农产品在运输途中的质量。此外，农村的基础设施建设比较薄弱，缺乏存储农产品的大型仓库，运输管理体系还不完善，资源分散，整合难度大，耗费了大量的时间和成本，致使服务水平低。这些都是目前农村建设物流要解决的问题。

因此，在建设农村物流基础设施时需要从以下两方面着手。

1. 完善农村物流网络体系

采用“梯级转运”的运输方式，在县（市）建立物流分拨中心，与乡镇的邮局、供销社相连接，再将邮局、供销社与较大行政村、供销超市、农资超市、农村集市相连。通过层层分级，充分利用农村的自有资源，为农产品的输出提供便捷的渠道。

2. 建设先进的、现代化的基础设施设备

以先进的、现代化的基础设施作为农村物流的补充，利用叉车、托盘、液压车等先进工具，并利用现代化的运输存储手段，发展冷链物流，建设冷冻仓库，保障农产品在运输途中的质量。

五、建设物流服务信息平台

在移动互联网时代，信息化、碎片化是其主要特征，而信息化也必将成为农村物流的发展趋势。由于在传统社会，农村比较落后，信息也不对称，忽视了物流的发展，农村物流行业整体素质较低、秩序紊乱，企业之间恶性竞争激烈，无法实现信息和资源共享，严重阻碍了农村物流信息化的进程。

在农村物流的信息化建设过程中，需要充分挖掘信息化服务平台的潜能，为农产品输出提供多样化的渠道。可以在互联网的基础上，完善通信网络的硬件，扩大农民获取信息的渠道，为农民提供综合性的服务。打破农民与流通企业、物流运营主体的信息隔阂，实现资源共享。运用信息化的手段监管物流运输配送，实时跟踪农产品的加工、整理、仓储、运输、装卸、配送、信息处理等流程。

物流信息服务平台在提供基本的信息、与其他用户共享数据库外，还承担着智能管理物流配送、实时监控产品存储、整理的功能，并利用数据库进行科学分析、精准决策，以便提高农产品的配送效率。

六、建立专门的领导小组和保障措施

基础性、社会性和公益性是农村物流的三大特性，政府制定了一系列相关的优惠政策，鼓励农村物流的发展。但是，农村物流网络体系的建设需要交通、经贸、农业、邮政等多个部门的配合，各部门加强沟通与联系，共享信息和资源，协同工作，从而节省资源、提高效率。

具体来说，就是成立专门的领导小组，以协调各部门的工作，制定相应的规章制度和统一的发展规划。例如，制定统一的物流运营管理办法、物流设施设备标准，以此促进农村物流基础设施建设的进程；同时还要为农村物流建设提供充足的资金和先进的技术支持，从而避免资源的浪费，提高服务水平。

第四节　物流+供应链：如何打造农产品电商的两个关键性支柱

在互联网高速发展的时代，网购农产品已经不是新鲜事，在网络平台上不仅可以买到红枣、枸杞等保鲜时间比较长的农产品，同时也可以网购到新鲜的水果和鲜肉。随着农产品网购的日益普及，农产品电商应运而生。

农产品电商领域还未被大力开发，拥有比较大的发掘潜力和发展空间。而且农产品电商与国家和社会重点关注的农业、农村、农民问题紧密相关，因此其发展也必将会得到更多的关注。与其他行业发展所不同的是，物流以及供应链体系是支撑农产品电商发展的两个关键性支柱。

一、农产品电商的两个关键性支柱

1. 解决“最后一公里”，实现全程冷链运输

经营农产品，首先要保证的是农产品的新鲜感，这样一来就需要全程持续的冷链运输，从干线冷链到支线冷链、从仓储到送达消费者家中。而从国内目前的冷链运输状况来看，还远没有形成专业化的全程冷链运输系统，而且冷链运输的成本也比较高，实力较弱的电商企业难以承受。

上海作为农产品电商领域第一个吃螃蟹的人，在冷链运输方面进行了大胆的尝试和探索，基本上实现了从“从生鲜大仓到区域仓库”的冷链运输，但是从区域冷库运送至消费者家门口的过程还没有实现冷链运输。而且在冷链运输方面，还不能做好分区温度控制，这也就导致农产品不能与其他日用品一起运输，在一定程度上就增加了物流运送的成本。因此分区温度控制也是目前农产品电商发展的绊脚石。

2. 稳定的产品供应链是营销的重要基础

农产品电商最重要的还是产品，只有依靠优质的农产品做支撑，才能带动消费，促进农产品电商的持续健康发展。而水果、蔬菜等农产品需要有一个稳定的产品供应链，从产品的采摘、运输一直到终端供给，产品等级的划分、准备良好的储备条件、规划冷藏运输路线以及冷藏设备等这些环节都需要农产品电商企业

进行专业化的推进。如果没有稳定、完善的供应链系统，不管营销推广能力有多强，对农产品电商企业来说也没有任何意义。

二、四法打造“高价值生鲜冷链”

1. 众筹式经营

“生鲜冷链”是农产品电商非常关键的一个环节，而生鲜产品对冷链运输的高要求增加了产品物流运输的成本，从而使产品的售价提高。而且由于冷藏车、冷库设备、温度控制终端等的建设需要投入比较高的成本，因此对于单一的农产品电商来说，自主投入建设根本不现实，而且也不划算，于是就兴起了生鲜电商之间合作或者与第三方合作经营的方式。

而在互联网金融领域兴起的众筹模式，对农产品电商的发展来说就是一个比较关键的节点，农产品电商可以在众筹平台上推出冷链配送项目，通过吸引资金的方式联手打造生鲜冷链。

冷链众筹项目有两种推进方式。

（1）在众筹平台上推出冷链众筹项目，通过公开募集资金的方式启动项目；

（2）开放冷链物流项目股权，吸引天使投资。

2. 众包式运作

由于农产品的冷链配送成本比较高，链条比较长，因此就需要将更多社区以及便利店资源整合起来，统一推进。为了提高冷链物流的运送效率，农产品电商也可以选择与社区便利店等开展合作，利用他们本身所具备的冷链储存空间帮助电商企业攻克“最后一公里”的难关。

具体的开展方法主要包括以下两方面：

（1）联络配送区域的社区便利店以及连锁便利店等资源，通过与其通力合作，推进冷链物流配送，双方可以按照每单抽成的方式分配利润，也可以根据配送额分级返利；

（2）在配送区域的每一个社区寻找一个合伙人，这个合伙人需要有自己的冷藏设备，可以自己开展产品配送服务，按照配送额进行抽成或返利。

3. 内部创业并举

为了能够对“冷链物流”环节进行更好的控制，农产品电商可以面向内部员

工开放相关的项目股权，给予员工投资或者自主运作的权利，这种方式既可以促进内部创业，提高员工工作的积极性，同时也有利于电商企业“电商生态圈”的构建，牢牢把控冷链配送环节。

主要开展方式有以下两种：

（1）将“冷链物流”项目面向内部员工开放股权，积极鼓励员工以股东的身份进行投资，推进项目的顺利开展；

（2）有能力的员工可以凭借自己的技术、管理等入股，与公司合作建设“冷链物流”。

4. 布点布线合理

农产品电商的销售终端主要位于北京、上海等一线城市，这些地方由于面积比较大，冷链配送的范围也比较广阔，不仅成本高，而且难度大，因此为了能在控制成本的条件下满足农产品的冷链配送需求，农产品电商就需要合理地布点布线，在核心的配送社区以及核心配送路线上设立配送点，建立“冷链物流配送干线”，支线冷链物流积极寻求与社区便利店或者合伙人的合作。

开展方法主要有以下两种：

（1）整合配送区域，围绕核心的配送社区以及配送路线设置配送点，建立干线仓库，为冷链物流提供更多的便利，推动冷链物流的实现；

（2）不断对冷链物流的配送路线进行优化和更新，逐步提高配送效率。

三、四法控制“高品质生鲜供应链”

生鲜产品包括时令蔬菜以及水果等，农产品电商领域还未形成一种规范的生产秩序以及分级制度，同时也没有形成统一的供应标准，未来农产品电商之间的竞争归根结底就在于是否具备专业、稳定的供应链，因此构建完善的生鲜产品供应链对于农产品电商的发展来说是具有重要意义的一环。

1. 建标准

目前，中国农业仍采用粗放式的生产经营方式，在经营中主要参照以往的生产经验以及基础性的科技指导，要走上精细化的运作之路还需要很长一段时间。

农产品电商中农产品是主角，而农产品只有实现“商品化”之后才能销售。因此为了推动农产品的商品化，在市场上销售生鲜产品，就需要有一系列的农产品标准做支撑，包括农产品生产、收购、分级以及运输标准等。

具体的施行方法包括以下3种：

（1）积极寻求与国内外农业院校以及咨询机构等的合作，制定统一的农业生产标准，对具体的种植以及农药施用等环节进行量化；

（2）根据农产品的外观、大小以及质量等制定一定的分级分类标准，并在商品分类、收购环节中应用；

（3）将制定的标准量化为实际的手册和步骤，并付诸实践，提高工作效率，同时也有利于生产标准的监督执行。

2. 控基地

对于农产品电商来说，拥有一个稳定的生产基地就相当于拥有了一个坚强的后盾。一个优质的生产基地不仅能够为农产品供应商提供高品质的产品，同时也可以保证供货的稳定性以及持续性，可以说拥有了核心生产基地就等于拥有了公司的未来。要掌控农产品的生产基地，就要从农产品生产源头出发，规范农产品，推动农产品走向标准化，强化对农产品生产基地的控制。

控制农产品生产基地具体的开展方式主要有以下两种：

（1）利用资本收购有开发潜质的生产基地，并进行自主控制和生产标准化的管理；

（2）采取股权收购以及合资合作的方式收购生产基地的股权，从而掌控生产基地的发展方向。

3. 降损耗

农产品在生产、运输以及消费端都会产生一定的损耗。

⑴生产端。这一方面的损耗. 主要集中在农产品的采摘、田间运输以及贮藏等环节；

⑵运输端。主要是指配送温度控制、转运等环节产生的损耗；

⑶消费端。消费者在购买过程中的翻拣和选择，以及为了保持良好的品相而削减必要的枝叶等。

因此为了保证农产品电商的利润，应该想方设法降低农产品的损耗。

⑴减少人工采摘，多利用机械设备进行作业，同时还要缩短产品从田间到仓库的距离；

⑵在运输过程中尽量做好温度控制，减少不必要的损耗；

⑶在农产品运出生产基地之前就做好包装，让消费者直接通过包装就可以看

到食材，这样就可以减少翻拣过程中产生的损耗。

4. 培育团队

有了优质的农产品和完善的供应链以及冷链物流运输系统，农产品电商还需要一支专业的运作团队。团队要始终坚持“供应链制胜”的理念，提高供应链的运作效率，降低损耗。

强化运作团队对供应链重视的方法主要有以下两种：

（1）加强对团队成员“供应链制胜”理念的培育和指导，对员工进行必要的供应链课程培训，增强员工的品质意识，保证农产品的质量，提升农产品的包装特色；

（2）将供应链的运作顺畅程度纳入员工的绩效考核，一旦发生因为供应链问题导致的客户投诉以及产品质量出现问题等状况，就要对相关员工进行必要的绩效处罚，从而增强员工在供应链管理以及运作方面的严谨态度，强化供应链在农产品电商发展中的关键性作用。

第五节　乡镇代理站：顺丰发力“最后一公里”，破解物流难题

一直以“直营”为显著标签的顺丰，近日正在发展乡镇代理点，努力实现农村“最后一公里”。顺丰此举的主要目的是鼓励顺丰内部员工以直营模式创业农村网点，不向社会公开招募。据顺丰内部人士强调，无论是从价格上还是服务上来讲，公司的“顺丰标准”是硬性规定，不容改变，而且农村网点要保证专营顺丰业务。

从2015年年初起，顺丰内部就开始着手尝试布局农村的网点，长期以来，始终没有克服因物流体系不完善所引起的农村网购问题，顺丰在农村地区设立乡镇代理点，这一措施为解决农村网购的物流难题带来了希望。

一、尝试农村网点布局，发力“最后一公里”

长期以来，人们将“直营”、“商务”作为顺丰速运最显著的标志，但在2015年4月，顺丰被爆料开始采用代理合作的模式，大范围地扩展乡镇市场和农

村网购市场。2013年，顺丰布局县级城市，而现在，顺丰的这一举动被业内人士视为继其之后的又一向农村市场进军的大战略。

其实，从2014年初起，顺丰就着手准备布局农村网点，但是只针对公司的内部人员，鼓励他们创业农村网点，并保持直销，不接受社会人员的加入。顺丰业内人士强调："这不算是真正的开放农村代理。"

顺丰布局农村网点的首选地区是经济欠发达地区，主要是华北、华中、华西地带的县级以下的乡镇农村。同时，公司为了赢得当地农民的信任，承诺即使是在农村市场，也会在价格和标准上保持"顺丰标准"，保证代理网点一心一意专营顺丰业务。

公司考虑到顺丰内部员工对顺丰体制及物流业务比较熟悉，服务质量有所保证，再加上为了保证纯正的"血统"，维护长久以来树立起来的良好的顺丰品牌形象，所以，此次开放代理，顺丰只针对内部员工，而不对外加盟。这是一次鼓励公司内部员工以直营模式创业农村网点，并为他们提供资金支持的开放代理。

顺丰在农村布局网点，有很多事项需要格外注意。例如，严格慎重的资质审核，保障代理网点的操作规范，顺丰管理体系的软硬件统一，实时追踪收派情况。同时，顺丰直接提供高价值、月结等服务。在农村进行网点布局之前，顺丰还仔细衡量了当地的地理环境、交通状况、消费水平以及业务密度等客观条件，确保网点布局的科学性和规范性。

二、农村快递市场存量巨大，政策扶持或成新兴蓝海

今天，农村地区以及三四线城市的物流市场已经成为广大电商们的"香饽饽"。一二线城市的物流市场已经相对成熟，电商们要想取得更大利润，就必须开拓农村市场，于是电商纷纷下乡，农村互联网化席卷而来，农村地区开始逐渐形成网购习惯。在种种利益的驱使之下，欠发达地区的物流行业受到各电商的关注，布局农村地区电商物流已刻不容缓。

那么，我们如何得知农村地区和三四线城市的市场潜力？就从苏宁易购在2015年春节期间的销量来看，在三四线城市，仅家电和3G品类的订单量就环比增长超过了200%。电商们对如此巨大的商机市场可谓垂涎三尺，迫不及待地想据为己有，尤其是在电商们已经将一二线城市市场的利润榨尽之后更是如此。随

着移动互联网时代的到来，农村地区的互联网也逐渐普及，各大电商开始进攻这一“战略高地”，电商们纷纷把更多的精力投入到农村市场中，加大圈了地力度，由此带动了这一地区的物流生意。

传统的物流网络布局及思想已不能解决当今的物流配送问题，其效率低下导致电商在农村地区的发展受到严重阻碍，所以，电商要想在三四线城市拥有自己的广阔前景，就必须通过自建物流体系，提高物流配送效率。到目前为止，多数电商的配送地区都限制在县城或者交通比较便利的地区，而且派往这些地区的物流人员也不多，所以，若想把农村地区和三四线城市的物流做好，就必须投入大量的成本用以自行建设。所以，高昂的物流和管理成本以及物流和管理人才的匮乏都成为电商自建物流体系的痛点。

各大电商耗费巨额成本自建物流体系，而其最难以突破的是所谓的“最后一公里”——各县级城市与所辖乡镇间的物流配送环节。这一环节是电商们难以送达的空白环节，也是他们正致力于解决的一个环节，这也是物流行业最接地气的投资方向，只要把这一环节处理好，电商就解决了物流环节中最为棘手的问题。电商下乡仍在如火如荼地进行，而电商自建物流体系困难重重，在面临机遇与挑战的情形下，专业的速递公司应看准形势，把握商机。

三、布局农村速递市场，机遇与挑战并存

长期以来，电商在农村地区的配送问题主要是“最后一公里”，这是电商在农村发展的一个痛点，顺丰通过在乡镇设立代理点，希望能够解决网购物流的配送问题。但是，一个不争的事实摆在面前，三四线城市的整体物流市场拥有一块很大的蛋糕，由于交通硬件设施、公司规模、人力成本等因素的限制，这块蛋糕被中国的两千多个县级城市分割成一个个小型蛋糕，这样，每个区域所拥有的物流蛋糕就只有一小块了。

同时，我们所熟知的“四通一达”、EMS比顺丰更早一步进攻农村市场，有一定规模的覆盖率，而且以直营和项目物流为主的宅急送，也已经在农村县级地区实施配送，所以顺丰要想在夹缝中生长，必须认清形势，选择一套适合自己的方式，在资费上做出一定的让步，同时保证服务质量，否则难以取得成功。

此外，顺丰进军农村市场如果仍沿用直营模式，成本和价格将失去平衡，而且布局越广，亏损越多。顺丰在农村设乡镇代理点之后，不仅节约了成本，还解

决了网络覆盖的广度和深度。但是开放加盟和代理也有它的不足之处，如网点的服务标准不同带来的管理不便等问题。

由此可以看出，顺丰在农村市场的运营中坚持采用直营模式，管理成本会居高不下。对此，顺丰并没有把太多的精力投入到如何降低运营成本中，而是坚持时效和服务两大标准。目前，顺丰创业农村网点还只是处于探索阶段。其官方资料显示，顺丰建有营业网7800多个，将全国300多个大中城市和1900多个县级市覆盖在内。

从整体上来看，农村市场和三四线城市还是一片有待开发的“空地”，各大电商在这片“空地”上的市场格局还不稳定。但目前为止，顺丰若想在农村地区一展宏图，至少需要1年的培育期，结果到底如何，拭目以待吧。

第五章 开启农资电商“互联网+”新时代

第一节 农资电商元年，多方上演“抢滩大战”

如今，我国包括种子、化肥、农药等在内的农资市场规模已经超过1.5万亿元。随着技术发展和市场需求的多元化，新型农业经营主体对农资产品在质量、技术等方面提出了更高的要求。随着“互联网+”的兴起以及市场未来预估的乐观判断，2015年以来，农资电商的领域受到更多传统农资企业、电商平台的青睐。因此，2015年可以称得上是农资电商元年。

接下来，我们就对各家企业、平台在农资电商领域上演的“抢滩大战”进行分析，以便读者对当前的“战况”有一个清晰了解和把握，对未来格局走向做出客观判断。

一、田田圈：开启农资电商新时代

在当前发展态势下，不少农资企业纷纷转型做电商，如农一网、云农场等。在众多农资电商中，最具有典型性的，也是人气最高、设计理念更能迎合市场需求的当属田田圈。

2015年5月11日，“田田圈互联网联盟”正式宣布启动，所属公司正是诺普信农化股份有限公司。常规电商一般采取网上抢购、低价促销等方式，省去传统环节以价格优势抢占市场。而田田圈不同，它同县级经销商联手成立县域综合服务中心，把加盟零售商变为自己的员工，这样一来就把之前从厂商到经销商，再到零售商，最后到达农民手中体系进一步扁平化，实现了从厂商、经销商、零售商直接送到农民手中的体系。

田田圈包括四个平台：田田圈App，专门负责为用户分析解决技术上的难题；农资电商平台，为用户提供优质且价格合适的农资产品；农发贷，为用户提供资金支持；田田券，把真正的实惠送到农民手中。田田圈具有很大的开放性，其所引进的产品不仅限于诺普信，只要是优质的产品它都十分欢迎。在未来的发展规划中，它还将走出农资领域，涉足通信、日常消费品领域等。

田田圈已逐步推广到全国，目前，河南、湖南、广东等地乡镇级的田田圈农业服务中心店已经有232家正式挂牌，农资电商平台聚集了零售店近万家，农发贷的注册用户已有万人以上，签约金额超过5亿元。在未来两年的发展计划中，田田圈会把合作范围进一步扩大，争取与全国200家优秀经销商达成合作，并把服务点数量扩展到5万家以上，发展50万种植达人，让自己的服务能够惠及5000万会员。

二、电商平台将业务推进到千县万村

2015年7月14日，江苏省沭阳县正式迎来了淘宝农资频道；7月16日，在广东省农村电子商务发展峰会上，京东宣布进军农资电商领域。

阿里巴巴旗下的淘宝农资电商制定了详细发展计划，拟用3～5年的时间，注资100亿元，建立1000个县级营运中心以及10万个村级服务站，覆盖全国县城的1/3和农村地区的1/6，无论从数量还是覆盖率上都实现走进“千县万村”的效果。为了支持农资电商的发展，阿里巴巴菜鸟在全国建立起了8个超大型仓储，并在其附近建立了若干大型及大中型仓储。此外，其还与第三方物流公司展开合作，提高物流速度和效率，兑现“全国一天到货”的承诺。近三年来，农资产品上线淘宝逐渐形成一种风尚，数量在以每年180%的速度飞快增长。目前，为农村用户直接提供农资产品的农资卖家超过10万个，产品种类有百万之多。

淘宝农资频道上线之后，致力于打通供货与用户之间的渠道，确保农资产品从厂商跳过中间环节直接送到用户手中。为了完善这一流程，淘宝农资频道将对每一种作物的技术环节提出解决方案。此外，其致力于打造全农业产业链技术服务平台，为农户提供最优质也最实惠的技术服务。在物流配送方面，对于种子、农药等轻型产品可以走快递路线，而对于肥料、农机等大中型产品则由省级农资平台完成配送，当然订单、付款等流程还是在淘宝进行。淘宝农资频道还在平台上及时更新关于种植指数和养殖指数，提醒农户合理种植，不要盲从。

与淘宝走进“千县万村”不同，京东农资的计划重点在于县，即打造“县级服务中心”。其计划在2015年年内建成600家服务中心，募集10万名乡村推广员。这一服务中心为客户提供下单、配送等服务，并对其所辐射区域内所有的合作点进行统一管理。目前，京东农资的队伍在不断壮大，自营配送人员达3万人，配送点覆盖19000个区县。自营物流的发展有利于平台对于运送速度和质量的有效把控。

京东采取的是循序渐进的发展方式。计划在1～2年之内，把业务从种子、化肥等产品逐步拓展到农机、农业技术、金融等领域。京东自身的供应链系统也比较完善，其将利用此来为农资产品提供完整的追溯服务。

此外，自营物流和技术售后也将成为其为客户提供服务的两大亮点。在京东农资平台上，农民均可以享受推广员手把手的指导服务，可以放心选购优质且价格合理的农资产品，并且还可以货到付款、分期付款等，缓解资金压力，解除后顾之忧。此外，京东还与经销商和农资公司合作，力图打造京东农资的产业闭环。

三、跨界优化：线上线下互为补充

2015年7月16日，农商1号华丽上线，一期投资高达20亿元。这是由中国农业产业发展基金、现代种业发展基金有限公司与东方资产管理有限公司、北京京粮鑫牛润瀛股权投资基金、江苏谷丰农业投资基金及金正大集团联合，共同建立的农资电商平台，也是目前我国国内投资最大的农资电商。

通常意义上讲，真正成功的农资电商应该汲取多方之优点，如在产品做到极致方面同小米一样，服务足够专业如春雨医生，物流保质高效像京东一样，快速便捷像滴滴打车省时省力，服务点覆盖如同邮政一般密集。

与田田圈不同，农商1号并不是完全开放的平台，目前只接纳国内外享有盛誉的冠军品牌，如金正大、鲁西、中化等国内品牌，还有瑞沃乐斯、硼砂等国外知名农资品牌。其品牌产品上线均有保险公司提供保障。

农商1号的操作尽量以“套餐式”简化流程，即除了单品之外，按照“肥料套餐”、“种植套餐”等方式分类，农户可以根据自己的需求进行选择搭配，并依据经验来判断出产品性价比。同时，农商1号还利用互联网对农业技术专家资源进行整合，为农户提供一对一、面对面、专业化的指导。

农商1号同样建立了完整的线下体系，具体包括：区域中心，具体负责运输、仓储、管理等；县级运营中心，提供配送和农业技术服务；村级服务站，在农民与电商之间形成桥梁，提供一系列利民服务。通过与多家物流渠道联合，农商1号计划在3～5年内建成一个拥有1000家县级运营中心、10万个村级服务站的物流体系，能够覆盖农民会员超过千万。

四、供销社：把握“最后一公里”脉门

农资电商获胜的关键在于“最后一公里”物流脉门的把控，而供销社靠近农村市场，对农村和农民都比较了解，无疑在其中掌握了优势。

经过从2006年到2014年的发展，全国供销社建立了较为完善的网络体系，基本具备了发展物流的基础。2015年，其计划在3～5年内投资60亿元加快“网上供销社”的建设。

目前，县级供销社的作用在不断被挖掘，通过统筹区域发展，与全国平台实现有效对接。此外，县以下的经营网点不断进行升级改造，利用线下在地缘等多方面的优势，实现线上线下融合。在物流方面整理各地产品资源通过电商平台销售，在“最初一公里”和“最后一公里”之间实现高效配送。

如此一来，全国供销社系统被重新激活，并按照中央文件要求提供植保、测土配方施肥、产前种子等服务。而且在农药、化肥、再生资源等方面，供销社还拥有专营权。不难想象电子商务平台一旦在全国建立并实现大范围网点覆盖，其在农资电商领域的表现将会极为抢眼。

第二节 农资电商之路面临哪三个现实难题

随着城市电商市场的日益饱和，电商又将竞争延伸到农村。2014年，阿里巴巴开展农村电子商务；随后，京东也开始布局农村电商；乐视推出“乐生活”食品电商平台；恒大进军农业，互联网巨头们开始陆续挖掘农村电商市场的潜力。

一、农资电商发展的优势

据阿里巴巴和国务院发展研究中心预计，2016年全国农村网购市场总量将突破4600亿元。农村市场蕴含着巨大的潜力，而本身就基于农村发展的农资行业，如农药、化肥、种子等更是发展潜力无限，主要优势有以下4点。

1. 农资属于生产性支出，是刚性需求

每年，农民在农资上所耗费的费用占了总支出的很大一部分，并且随着农资价格的增长，农资在总支出中所占的比重将越来越大。如果电商能为农民提供物美价廉的农资，并且解决运输渠道问题，那么，必定能抢占农村市场。

2. 传统的农资销售渠道繁杂分散、流通不便，农资行业呈现“大行业、小企业”的格局

随着社会经济的发展，农村大量的年轻劳动力外出务工，土地流转的进程越来越快，土地种植趋向集约化。种植大户更加青睐那些品牌好、信誉高的农资企业，同时面对管理的土地越来越多，种植大户们更加需要专业的咨询培训、技术指导、测土配方、渠道双向流通等帮助。传统的“多级批发分销”方式已无法适应土地的集约化管理，针对这种情况，农资流通渠道的下沉是必然趋势。

3. 农资市场潜力无限

根据2012年发改委的一项调查显示，当年每个农户在农资上总共花费4369.59元；2014年，根据光大证券研究所数据显示，我国的农资市场容量超过1.5亿万元，其中化肥8000亿元，农药3000亿元，农机4000亿元。但在农资行业内，生产与流通企业对农村电商的参与度比较低，影响力大的农资电商企业还没有出现。随着经济的发展、时代的进步，互联网等高新技术逐渐参与到农村土地的种植中，为农资电商的发展奠定了基础。

4. 政策的支持

2015年5月7日，国务院出台《关于大力发展电子商务加快培育经济新动力的意见》，鼓励发展农村电子商务，为电商下沉提供了有利的外部环境。

2015年年初，国家四部委联合发布文件，鼓励发展先进的农村物流运作模式。该文件表示，国家将大力支持电商、物流、商贸、金融等企业参与农村电商的构建，发挥第三方电子商务服务平台的应有效用。2015年，李克强总理在《政府工作报告》中首次提出“互联网+”行动计划，鼓舞了农资行业。随着移动互联网的发展，农业将进一步现代化，并带来无限的发展空间。

目前，我国的农资行业还存在诸多问题，而农资电商的发展将会有效解决这些问题。

★通过发展农资电商，解决传统社会信息不对称的问题，实现信息和资源的共享；

★农资流通趋向扁平化，减少了多余的中间环节，为农户节省了种植成本；

★能够有效规避假冒伪劣产品在农村盛行，使农产品经销商既能销售物美价廉的产品，又能获得利润；

★通过第三方电子商务平台，农户可以快速查询到产品的信息，从而节约宝贵的时间和成本；

★农资电商建立的最大优点将是建立信任机制，消除农资赊销的问题。

二、农资电商面临的三大难题

1. 农户网购习惯的问题

在传统社会，农户习惯亲自到商店中挑选、购买农资，但成功实现电商下沉，则要改变农户的消费习惯，实现从网上购物。培养农户的网购习惯是所有涉足农村市场的企业，尤其是农资电商需要解决的问题。

2013年，京东就开始布局三四线城市的电商，到2015年，京东已经覆盖全国近1900个县区的配送站点，并且建立了自营队伍，有近3万名配送员。与此同时，通过县级服务中心、"京东帮"服务店和其发展的乡村推广人员，深入农村，为农户答疑解惑，让他们了解商品的信息和售后服务的政策，挖掘农村电商的潜力。2014年11月国内首家网上农药直销平台——农一网上线，随后，云农场、农灯商城等农资平台纷纷运营，为农户提供服务。

但是，与普通消费品不同的是，农资产品的使用效果具有滞后性，类似于投资，其成果无法立即检验。在这种情况下，农资电商应如何建立信任机制，让农户放心网购才是关键。

农资电商可与知名度较高的品牌农资企业合作，从而提高信誉，让农户放心。互联网电商以农户熟知的品牌企业入手，通过他们打通农村营销渠道，并在保证产品质量前提下，以较低的价格出售。此外，农资电商还需要培养一批乡村服务人员，为农户提供售后服务，帮助农户制定种植方案；农资电商也需要建立一批试验田，以及农资合作店，为农户的种植做示范，消除他们的顾虑，进行产品营销，培养农户的网购习惯。

2. 物流问题

农资电商的成功实现是以成熟的物流体系为保证的。目前，我国农村物流的主要问题是过于分散。由于我国居民的分布属于"大杂居、小聚居"的状态，尤

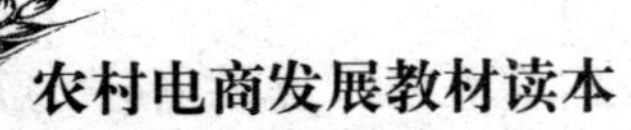

其是在丘陵、山地地区，农户更是分散，使得农村物流的成本高、速度幔，再加上返程空载，更是增加了物流成本。如何解决农村的物流运输问题成为困扰各大电商的难题。

电商在向农村下沉时，可以充分利用农村的现有资源。例如，利用农村的三轮车以及乡镇公交车等运输力量和村镇小卖部，解决“最后一公里”的问题，实现“梯次转云”。

★首先，电商将物流配送终端设置在交通比较发达的乡镇集市；

★其次，农村自有运输力量将配送终端与村镇小卖部相连接：

★最后，农户到村镇小卖部取货。

3. 与传统渠道利益冲突的问题

随着经济的发展，大量的年轻劳动力外出务工，致使土地流转的进程加快，种植大户们迫切需要专业的咨询培训、技术指导、测土配方、渠道双向流通等帮助。而互联网的融入则有效解决了这一问题，同时还培养了农户的网购习惯。但有一点可以肯定的是，传统的购买农资渠道在短时间内并不会失去市场，线上、线下渠道将在很长的一段时间内共存。

如何避免与传统的购买渠道相冲突，甚至与之成为合作伙伴则成为农资电商不可避免遇到的问题。如果农资电商能够调整产品的营销策略，合理利用线上、线下两种资源，逐渐进行转型，引导农户习惯网上购物，并为用户提供优质的售后服务体验，那么，必将有利于电商的下沉。

目前看来，那些拥有大量的用户、发展前景良好的农资电商平台，都较好地解决了以上几个问题，但电商的下沉还有很长一段路要走。

第三节　农资电商未来发展趋势和可行性分析

农资电商在发展过程中遇到了很多阻力，如农村地区的物流覆盖范围有限、农户本身不习惯通过网络平台来交易消费等，不过随着社会不断进步，农资电商拥有了更多的发展机会，业内人士也对其发展趋势争论不一，但有一点是明确的：农资电商正在成为辉丰、京东等大商家争夺的新战场，很多企业都想抓住先机，发展成为农资电商领域的领头羊。

农资电商对线下农资渠道到底意味着什么，后续到底有可能朝哪个方向发展，我们首先对未来发展趋势与可行性进行一下分析。

农资电商会从哪些方面改变线下农资渠道？它的发展趋势是怎样的？现在我们来分析一下该模式的可行性和它未来的走向。

一、传统渠道VS电商渠道

立足于渠道的角度，电商指的是厂家运营的另一种途径，它能使商品销售路线延伸到农村地区，可以直达零售商或者更进一步到达大农户。农资电商未诞生时，一部分厂家也试图延长自己的销售路线，但效果并不理想。大部分厂家为了降低经济风险或受限于本身能力不足，会选择与经销商联合经营，这种传统方式很难与零售商和大农户接触。

图5–1向我们展示了电商渠道和传统渠道的区别所在。

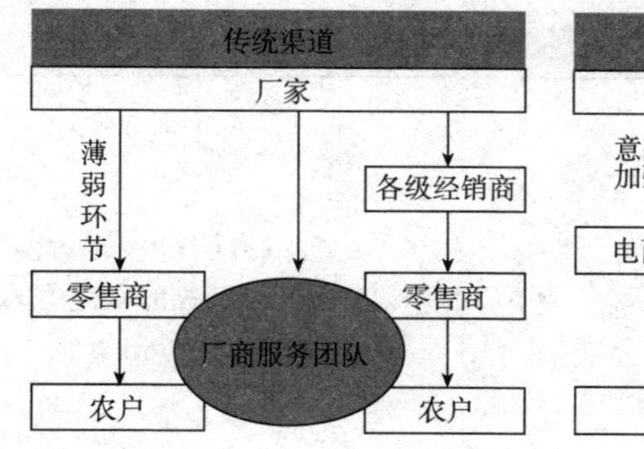

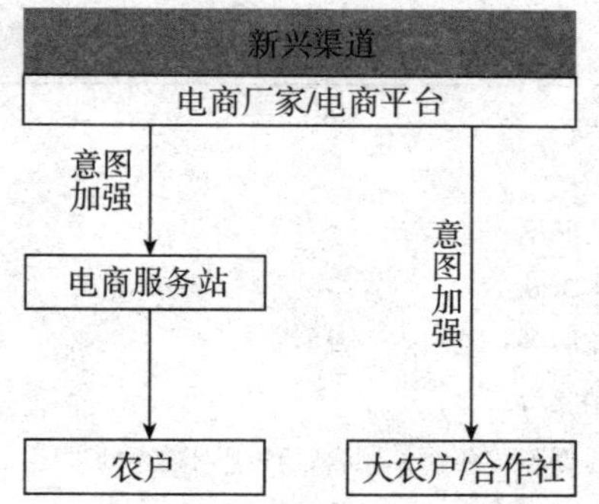

备注：传统渠道中，部分大农户、合作社已经开始绕过零售商找经销商甚至厂家直接拿货。

备注：新兴渠道中，厂商意图加强渠道扁平化，不过目前的电商中，缺少厂商服务这一环，且物流配送还有待优化

图5–1　农资领域电商渠道和传统渠道的区别

社会在不断进步，农村地区的土地流转现象频繁出现，大农户作为生产商的终端消费者会逐步聚集起来，固守传统思想的大农户也会逐渐被那些思维方式进步的新一代农户逐步代替；互联网设施不断完善，农户对网购的接受度也会提高。所以，厂商在这时建设电商平台是顺应时代发展趋势的。

不过电商很难在短时间内扩大规模或迅速获取利润。因为当下新兴产品和核心产品通过网络平台发展的还不多，其利润主要来源于传统渠道，网上农资需要

在探索中逐渐积累经验。

如今的电商渠道越过了各级经销商，可以与大农户和零售商直接接触。一部分零售商在这个模式中承担了电商服务站的职能，除非是零售商的利润遭到侵害，否则是不会受到干扰的，不过是分销来源从经销商转变为现在的电商，与云农场的运作方式有共同之处（农户在网络平台交易，把费用打给予农场。零售商发货后，农户确认收货，云农场将费用转给零售商）。

只是现阶段农户还不是很集中，他们也不熟悉互联网操作，厂商想直达农户恐怕很难。不过随着时间迁移，大农户逐渐集中，他们的操作水平也会提高，厂商想直达农户的话，可通过电商平台负责销售、加强服务站建设及联手物流公司的方法来实现。

我们看看如果以农村地区居民为销售终端，通过零售店和农资电商模式实现有哪些优势和不足。如图5-2所示。

零售店：

优势	劣势
1. 实物展示	1. 价格
2. 技术服务	2. 赊销（既是优势又是劣势）
3. 物流服务（点对点，及时）	3. 部分大户向经销商甚至厂家拿货
4. 赊销支持	4. 农资环境的白热化竞争
5. 风险保障（药害，肥害，种子问题等处理）	
6. 客户群体广泛（大户/散户/合作社）	
7. 一站式购齐	
8. 客情	
9. 种值户偏向现场交易	

农资电商：

优势	劣势
1. 价格	1. 物流
2. 模式前景（土地流转、网络应用水平会改变种植户购买农资的方式）	2. 技术服务
3. 农资电商才起步，相对蓝海，进入者具有先发优势	3. 现金操作
4. 现金交易	4. 服务群体单一（大户）
	5. 种植户品牌认知度偏低
	6. 农户对电商不熟悉
	7. 目前难以一站式购齐

图5-2　零售店和农资电商的优劣势分析

二、影响农资电商发展的6大因素

在零售店和农资电商两者的对照分析中，可以概括出在以种植大户为销售终端的农资电商的发展中遇到阻力有以下几方面，如图5-3所示。

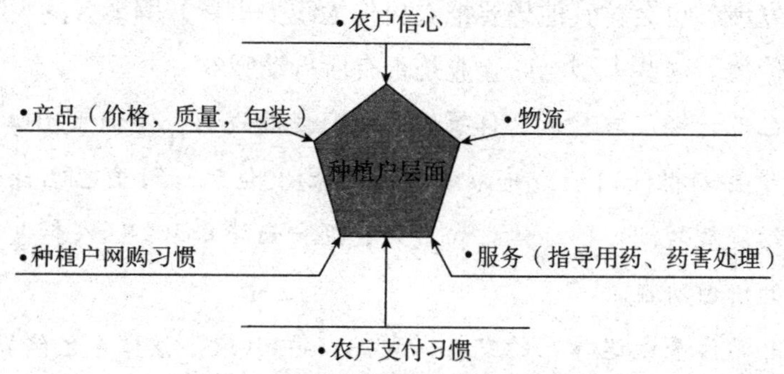

图5-3　影响农资电商发展6大因素

这6种因素依照其重要性排列如下：

★种植大户网购习惯（不习惯网购，没有经历过电商模式）；

★农户网购农资的信心；

★产品（价格、质量、包装）；

★服务（包括指导用药及解决农资方面的投诉）；

★物流；

★农户支付习惯。

如今，农户网购因为受到这些因素的限制而发展缓慢，可以通过什么样的方式和途径来缓解和解决这些问题呢？如图5-4所示。

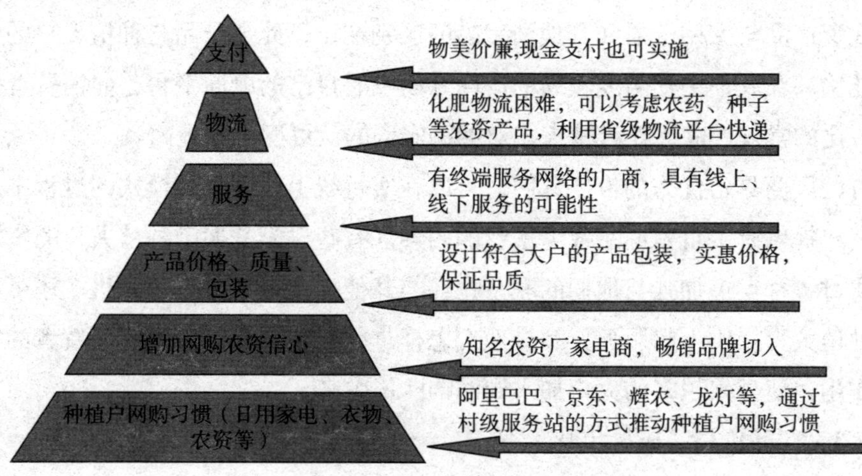

图5-4　解决农户网购问题的可行性探讨

（1）种植户网购习惯

购买农资是一方面，农户也不习惯在线上购买家用电器和其他生活用品。因为不会网络操作，种植户的网购习惯需要慢慢培养。这种习惯的形成会大力促进农资电商的发展，也会对其他想要把农村作为线上市场开辟地区的大型电商企业产生巨大的价值。这些大型电商企业是否有所行动呢?

★阿里巴巴计划在农村地区部署它的电商发展规划，他们于2014年10月30日正式启动“千县万村计划”，并为该计划投资100亿元. 阿里巴巴自上市以来制定了三项大的发展规划：国际化方向、大数据和云计算方向、农村电商方向，可见农村电商的价值所在。

★京东非常注重配送体系的完善，到2014年3月末，该体系已经涵盖我国495个城市，2015年，京东还会继续扩大其覆盖范围，这会极大地方便农村地区居民的日常生活，丰富他们的消费，京东还有一个计划是在农产品生产者与城市消费者之间搭建桥梁，使农产品可以直达城市消费终端，增加农民受益。

★苏宁也计划在农村地区建设全面的服务体系。

★农一网搭建起我国著名农药企业与农村地区的桥梁，借助互联网平台，使农业公司、农村地区的零售人员和专业合作社及大农户可以在网上下单买药，它采用的是门户网站、工作站及农村信息化服务站点三者结合的经营方式，这是该模式第一次被实践，这样能够减少农药在中间环节出现的质量问题，切实满足种植户的需求。

（2）增强种植大户网购农资信心

农资产品与家用电器和其他消费品的区别在于，此类产品与种植大户的生存问题挂钩。在农户中知名度较高的厂商开始发展自己的电商平台，向消费者提供高性价比的常规产品，让种植大户对网购农资的认可度不断提高。

有的厂商具备优秀的推广部门，可以在实行线上线下一体模式的过程中，为种植大户提供有关自家产品线上平台的内容。有些厂家掌握了种植大户的资源，可以通过各种渠道加强与他们的联系，在与其他企业竞争时把握先机。还可以为部分种植大户提供上门服务，教会他们怎样进行互联网操作，发挥消费者的口碑传播作用，使越来越多的大户加入到网购队伍中来。

（3）产品价格、质量包装

依据大户的偏好来设计包装，采用与实体店经销的产品不同的规格。也可以调整产品的比重，避免出现线上线下两种销售途径冲突的现象。不过要以高品质产品为基础，制定恰当的价格。

（4）服务

在网络平台上为用户提供与产品相关的信息咨询服务。那些具备优秀推广部门的厂家可以发挥自己的专长。在与大户交易时掌握客户信息，提供上门服务，帮助他们解决相关问题。这样不仅能在线上宣传，也能在服务过程中推广自己的产品。

（5）物流

对于农药或农作物种子这类产品来说，可以直接抵达消费终端，而化肥产品的配送对物流体系的要求比较高，也可以在农村地区建设电商服务站。

（6）支付

若是商品的性价比高，现金支付也非常有可能实现。农村的土地流转还在进行当中，农资销售渠道势必向扁平化方向发展，电商模式在该领域的运用，会缩短该趋势发展的进程。因为物流体系方面的限制，农药及农作物种子生产商家实践电商模式的速度应该会比化肥类企业更快；具备优秀服务体系的企业，比那些服务体系不完善的企业要更有实力，还可能会完成线上线下产品服务的一体化。和种植大户或专业合作社接触，能够开拓思维、实现发展创新。

三、推广团队的潜在电商化分析

厂家实践电商发展模式后，渠道与之前相比有什么不同之处呢？如图5-5所示。

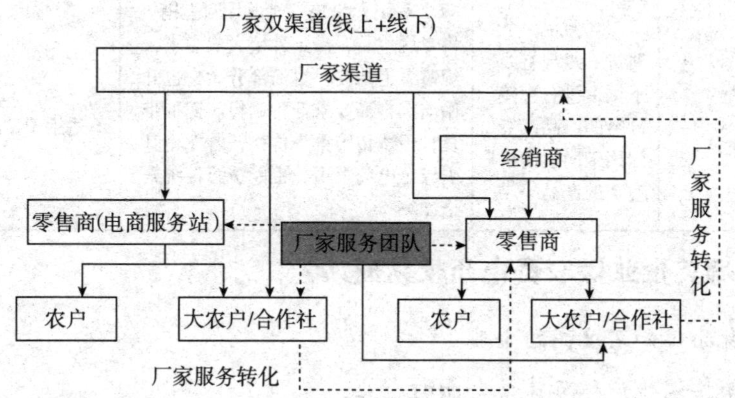

图5-5　厂家实践电商模式后的渠道变化

采用线上线下结合发展的方式，那些具备推广部门的电商企业可以把线上推广的产品尝试在线下发展，也能把农户吸引到网络平台来进行交易。

对生产商而言，农资电商的渠道有两种：针对内部客户的电商平台和开放型客户电商平台，图5–6是对这两种渠道的分析。

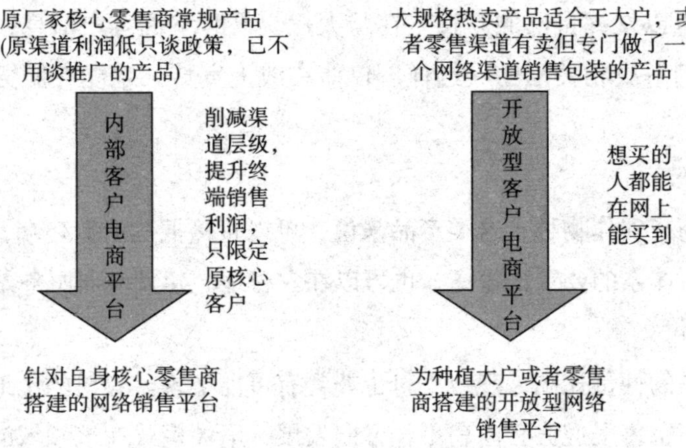

图5–6 两类电商渠道

两类渠道的优缺点，如表5–1所示。

表5–1 两类电商渠道的优缺点

电商渠道	产品	优点	缺点
内部核心客户电商平台（自身核心零售商）	可用于常规热卖产品或者夕阳产品	通过提升零售商利润，对其他同类产品产生一定排他性，一定程度上增加其销售积极性，同时零售商较早接触网络购物，可行性更高	缺少经销商支持，若厂家推广队伍建设不到位，或者厂家对市场管控不到位，热卖产品市场可能会乱
开放型客户电商平台（大户，零售商）	常规品、大路货。跟现有线下渠道没有直接冲突的产品，专门用于网上销售包装的产品	利用大包装，或设计网上销售专属包装，满足种植大户需求，规避渠道冲突；目前部分大户也开始向零售商要求低价销售。四处带货，干扰传统渠道价格，若能将其引导至电商渠道，也能缓解传统渠道冲突	新产品和核心产品不适用于该渠道

四、哪类企业做农资电商较易成功？

★自身品牌知名度高的企业；

★在销售端推广环节建设全面的企业；

★商品形式多样、在网络平台和实体店都不会出现供不应求现象的企业；

★掌握种植大户资源的企业；

★不会在产品渠道方面发生冲突的企业；

★应用先进信息技术的企业。

借助于网络平台的农资电商会与农资实体店共同发展，种植大户会逐步集中，操作能力不断提高，新一代种植大户的涌现，会使农资电商的发展速度加快。

虽然线上平台抢占了经销商的产品，但短时间内核心产品及新产品资源不会转移到线上平台，也有一些经销商一边进行线下品牌推广，一边借力于互联网发展模式，还有一些经销商联手厂家实践电商模式。农村地区的零售店数量增加。销售线逐渐延伸。现阶段的农资电商平台有品类之分，这是因为化肥产品需要高度完善的物流体系，所以既经营农药、种子，又经营化肥产品的综合型农资电商还未出现。

除了这些还有什么发展方式呢？从阿里巴巴及京东大规模涉足生鲜食品领域来看，农资电商还可能出现的方式有以下3种：

（1）建设针对农村地区的阿里巴巴和京东超市；

（2）实现商家直达农户，增加农户收益；

（3）与种植户达成协议，帮助农户生产高品质农产品，在收购环节制定产品价格，避免农户收益降低，使农户成为农产品销售方。

第四节　从农资生产商到农资服务商：“领头羊”金正大的战略升级

移动互联网的发展使得农资的生态链发生了变化，作为农资行业的领头羊金正大已经开始准备从农资生产商向农资服务商的转型升级。2014年11月21日金正大成功募资20.6亿元，据悉该次募资将用于投资3个项目，其中在农化服务中心项目中总投资5.8亿元，募资投入4.3亿元。金正大计划在未来3年中完成农化服务中心总部建设并且将建立配套的100个农化服务中心。金正大此举意在提高农资服务水平，扩大品牌推广力度，使渠道下沉抢占更大的市场份额。

金正大的这个项目完成之后将会建成覆盖全国大多数地区的销售网络和服

务中心，向全国性的农资电商平台迈进，实现农资与互联网的深度融合。以达成“世界领先的植物营养专家和种植业解决方案提供商”为目标，金正大将通过并购、融资、结盟等手段努力提升公司的综合实力与核心竞争力，下面为大家详细介绍金正大的农资发展战略。

一、布局农化服务中心，提升农化服务水平

如今随着人们价值观念的发展，农村中的许多人选择外出打工，从而催生了一大批的种植专业户，他们的手中会有几十亩耕地，更有甚至会有上百亩。这也为现代化农业的发展奠定了基础，相应的农业生产者结构的转变使得肥料、农药等相关的产品及服务也发生了较大的变化，逐渐形成了土地测量、施肥、农业技术培训、灌溉设施布局等一体化的服务需求，农资企业也从传统的生产商向服务商开始转变。

农资行业的核心竞争力在于企业对于销售渠道的掌控力及品牌的凝聚力，实现农户服务与农资营销有机融合，实现企业与经销商及用户的协同发展，打造多方共赢、共创价值的局面。

2011年4月15日，全国农业技术推广服务中心联合金正大共同启动了“农化服务万里行”活动，金正大将建设500个农化服务队，向农民提供缓控释肥“种肥同播”技术服务。而且金正大农化服务中心的建设将会为金正大打造一个兼具技术服务人员、场地、设备、仓储、销售、配送及农化服务功能，形成一个测土施肥、种肥同播、水肥一体、信息服务等一体化的综合服务体系。

斥资3000万元建设的农化服务中心总部开设四大平台，强化了企业大数据处理、在线农化服务、在线支付交易、在线推广营销能力，为企业向新型的互联网企业转型升级提供了现实基础。

农化服务中心项目具备以下4个方面的作用。

1. 承担服务区域市场的作用

在特定的区域内设立的农化服务中心将会有效结合当地的具体情况提供差异化服务，不同地区会有不同的经济作物，可以相应地为农户提供定制化及个性化的产品及服务，在水质、土壤、害虫治理等方面提出科学有效的解决方案。

2. 承担农化服务平台作用

农化服务中心中的农化技术人才，将会为用户在农业生产过程中所遇到的问

题进行专业的讲解，定期为用户进行技术培训等。一方面改善了用户种植效率，创造更大的价值；另一方面提升农业产品的质量，提高产品附加值。

3. 可作为渠道下沉的基础

农化服务中心能够成为金正大市场区域垂直细分的基础与平台，能为产品的推广产生积极的作用，依托农化服务中心还可以开展农资的其他业务，逐渐扩大金正大的市场经营范围。

4. 农化服务中心还可增加上市公司的利润来源

金正大将农户服务中心定位为独立的法人，同样作为一个利润中心将来能够自负盈亏。建成之后的农户服务中心将会为金正大增加年均销售额34亿元，销售利润上涨2.64亿元，税后盈利可增加1.29亿元。

二、利用渠道优势，打造强势农资电商平台

电商行业经过几年的发展，其业务范围已经扩展至生活的方方面面，而目前电商在农资行业中的渗透度相对较低，当前国内还没有一家具有较大规模的农资电商平台。移动互联网时代的来临，移动终端的广泛应用，农资电商的发展迎来黄金时期，可以预见的是，全国性的农资电商平台即将出现。

农资电商和传统的电商有着较大的差异，由于农村的特殊性，物流通常需要集中供货，肥料、农药等运输不便。运作体系和快递有很大的差别，因此物流的发展将会是农资电商平台崛起的关键。这种农资电商物流的高门槛决定了中小企业及个人很难在农资电商领域做大做强，而传统的农资生产商及销售商由于积累了相对比较充足的经销渠道及服务网络优势，因此它们成功率会高出很多。

中国庞大的农村耕地面积注定了农资电商领域是一个有着庞大需求的刚需市场，金正大抓住机遇大力发展农资电商，全力打造综合性的农资电商服务平台。金正大有着多年经营的销售网络，在产品的运输上积累了一定的优势。而金正大正在建设的农资服务中心将会为农资电商平台的品牌推广带来巨大的优势。而且金正大与一些大型的种植户的合作关系良好，可以通过开发一些App应用为这些客户提供个性化与定制化服务。

金正大在农药、种子领域进行了电商发展的探索。2014年，金正大与公司是目前中国农药制剂领域规模最大的企业、唯一的上市公司——诺普信签署了战略合作协议。而这将合力建设商业合作平台，发挥各自在经营领域的优势，将在农

药、肥料的研发、农资产品的运输、农资周边服务推广等方面展开深入而全面的合作。这将会为金正大农资电商平台的建设提供非常有利的条件。

互联网给传统行业所带来的巨大冲击，需要农资传统商家应用互联网思维，积极拥抱互联网的风口。金正大的新型模式探索将会为自身的经营成本、成交效率、产品的服务及体验等方面带来巨大的优势。

三、实施对外扩张战略，继续做大上市公司平台

未来，金正大将会着力发展成为兼具农资与农产品的综合平台型企业，除了生产线的新建，收购、并购以及结盟合作等也将成为金正大发展的重要手段。

与此同时，金正大正在全力拓展渠道和其他企业共建示范基地，通过产品相互代理、共同开发等建设种植业服务平台。除了与诺普信建立了合作关系以外，金正大还与国外的同行业企业进行深入合作，目前有着深入合作关系的企业及机构有：以色列的利夫纳特公司和耐特菲姆公司、挪威的阿坤纳斯公司和生命科学大学等，为金正大的创新发展注入了更强大的活力。

在收购扩张方面，金正大积极发挥上市公司的优势，将一些适合公司发展战略的国内外公司收入麾下，提升企业的业务范围及综合竞争力。

随着非公开增发项目的完成，金正大已然引入了资本雄厚的企业及投资方。这将推动金正大在健全的企业组织结构与股权分配制度方面不断完善；而且这些合作伙伴的巨大资源，可以帮助金正大实现快速扩张。

第五节　京东五大措施打通农资电商产业链

2015年，随着李克强总理在政府工作报告中提出“互联网+”计划，各大领域纷纷进军电商行业，尤其是农资电商，农资电商市场显现出了巨大潜力。

2015年8月15日，京东农资频道正式上线，在经营家电、日用百货、数码等产品之外，又销售农药、农具、化肥等农资产品，成为我国首家自营农资产品的综合电商；而随着京东布局农资电商，农资电商市场的发展更加引起人们的重视。

我国农资市场的发展规模宏大，目前已超过1.5万亿元。预计2016年，农资

市场总量将超过4600亿元，农资市场将成为下一个“蓝海”。虽然农资市场的发展前景广阔，但目前农资电商的发展还面临着诸多的难题，即使有电商巨头的布局，也难以在短期解决所有的问题。

具体来说，我国农资市场的发展主要存在以下五大问题：

（1）农户无法适应互联网时代在线立即支付的方式；

（2）需要很长的一段时间培养农户的网购习惯；

（3）农资电商的发展对传统的销售渠道构成威胁，遇到其阻拦；

（4）农村的基础设施建设滞后，阻碍了农资电商的发展；

（5）农村的售后服务体系还不完善，消费者的权益得不到保障。

针对以上问题，京东分别采取了5大措施：像做3C一样做农资；依托渠道自营解决物流问题；依靠下乡推广方法培养农户的网购习惯；保障产业链上各方的利益，避免利益冲突；依靠合作提供售后服务。

一、像做3C一样做农资

京东布局农资电商市场不同于其他电商，它强调产品的质量以及影响力，因而，从产品的供应到运输配送，以及最后的销售，京东全程监控；而淘宝农资、一亩田、田田圈等电商则是为农资产品提供交易的平台，没有涉及整个产业链。

经营农资产品基本上要对农资，如农药、农具、化肥、种子等有所了解，尤其要对作为生产资料的种子有专业性的把握，而京东作为一个互联网电商巨头，对农资行业了解甚少，又该如何应对呢？

对于种子，京东采取了自营模式，建设了仓储基地，将所有的产品存储到仓库，同时还与其他商家合作，协同管理仓储基地。而对于农药和化肥，京东目前还处于探索阶段，主要采用平台入驻的形式；预计在2016年年底，实现自营，保障产品的质量。

京东在自营模式之外，还与其他商家友好合作，尤其是与知名度较高、影响力较大的农资品牌合作。京东作为电商巨头，为农资品牌提供交易平台。2015年7月，金正大与中国农业产业发展基金共同投资20亿元打造的“农商一号”电商平台入驻京东，消费者可通过京东购买金正大复合肥，而京东则负责产品的配送运输服务。

二、依托渠道自营解决物流问题

在物流运输方面，京东也与其他电商平台不同，京东重点打造“县级服务中心”，从而与京东自营物流相互配合，为消费者提供服务。目前我国农村电子商务正处于成长期。东部地区电子商务发展已初具规模，而西部偏远山区电子商务处于初步发展阶段。在偏远的山区，由于互联网覆盖面积狭小，人们对电子商务的认识不全面等，导致了农村电子商务发展存在很大的困难。所以，农村电子商务在我国农村的覆盖面窄，农村电子商务正处于萌芽阶段。

2016年中央“一号文件”针对农村电商发展的基础设施，提出建设完善跨区域农产品冷链物流体系，实施“快递下乡”工程。众多电商大佬也纷纷下乡。阿里巴巴提出“千县万村”计划，试图在三五年内建立2000个县级运营中心和20万个村级小服务站；京东在全国2200个区县投资50亿建立自己的仓储物流体系，提出在2017年年底实现全国所有行政村的物流网络覆盖；中国邮政在2012年就以“邮掌柜”农村电商系统为媒介，在2015年年底设立了11万个农村线下网点、275个运营中心和100个仓储配送中心。

京东还将在农村投放适量的厢式货车，以便运输农副产品，并在仓库紧张的情况下，充当移动仓库。即使农户还没有习惯网上购物，也能及时为农户提供货物，满足线下需求，从而为4～6线城市的用户提供农产品输出和农资输入的双重服务。

京东的自营物流利润空间很少，而要在交通不便的农村布局农资市场，京东还有很多难题需要解决。

三、依靠推广下乡方法培养农户的网购习惯

在农村布局农资市场，需要解决“最后一公里”的难题，京东推出了“三箭齐发”战略，将县级服务中心、“京东帮”服务店和乡村推广员联系起来，实现电商下沉。目前，京东已经在全国7个分公司成立了农民电商项目小组，来承接县级服务中心，向农户推销产品。同时，京东在线下还进行优惠促销活动，以吸引农户购买，培养他们的网购习惯。据2015年第35次中国互联网络发展状况统计报告显示，在我国7亿人的农村人口当中，只有1.78亿人是网民，农村市场还有广阔的发展空间。

截至2015年7月，京东已在全国各地培养了3万多名乡村推广员，在向农户推

广农资产品的同时，还负责教农户如何使用电脑在网上下单预订。除了口口相传之外，京东还采取发传单、刷墙等小广告形式推销京东的农资产品。

四、保障产业链上各方的利益，避免利益冲突

京东在协调产业链各方的利益时，充分保障厂商和经销商的利益，尤其重视它们在农资产品的线下售后服务方面的作用。在京东布局农资电商市场中，经销商和零售商是重要的一环，均为农民提供服务。

同时，京东将整合资源，使线上线下同步为农户服务，线上的产品价格和线下的产品价格相同，不会与线下争夺市场资源，而是通过各大企业的友好合作，建立一个公正、合理的价格体系，维护所有人的权益。

在实际的农资电商市场中，经销商和零售商面临的最大问题就是资金周转不开和货物囤积问题，而它们与京东合作之后，将很大程度上解决这些难题。经销商和零售商按需从京东提货，不仅避免了囤积货物的问题，还能有效周转资金，提高资金的利用率；而京东通过与经销商、零售商进行合作，成功实施布局农资电商市场。

五、依靠合作提供售后服务

产品的质量问题不仅存在于农村市场，在各大城市也屡见不鲜。虽然京东做了多层的防范措施，如自营物流渠道以及与其他商家合作，以确保产品的质量，但关于农资产品的纠纷依然存在。目前，京东会在农资产品（通常是种子）的质量出现问题时，第一时间找出问题的节点，与合作方共同制定解决方案。将农民的损失降到最低。

对于农资产品的售后服务问题，最重要的是农技服务。京东作为互联网电商巨头，在布局农资电商市场方面还缺乏一定的专业技能，必须与其他商家合作，以弥补自身能力的不足。例如，京东就与复合肥金正大合作，通过“农商一号”入驻京东为农户提供服务，同时也增强京东农资产品方面的权威性。京东通过与其他商家合作，可以有效规避自身的劣势，发挥合作伙伴的优势，并推出预先承诺以及退货零运费等服务，让农户安心选购。

总体看来，我国的农资电商还有很长的一段路要走，各大电商在下沉过程中。要统筹好渠道、物流、服务等各个环节的关系，以确保农民的利益。对于京

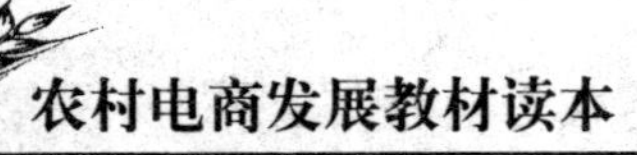

东来说，即使它的农资电商市场布局完美，在实际操作过程中，也会遇到未知的挑战。

随着移动互联网的深入发展。很多农村地区也实现了互联网化，于是，农民开始逐渐成为电商们的服务对象。农民种地需要的种子、化肥、农药、农具等农资产品都可以通过电商服务送货上门。就在2015年8月11日，中国诞生了第一家采取自营农资方式的综合电商——京东。

从2015年8月11日凌晨开始，农民朋友已经可以通过登录京东农资频道，从中选取自己需要的农资产品，其中京东通过自身的供应链体系，为农资产品提供可追溯体系，从而保证产品的质量和用户的权益。农民在从网上选好产品之后，京东物流便根据填写的地址送货上门，为避免用户资金短缺或者购买假货，京东还为用户提供了分期付款、商品保险等金融服务，此外，用户在线上购买商品的时候，可以详尽地咨询客服各种有关商品的信息；在线下，还可以享受贴身的农技指导服务。

京东农资频道的上线，不管是对农资企业，还是对农村用户，都起到了积极的作用。农资企业通过该平台向用户展示自己的产品、提升品牌的知名度。同时，用户也可以利用该平台将自己对产品的意见和建议反馈给企业，企业就可以对产品做出改进，并且，用户购买产品的个人信息与反馈信息被网站记录下来，通过大数据分析，企业就可以按需定产，做到知己知彼。

从2015年年初到现在，京东农资频道获得国内多家农资知名企业的支持与产业合作，如中国种子集团有限公司、北京京研益农科技发展中心、北京燕化永乐生物科技股份有限公司等。在京东农资频道还没有上线的时候，金正大和中国农业产业发展基金为打造“农商一号”共投资了20亿元，并以“旗舰店”的形式于2015年7月16号正式落户于农资频道。

六、京东农资，为农资企业谋利

提供四大农资产品（种子、化肥、农药、农机）的庞大的农资行业市场却没有规范性的市场准则和行业标准。农民过去在购买农资产品的时候，感到价格昂贵而且需要亲自上门取货，而传统农资企业在销售的过程中，由于代理环节多、利益链条长，所以感到获取的利润低。所以，不管是农民还是企业，都觉得不划算。

于是，京东为方便农民购物、减少利益链，提高双方的利益。自建农资供应链体系。它作为企业向用户展示产品、推广营销和相互交互的平台，将农资市场中的产品信息更加详尽、透明地呈现给用户，并且为农资企业和用户提供了一个相互对接的机会。这样，在标准化的管理体系下，农资企业可以根据经销商和代理商所掌握的用户信息和库存数据，有的放矢，力求达到供需平衡。而且，农资企业在线上做好客服服务，在线下做好推广及产品技术服务，并为用户挑选正品，选择好的保险公司为用户担保，以打消顾客的顾虑，获得顾客的信赖，从而在中国建立一流的农村农资电商市场。

京东会集合越来越多的农资企业，把京东农资频道打造成一个可以集体受益的农资市场平台，帮助农业生产由粗放型向集约型转变。同时，京东也会通过自建的标准化管理体系，为农民提供好的建议，并保障农民的利益。

七、京东农资，为广大农民省钱

以前，农民在购买农资产品的时候，尤其是种子、化肥时，经常遇到劣质、掺假的产品。农民希望货比三家，买到价钱合适、质量又不错的农资产品，但是线下的产品经销厂家的农资产品鱼龙混杂，农民很容易上当受骗，再加上营销人员的素质高低不一，农民在购买商品的过程中，也很难享受到产品的售后服务。

京东作为中国第一家自营式电商企业，通过覆盖全国的物流网络信息，在一个可追溯的封闭的供应链体系中，为农民提供安全可靠的服务，保障农民可以从农资生产企业直接购买。而且，京东还可以根据农村地域的不同，为农民提供适合的农资产品，将有关农资产品的各种信息，如价格、产品差异、产品功效、用户反馈等一一介绍给用户，保证用户可以买到物美价廉的产品，又可以让他们获得更多的农业生产信息。

农民只需要通过智能手机，借助网络就可以登录京东农资频道搜索自己需要的农资产品，比较同类产品，选择性价比高的产品。农民还可以找寻自己需要种植的作物的品类，网站即会显示适合该区域种植的该类作物的所有品种，通过图文并茂的方式，向农民展示该作物种植的详细步骤以及注意事项等要点，让农民快速掌握种植方法。

京东为了给农民提供绝对的高质量产品，采取向种企直接采购的方式，并

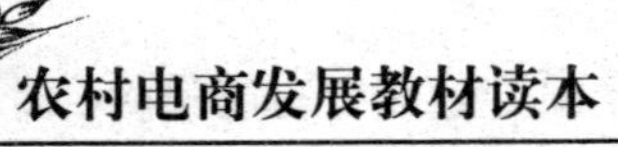

利用自己的物流优势，为用户提供封闭式的供应链体系，极大地保障了农民的利益。这样，不仅使得产品利益链条得到缩短，企业和用户从中双双受益，而且从源头购买产品，用户可以直接得到品质保障与利益保障。

目前，只要京东可以配送到的地方，农民就可以体验到“上午下单、下午送货”的快捷服务，而且为避免货物有损或者资金短缺，为用户专门提供了货到付款甚至分期付款的增值服务。此外，京东为农民提供了更人性化的服务，就是与农资企业携手打造“京东农技服务平台”，在线上，有专家指导，在农村的田间地头，也有专家做技术指导，这将有力推动农村的经济发展，造福于农民。

八、打通农资电商产业链，完善农村电商布局

在未来的1~2年，京东将对各农资行业的信息以及运行环节进行整合，从农资产品中的种子开始，逐渐向农药、化肥、农具等方面布局，尽可能地覆盖有关领域，满足农民的所有需求。京东在实践中，从单一产品服务逐渐走向多元化，利用自身的产品供应链体系，为用户提供有保障的产品和完善的售后服务。

京东在发展农资电商的过程中，还会不断开辟更多样化的领域和探索新的运营模式，争取把每个县级的农资市场都做到极致，尽力帮助农民解决从购买产品，到收到产品、使用产品这一系列过程中遇到的所有困惑。以往农民购买农资产品时通常会遇到价格高、质量差、选择少等问题，现在，京东农资通过公开、透明的电商平台，以及完备的服务体系，有效解决了以往存在的种种问题。

农业作为支撑国民经济和国民生活的重要支柱，只有保障农民在购买农产品时的利益，农业发展才会得到有效保证。农资产品借助电商，可以更好地服务于农民，然而，具有生态建设价值、能够保障民生的电商才是农民更加需要的。我们可以看出，自营农村电商为农民提供的一系列人性化服务，将成为以后农业发展的有力保障，对整个农村经济的发展乃至国民经济发展都会产生深刻影响。

第六章　加快培养农村电商发展的主力军

第一节　思考农村电商人才瓶颈的六个维度

要问今天农村电商发展最缺什么，几乎从政府到企业到业界，差不多一致的回答是人才！套用冯小刚贺岁片中的经典台词：电商什么最贵？人才。目前经常引用的电商人才数据有两个：一个说目前整个电商行业的人才缺口大约在l 50万人左右；另一个是阿里研究院的数据，说未来两年农村电商将缺人才200万人左右。然而，让人啼笑皆非的是，就在电商行业为人才问题大声喊“渴”的同时，教育部发布的2014年就业最难专业排行榜，电子商务专业竟赫然在目，让人情何以堪！看来，电商人才的问题没有那么简单，需要多一些深入的思考，至少应该从6个维度来分析。

一、要看电商到底缺什么人才

人才这个概念太宽泛了，仅就电商而言，就有管理型人才、技术型人才、研究型人才、应用型人才、综合型人才等区分。虽然政府感叹缺战略性人才，大企业喊缺综合管理人才，但对于整个行业来说，最缺的还是实践操作人才，也即一般意义上的应用型人才，主要集中在三个领域：运营推广、美工设计和数据分析，虽然有一定技术含量，但总体可以归结为缺“蓝领”电商人才。解决“蓝领”电商人才这个问题难不难？说难也不难，至少没有想象的那么难。只要政府和企业真正重视起来，来一点黄埔军校式的短期强化集训与实战演练，“出师”也是挺快的。可惜的是，现在大家的心态太浮躁，热衷于人才的争夺战，却不肯用心去培养，导致人才荒越来越严重。

二、应该适应电商人才状况的新常态

如果说句实在话，那中国今天哪个行业不缺人？人才之所以称为人才，肯

定就是一种稀缺资源。如果人才满地都是，那就是普普通通的人。目前电商人才缺，也大体符合这一规律。实际上，目前电商更多的是缺一线电商从业者，就像用工荒一样，这也会成为一种新常态。当下的问题是，能不能有效吸引年轻人来干。现在整天讲，要有体面的收入、尊严的生活，如果电商不能有效提供这两者，电商人才的缓解就没有可能。事实上许多大学是开设了电商专业的，但招不来人，就业前景也不好。

三、要反思人才供求的信息不对称悖论

教育部公布电商专业过热后，迅速引来一片嘲讽，基本倾向于对现行教育体制的攻击，认为没有培育出产业发展需要的人才；甚至说，培养的所谓人才徒有虚名，根本没有办法用。事实是不是这样？部分属实，但不全属实。一些重点高校的电子商务专业还是就业良好，也还有一些大学凑热闹开设的所谓电子商务专业，纯粹是误人子弟，没有教给学生什么有用的东西。试想，一些教师自己连淘宝店铺都没有碰过，还能讲什么电商运营？更根本的原因在于，目前电商行业的产学研是分离的，直接导致人才培养结构与产业需求不匹配，教学体系确实需要根据产业现状做出调整，这是今后改进的重点。

四、要追问人才为什么留不住

网无界，电商人才的流动也异常频繁。一些老板感慨道，一再加薪，为什么人才还要走。答案是，请来的客人总是要走的，除非变成自己人。就县域电商人才问题而言，让人才留下来的关键措施是，让他们变成本县的女婿或者儿媳妇，否则没有什么更好的办法。所以，应该看看阿里巴巴上市后，整个互联网创业目前又在琢磨什么。业内人士指出，阿里巴巴创造财富神话的背后，实质上为整个互联网创业强化了一个公司治理模式的信号，即传统的股权控制与职业经理人制度在互联网领域要改一改了，全新的事业合伙人企业正风起云涌。如果说传统企业像刘邦搭台拜韩信、或者说像晋商的东家磕头请掌柜一样对待人才，那么现在的企业就要像梁山好汉聚义一样，大块吃肉、大碗喝酒、大秤分金银，只有志同道合，才能一直打拼。人才机制在互联网企业中，不能再像传统的企业那样，是一种雇佣制，而是新型合伙制，是基于未来愿景的共同打拼，否则人才无法长久留下来。如果要再加上一个限定条件的话，那就是必须有好的企业前途和一个值

得跟随的企业领袖，企业烂、老板人品差，指望人才留下来，无异于痴人说梦。

五、寻求解决人才困境的应急办法

请又请不来，只好自己培养了。答案是大力培养“父子兵”、“夫妻店”、“兄弟连”、“女人帮”这样的小团队。一些传统企业做电子商务，企业主往往年龄大，思维跟不上，很苦恼，要学会电商思维与运营也相当困难。我的建议是，完全可以把儿女们请回来，让他们掌舵电子商务，老爷子们则完全可以退到后台，专心搞好生产，这就是一个完美的“上阵父子兵”模式。这样的成功案例已经不少。比如福建中闽弘泰的王思仪，就是用电商把家里的茶叶卖得很好。陕西兴平的一个小伙子，也是用电商把辣椒面卖到了国外，老爷子迅速让出了董事长的位置。“夫妻店”就更好理解了，女的心灵手巧，主要搞店铺运营；男的做好配套服务，写个发货单，跑个快递，也算是黄金搭档了，这样的小夫妻网店成功的也不少。“兄弟连”、“女人帮”，其实就是屌丝版的马云创业团队了，共同爱好，优势互补，分工协作，生意照样可以风风火火。

六、在电商人才问题上政府有何作为

没有人才，电商绝对搞不成。城里的电商尚且缺人，县域电商就更不用说了。要发展县域电商，政府必须把人才问题放在突出位置。有三条基本路径：通过优惠的政策吸引一批，通过创办培训基地和电商孵化基地培养一批，通过配套创业贷款等政策扶持壮大一批。必须注意的是，一些政府在人才的问题上，过分偏重于人才引进，迷信于“外来的和尚能念经”，结果可能出现“请来女婿气死儿”的负面效果，要把三条路径统筹运用好。同时，必须关注到一个事实，从事电商的主体是年轻人，成长最快，潜力最大，要有明确的青年电商创业扶持和培养计划，这可能决定了县域电商的未来。

第二节　试说电商扶贫的概念与内涵

从2011年起，中科院信息中心主任汪向东就开始了电商扶贫的呼吁，认为在贫困的中西部地区，运用电商这一载体，会有效促进扶贫开发工作。这一呼吁在2014年终于变为了现实，在国务院扶贫办印发的《刘永富主任在全国贫困村旅游

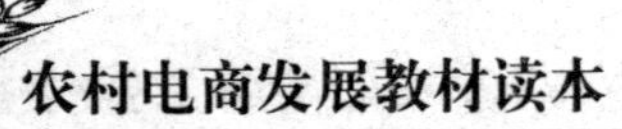

扶贫试点座谈会上讲话》中，明确提出把“电商扶贫工程”列为2015年精准扶贫十大工程之一，要求“在贫困村开展电子商务扶贫试点，发挥市场化电子商务渠道的作用，促进贫困地区农产品销售和农民增收。”而实际上甘肃陇南以成县、礼县为代表的农产品电商实践，某种程度上就是电商扶贫，他们也以电商扶贫概括自己的模式。

什么是电商扶贫，中科院信息中心主任汪向东以1.5万字的长文《电商扶贫是什么，为什么，怎么看，怎么办》作了初步回答。我想结合汪老师的文章再做一些概括与讨论。什么是电商扶贫，我看简单地说，就是运用电子商务来促进贫困地区家庭脱贫致富，带动当地产业发展。有以下几个关键点。

一、电商扶贫的内容

综合相关扶贫政策，概括为三个方面：一是扶持贫困地区家庭进行网上销售创业，包括进行基础知识培训及相应的启动资金支持等；二是改善农村电子商务发展基础，主要是对贫困村的信息、交通、物流基础加强建设，满足电子商务发展的需要；三是强化社会资源的统筹，包括政府推动当地优势特色农产品的开发、宣传与推广，动员企业与社会各界与农村对接扩大网上销售和农村特色旅游开发等。

二、电商扶贫的层次

初步概括为四个层次：一是直接扶持贫困户个体，把贫困户、“两后生”、残疾人等帮扶对象和精准扶贫对象作为培训重点，帮他们掌握电商知识，乃至手把手教他们开办自己的网店，并提供后续服务支持。二是通过扶持从事电子商务经营的龙头企业、网商经纪人、能人、大户、专业协会与地方电商交易平台等电商主体，带动农产品销售增收和贫困户就业，从而实现减贫脱贫。三是扶持有基础的贫困区域实现电商主体聚集，典型的就是“淘宝村”，除带来大量直接就业外，还能带来物流快递、包装等服务业的大量间接就业，明显促进当地经济社会发展。四是以县域为单元进行农村电商开发，既把当地的农特产品通过电商卖出去，又把农民需要的农资、生活用品通过电商卖到乡下。

这四个层次可以呈现梯次递进，也可以同时展开，或者以一点为突破，这是电商不同于传统产业的非均衡性、非线性特点。

三、电商扶贫的可能性

为什么电商扶贫在今天存在着可能性，并在一些地方有初步成功的实践？有五个方面的支持条件。一是农村的信息化基础有了明显的改善，具备了电商的发展基础，特别是农村宽带与手机上网普及具有决定意义；二是农村产业发展面临转型升级压力，主要是单一的产业扶贫并不能解决销售难和市场波动问题，需要借助购销渠道来改造生产方式；三是农民的信息化应用正在转变，农村有了宽带，手机在农村也能上网，农民逐渐由单一的信息获取向综合的信息运用转变，尝试用信息化来改变生活；四是一大批返乡青年和新农人群体的出现，示范带动了农民的网销网购行为；五是社会消费导向的转变带给贫困地区发展的新机遇，一般的贫困地区往往是生态环境良好的地区，生产的生态农产品恰恰是城市人追求的，相应的生态旅游也让城里人向往，电商正好搭建了这个平台。

四、电商扶贫的关键举措

电商扶贫怎么做？政府的作用应该定位于“催化剂”，虽然参与化学反应，加速反应过程，但不影响反应结果。政府出台的政策，投入的资金，建设的基础设施，营造的外围环境，最终是让贫困的主体和参与扶贫开发的市场主体实现更好地发展，达到扶上马、送一程的目的。从一般县域电商的实践看，至少有四个关键措施点：一是给电商扶贫一个政策空间，就是扶贫的规划上、项目安排上，对电商有一定的安排，比如培训、信贷、产业规划、基础设施投资重点等；二是提升电商扶贫的认识与实践能力，电商扶贫的四个层次界限并不是十分清晰，也不是任何地方都能搞，需要研究当地实际情况，因地制宜；三是以人才为切入点，这是当前最大的瓶颈，可以引进来，但更需要内部培养；四是做好示范，总结提升，为示范推进提供好的样板和做法。指导各地更好地实践。

第三节　把青年作为培养的主力军

近年来，随着互联网技术的普及，农村电商加快发展，特别是自2009年以来呈暴发增长趋势，有力促进了农产品销售和农民增收，也带动了农村经济发展。

在农村电商发展中，青年是主体。从某种程度上讲，能否抓得住一批好青年，是关系农村电商成败的关键。

一、青年是农村电商发展的主体

首先，大批青年返乡从事电商创业，成为农村电商发展的主力军。电商创业，只要一台电脑，一根网线，注册一个淘宝账户就能开张，启动资金只需几千元，产品由农民生产，发货由物流公司代理，自己只需要用好网络就行，还满足了年轻人的要体面、收入好、挺时尚的创业心理。根据《“新三农”与电子商务》一书提供的数据，农村网商年龄在20~29岁的占75.9%，30~39岁的占18.6%，两个年龄段合计近95%。比如，吴堡县返乡大学生郭荣亮，在团省委帮扶下，义卖家乡滞销红枣、供销《舌尖上的中国2》老张家手工挂面等，年网销近百万元。

其次，青年的积极探索，推动了农村电商发展。通过研究淘宝村现象，发现农村淘宝之路，是年轻人率先想出来的，也是他们自发地闯出来的，甚至在创业之初可能被认为是不务正业、离经叛道，但最后的事实证明电商英雄出少年，从而为村庄打开了一道互联网时代的发展大门，实现了经济上的新突破。把各个淘宝村的带头人进行年龄上的梳理，除了个别的，大部分是80后、90后，特别是90后，可谓功不可没。西安建筑科技大学洛川籍大学生何飞杰运用电商帮助家乡销售苹果，2013年销售额达300多万元。

第三，电商正在成为青年农村创业的看好领域，热情高涨。在去年的一项问卷调查中，71%的受访青年表示对农村电商前景看好，67%的受访青年有从事电商创业的想法。目前，电商类培训已经成为团省委各类青年培训中最为火热的培训项目，2014年通过各种渠道，整合各类资金，开展青年电商培训2000多人次，但远远满足不了青年的培训需求，经常出现培训报不上名、不远百里甚至千里参加培训的情况。

可以说，青年作为最活跃的创业群体。已经成为农村电商的最大活力来源。虽然我们难以期望农村电商也会迅速产生“淘品牌”那样的暴风骤雨式的成长奇迹，但至少可以相信，以年轻人为主体的农村电商创业群体必将在今后几年中蓬勃发展，一定会形成一批影响农村经济方式的现代电商企业。

二、青年农村电商创业还面临现实困难

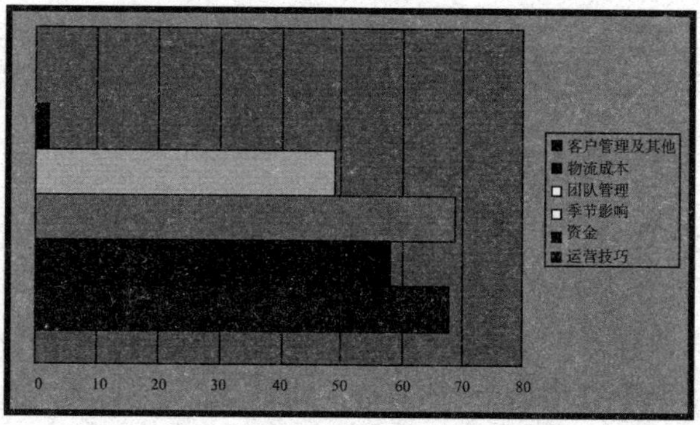

图6–1　农村电商创业调查示意图

农村电商创业调查示意图如图6–1所示。

一是对电子商务认识不够深刻。绝大部分青年对电子商务这个词并不陌生，但大都只停留在名字本身，电子商务究竟做什么，很少有人能够讲清楚。在我们去年的调查中，约56%的受访者涉足农产品电子商务行业的时间为2013年及其以后，且60%的农产品经销商至今没有注册独立的企业及品牌，品牌意识淡薄导致农产品销售趋同现象突出；60%的受访者估计当地生产销售类似农产品的商家数量在50~200家，对自身产品的定位不明确，对消费人群的定位不精准，对产品供应链预计不充分。

二是电子商务创业技能不足。电子商务创业需要懂得计算机与互联网的操作，也需要懂得商务和营销方面的知识和技巧。目前大多数电子商务创业青年具备了一定的计算机与互联网操作技能，但缺乏的是市场营销、电子商务数据分析、网站推广运营、网络整合营销传播等专业的商务和营销方面的知识和技能，对农产品自身特点也不十分清楚。虽然各地投入专项资金用于农民培训，但电子商务内容偏少，电商专项培训班更少。

三是缺乏政策资金扶持。电子商务在我国还处于成长过程中，再加上是新型经济，政府近几年才逐渐出台一些扶持政策，且主要在东南沿海地区，西北地区很少有政府专门出台电商创业的扶持政策。同时，电商创业虽然成本低，但是必要的资金投入还是必需的。没有扶持政策，缺少资金限制了青年农村电商创业规模和速度。

四是物流配送体系不健全。物流配送是电子商务的重要环节，物流的发展直接推动了电子商务的发展。然而由于农村地区电子商务发展较慢，很多第三方物流公司还没有覆盖到农村，不方便且费用高，同时农产品保质期短、容易

变质，对物流的速度和技术提出了较高的要求，这些都成为制约青年电商创业的重要因素。

三、对促进青年农村电商创业的建议

1. 提高政府部门的认识

营造电商发展氛围。当前的陕西农村电商发展，总体还处于起步阶段，基层干部群众普遍认识不足。一些地方，青年很热，政府很凉。建议政府部门加强学习和宣传，充分认识电子商务的重要意义、深刻内涵。例如针对陕西传统农特产品内涵丰富、门类繁多的实际，应加大市场摸底与调研，准确定位产品品类和目标群体，促进网上销售。支持鼓励青年主动学习电商知识，了解电商，促进青年电商创业。

2. 切实加大农村青年电商人才培养

目前，全国电商人才短缺150万人，农村电商人才更加稀缺。要把培养人才作为电商发展的关键举措，不遗余力地推进，切实加大电商技能培训。可以考虑以区域为单元，统一建立农村电商服务中心，负责该区域的电子商务网站建设、管理和维护，农产品市场供需信息的收集、发布和网络销售工作，积极设立县域电商创业孵化园区，免费提供创业场地和培训、信贷、加工仓储物流的配套支持，让更多青年想创业、能创业，注重对电子商务实用型人才培养。同时，由于电子商务人才培养属于复合型交叉类学科，政府需要进行前瞻性规划和安排，有必要加大对电子商务专业人才的招生力度，注重与国内大型网络交易平台公司的交流，提升学生实践能力。

3. 出台更多政策和资金支持

为了让更多的青年参与电子商务创业，政府应该给予相应的优惠政策，比如，可以给予电子商务创业资金补贴、税收减免及创业贷款。同时，政府应当积极协调、推动国内大型电子商务平台类企业为青年提供相应的贷款或较低的准入费用。同时，政府需要在政策上进行全面的引导，解决土地、人才、网络资费、能力建设等瓶颈问题。开发针对电商创业青年的专属金融产品，争取发放无需抵押担保的小额信用贷款。

4. 积极搭建发展平台

在淘宝、天猫平台同质竞争严重的情况下，应该加大与各大电商的沟通，推动地方农产品登录更多大型电商平台，扩大销售视野。同时，应尝试建立推动地方农产品登录各大平台的有效载体，如开设立农产品陕西馆、地市馆甚至县级馆等，集中上线一批优质放心农产品。应该加强电商行业组织建设，把生产、加工、销售等产业链条充分衔接，把各类电商经营主体有效聚集，制定行业标准和规范，实现抱团发展。

5. 完善农村电商服务体系

目前电商的发展已经由个体自发向区域连片、政府主导方向演化，电商生态建设竞争日趋激烈，能不能建立一个涵盖电商纵向与横向相关产业的配套服务体系，是农村电商能否快速发展的关键所在。比如，针对电商技能不足，应大量引进电商服务商，为电商发展提供全方位服务。再如，由于农村电子商务发展较晚，应针对特色农产品比较集中的地区，吸引第三方物流公司进驻农村，形成竞争，有效减少物流费用。

第四节　关于供销社发展电商的五点思考

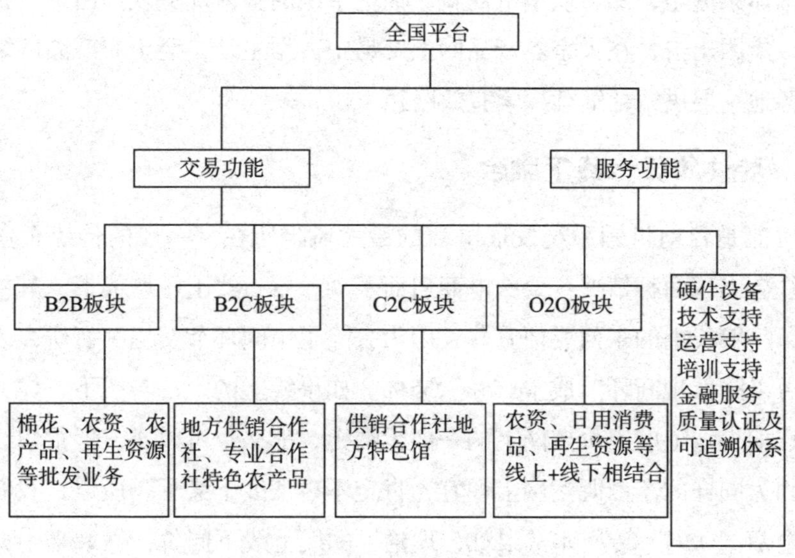

图6-2　供销社电商平台构想图

供销社电商平台构想图如图6-2所示。

在农村电商发展如火如荼之际，供销系统持中央改革的“尚方宝剑”快马杀入（《中共中央、国务院关于深化供销合作社改革的决定》明确供销社可以发展

电商、可以搞农村金融等政策），给日趋激烈的农村电商竞争又加入新的变数。供销社做电商，到底行不行？各方争论不休，正反双方观点截然相反，有谨慎乐观者，也有完全悲观者，更有从内心感情上根本排斥者。综合不同的观点和看法做些阐释。

一、要找准自己的优势

根据最近披露的数字，供销社系统到目前也零零散散地在各地建立了八百多家区域性的电商平台，这种探索值得肯定。但就目前的形势而言，电商留给小平台的机会不是太多，马云等人公开讲，电商平台格局大体已定，新建平台一定要慎重，除非靠强大的资本、新颖的模式砸出一片空间。比如，在“B2C”模式的农产品电商哀鸿遍野之际，“B2B”涉农电商异军突起，让人看到了新希望。但必须正视的事实是，全国四千家涉农电商平台，普遍在亏损。显然，普通农产品按照一般电商零售模式走，有着天然不可克服的缺陷，如配送成本高、保鲜难、损耗大、质量不好控制等，而网上农产品批发似乎更有空间。所以，既然供销系统在全国体系健全，那么供销电商就应该把系统的整体优势发挥出来，整合内部的资源，集团出击，在大宗农产品网上交易中占据主动；至于农产品网络零售，可以让各地基层供销社继续探索有效路径。

二、要注重线上线下融合

这可能是目前供销系统发展电商的最大风险所在。一般的传统企业转型电商，往往会出现两种情况，要么电商启而不动，要么线上压垮线下。其中的原因很简单，一般线上的东西要便宜些，因为去除了中间环节费用。有研究表明，大多电商可以降低中间环节成本35%～55%。如果线上的定价与线下一样，则可能卖不动；如果线上的定价按网上的一般行情走，那么也可以卖，但很快线下就受不了，因为同样的东西既然网上便宜，肯定不再从线下买了。所以，我们看到，苏宁的电商“O2O”转型非常艰难，理论上的线上线下同价，做起来十分不易，网上业务达到二三百亿的时候，线上线下两个部门“打架”现象十分严重，而且线上业务导致线下业务亏损，只能破釜沉舟，重整公司架构，这就是目前苏宁的局势。当然，后来苏宁也想明白了一些，一味的线下转线上有问题，还得线上转线下。所以，苏宁把线上卖得很火的生活品通过苏宁超市的形式再转入线下，靠强大的采购能力和产业链控制能力激活线下业务，当然这个转型还有待观察。如果这一点依旧不能实现盈利，则苏宁的形势就很不乐观。众所周知，供销社在线下的优势比较明显，但如果转入线上，则也会存在类似苏宁的形势，必须对线上线下如何打通的问题进行深入思考，找到可行的方法。总之，网络批发要在农产品市场的在线化上下工夫，而网络零售则要在供销社的基层门店上琢磨“O2O”的落地。

三、要善于运用产业链思维

电商是一个典型的“轻资产”模式，一些“淘品牌”连生产工厂都没有，把重心放在产品设计和网络营销上，其他则采用代工模式。最典型的如小米手机，作为一个估值上千亿元的企业，没有自己的手机工厂，没有实体店面，没有在电视上做广告，完全靠粉丝经济推动，按消费者定制来生产，形成所谓的纯“电商”企业。但农产品电商不一样，因为农产品是自然条件下的生产，理论上不存在两个一模一样的农产品，也就意味着不可能像工厂生产那样标准化，而是因为地域、气候、生产主体的不同而存在差异。所以，那些按照一般商品运营的“轻资产”涉农电商，最后几乎都败在了产品上。所以，这两年的农产品电商终于明白，产业链决定生死，好产品始终是根本。目前的方向有两条，一种打进口高端牌，到国外去采购；另一种是自建农产品基地，形成从田间到餐桌的全程控制，最极端的代表就是联想佳沃的“三全”体系（全球化、全产业链、全程可追溯）。有人预言，涉农电商竞争到最后，都是产业链的竞争，必须要有强大的产业链控制能力。今天的供销社同样面临这样的问题，如何从一般的“二道”贩子转型为控制强大农产品基地的涉农电商值得深思。我感觉，不论是与农民联合，还是与龙头企业联合，在农村建立可靠的农产品基地是长远发展的根本。

四、要注意做好双向流通

供销供销，有供有销，要把农产品从农村卖出去，再把农村需要的商品从外面买进来，这才是完整的农村电商。目前的农村电商，有的把注意力集中在农产品电商上，一味讲究卖；有的把注意力集中在县域电商上，急切地想找到县域经济发展的新亮点；而对农村电商的发展，首先注意力不够，认为农村消费水平低、电商基础不配套，破题尚需时日。结果没有想到，形势比人强，农村电商发展速度远远超过预期；其次急于跑马圈地，阿里巴巴、京东、苏宁“三国演义”

的“战火”四处弥漫，各路资本纷纷借机杀入，想抢得一些地盘，但盈利遥遥无期。供销社系统长期扎根于农村，虽然近年在其他力量冲击下，在农村的市场控制能力下降，但依然有影响力，能否发挥好系统优势，在以农资、农机具、农村生活日用品为主的电商下乡热潮中重整旗鼓，对未来的发展十分重要。如若错失农村电商市场，则供销社在农村的商业地位将可能丧失殆尽。唯今之计，是在重塑信心，重塑形象，重塑品牌，以强大的供应链为基础。以可靠的“国”字号信誉为保障，以前所未有的力度改进基层服务，以期在农村市场夺回部分失地。

五、要正视目前面临的现实困难

发展电商，难在何处？不同行业、不同领域难处各不相同，但共性的问题在于认识难，搞清楚电商到底为何物、到底如何发展，这是目前正反案例反复证明的一个关键性问题，尤其值得主要领导者认识。在电商行内，大家基本有一个共识，越是在传统领域优势强，在电商方面失败的几率就越大，因为有传统思维定势的影响。所以，供销社要转型电商，首要问题是解决认识问题，正本清源，明确思路，选定模式。其次，是如何落地的问题，供销联社，如何把基层社“联”起来，形成一个新的电商大网，需要认真思量；电商拼的是服务终端，那些相当多已经靠租赁资产过日子的基层社如何重新开张面对农民，需要下一些苦功夫，而最后一公里的物流还需要放开视野与第三方合作。再次，是人才的问题。可以说，人才决定电商成败，电商行业在哀叹，懂电商的人有，懂农村的人也有，懂农村又懂电商的人没有，这个问题供销社又如何破解值得思考。再下来，还有产业配套、营销推广等一系列现实问题，但相对于以上问题，已经是细枝末节了，前面几个解决好，后面问题有望迎刃而解。

总之，电商问题看似简单，做起来却十分不简单。如果能在开始之前把涉农电商的问题想复杂些，可能做起来就简单些；如果想得很简单，则做起来可能会很复杂。

第五节　农村电商：风物长宜放眼量

自2014年下半年以来，农村电商的热潮逐渐蔓延开来，而且出现少有的天下共热现象，即上到总理，下到县乡长；大到商界巨头，小到普通创业青年；外有互联网企业跨界，内有涉农企业转型；大家都有参与农村电商的想法，这与过去常讲的“上热下凉”、“下凉上热”、“肠梗阻”等现象大不相同。到目前这个程度，农村电商是不是过热的担心也就出来了。我是从2013年下半年开始大声吆喝农村电商的，2014年更是不遗余力，但2015年也有些担心了，担心一些地方太急，不明就里，仓促上阵，热心办不好事。恰在此时，李昌平先生为农村电商泼冷水的文章出现，因为李昌平先生有着曾向总理上书的人物标记，他的文章迅速得到传播。在看到这篇文章的第一感受是，农村电商适当提醒提醒是对的，过热不是好事，过急容易坏事，县县都要搞电商平台，处处建电商园区，确实是有问题的；但看完以后又感觉也不是滋味，对新事物不能一棍子打死，还是要客观、冷静、宽容地看，不可从一个极端走向另一个极端，更不宜环顾左右而言他，把农村电商的讨论引入农村内生金融方向。

讨论农村电商行不行，我感觉要搞清楚什么是农村电商，为什么要搞农村电商，目前的农村电商发展怎么样，研判之后再下结论。

一、深化对农村电商的认识

什么是农村电商？现在相关概念太多，有喊农产品电商的，也有喊县域电商的，还有叫涉农电商的，还有叫农业电商的，稍微有些乱。而这些农村电商概念的背后，涉及一个基本的常识性前提——什么是电商也没有搞清楚。

首先，电商的概念很大，广义的电商可以扩展到任何使用了电子化手段的商务活动；而即使我们今天讨论的狭义的电商，也可以将所有基于互联网发生的商务与服务活动涵盖在内，它不是一种新产业，而是一种新路径、新方法，就是现在形容的新的“通用电力”，能带给经济社会发展新动力。如果把电商仅仅理解为网上买卖，绝对是肤浅的，或者说根本就没有读懂电商。

其次，农村电商也不单单是工业品下乡，或者农产品进城，至少包括以下四个部分：一是将农产品运用网上途径销售出去的农产品电商，有网上批发和网上零售等形式，而不是简单的开淘宝；二是在乡村聚集的以销售本地特色产品（包括工业品）为主要业务的乡村电商，像淘宝村、淘宝镇现象；三是将电商的物流、人才流、信息流、资金流聚集在县城周边，形成电商服务业、包装仓储物流相关产业和商品配套供应产业协同集群发展的县域电商；四是将农民需要的生活

服务、农业生产资料和生活日用品通过电商终端的延伸，实现服务到村的农村电商，典型的就是阿里巴巴、京东现在搞的农村战略。李克强总理反复讲，电商的问题不简单。那么也可以同样讲，农村电商的事不简单，是一个大系统，应该深刻认识，全面认识。

二、农村电商是顺势而为

为什么要搞农村电商？有什么意义，其主要表现在五个方面。

一个是农民的现实需求。可以说，农村电商是一个民生工程。大家到农村转一转，农村人要缴个电话费有多难？要买有牌子的产品有多难？把每年“3.15”前后公布的农村市场上出现的奇葩型假冒伪劣产品看一看，就知道农村电商市场多有大潜力。农村消费市场起不来，有“买不起”的问题，更有“买不到”的问题。现在农村人收入慢慢上来了，客观上是需要一个消费升级的，电商切入的时机比较好。无论是麦肯锡的专业研究，还是阿里巴巴平台上的数据，都给了一个现实的回答，农村电商大有“钱”途。比如黑龙江明水县这样一个贫困县，全县去年网购超过2亿元，大姑娘小媳妇网购十分娴熟。这也是2014年中央经济工作会议敢讲“挖掘农村消费市场”的底气所在。所以，到底是马云、刘强东他们是傻帽，还是我们的专家太聪明，大家可以思考。

第二个是青年的回乡创业推动。我们年年喊，年轻人快回农村吧，不然明天谁来种地？可是喊破嗓子也没有回去几个。为什么？在农村不创造一个年轻人愿意干，收入不错，还比较体面的营生，哪个愿意回去？重新像老一辈农民那样再去种地，年轻人肯定不干。但农村电商这个事出来后，年轻人愿意回去干，而且也挺好干。一根网线、一台电脑、一个账号、几千元钱，也就起步了，创业门槛低，风险小，动动鼠标就有收入。各地的淘宝村起来后，年轻人基本上都回来了。看一下现在的数据，农村电商的经营主体95%左右是年轻人。有年轻人，就有希望，现在的电商不也是年轻人率先在网上购物推动的吗？

第三个是农业的转型要求。我们搞了多年农业，但有一个根本问题没有破解，那就是小生产与大市场的矛盾，农产品市场已经全球化了，而我们的农民还是一家一户的小生产，怎么能把命运掌握在自己手里？增产不增收的新闻整天报道，滞销倒掉的悲剧几乎天天上演。在小生产格局改变不了的情况下，只有以更加精准的信息化、市场化行为来破解，政府的推动有作用，但根本的力量在市场，电商就代表了市场的新力量。大家看看陇南的电商扶贫试点，贫困地区直接上网找市场，显然是一个便捷有效的路径。再看看京东在四川仁寿搞的“枇杷行”活动，确实通过预售化解了一部分销售的风险，这才仅仅是个小测试。再看看河南的杜千里、四川的赵海伶等青年网商在山区的实践，电商确实让人耳目一新，卖不动、收入低、就业难的问题都一并解决了。诚如李昌平先生讲的“数亿的高度分散的小农，年复一年的从事无序、恶性竞争的生产经营活动”的根本原因在组织和金融供给无效的推断无法苟同，中国农民目前的处境只是一个全球化时代小农经济的一般的无奈的命运，不只中国，整个发展中国家的农民命运都这样，不从外部的大势找出路，“躺进小楼成一统”式的农村自救思路注定没有出路。而中国三农理论研究多年的最大成果是：三农问题本质上是工业化、城镇化带来的，三农问题的最终化解也要在工业化、城镇化的过程中解决，这就是现在的“四化同步”，下一步就是“五化同步”。

第四个是县域经济的发展转型要求。这几年县域经济发展压力比较大，经济不景气，财政支出困难，招商引资的土地与环境约束越来越紧，是需要一些新的发展动力。从成功实践的县域来看，电商能够带来县域经济发展的新动力，带动了配套的生产、加工、储藏、物流和电商服务业的发展，增加了就业，激活了消费，提升了人气，让县域经济注入了新活力。浙江这些年明确提出“电商换市”战略，一些县域在电商的发展中确实尝到了甜头，有经济，有民生，有政绩，还实现了绿色发展，县委书记、县长们何乐而不为！

第五个是新常态下的城乡统筹要求。城乡统筹推进已经十年了，有成绩，也有不足。其主要表现之一就是，在信息化的浪潮中，城乡之间的信息鸿沟却在形成。这个影响很严重，意味着农民在信息化的进程中又全面落后了，当智慧城市、工业4.0扑面而来的时候，农村依然在传统农业转型的道路上挣扎。不推进农村的信息化，城乡的统筹就缺了桥梁，农业的现代化也就少了动力。而推进农村信息化，互联网+就是一个突破口，电商是重要体现。只有把分散的小农业，通过互联网+形成一个大数据，充分实现市场对接，让农民特别是农村的年轻人能在互联网上掌握发展的主动权，才能从本质上破解小农经济的种种弊端。

三、农村电商发展才开始，多看看新事物的闪光点

目前的农村电商发展得怎么样？从整体来看，成绩还是可喜的，前景依然是

良好的。主要表现在五个方面。

1. 以青年人为主体的农村电商创业自发兴起

大量回乡农民工、返乡大学生和部分大学生村官，开始运用电商这一便捷的平台，销售农村土特产品，还有新农人群体普遍在运用电商载体。根据阿里巴巴研究院的数据，2014年阿里巴巴零售平台上注册地址在乡镇的农村卖家达66万个，继续保持高速增长；同年在阿里巴巴零售平台上的新农人群体突破100万人。

2. 农村电商要素开始在部分村镇聚集

出现“淘宝村”、“淘宝镇”这样的新事物，大量网商聚集在农村，以淘宝为主要交易平台，形成电子商务的规模效应和协同效应。截止到2014年底，国内已经发现淘宝村211个，涵盖网店7万个，直接就业28万人，并带来物流快递、包装等服务业大量间接就业，形成电商兴、百业旺、农村活的喜人景象。

3. 县域电商发展风生水起

2014年中国“电商百佳县”榜单表明，“互联网+”与县域经济相融合，拥有巨大的探索空间，县域电子商务快速、持续发展的过程，吸引了当地大量企业及上下游合作伙伴大规模参与、相互促进，电子商务正逐步与县域经济深入融合。比如位居“电商百佳县”之首的义乌，2014年电子商务交易额达1153亿元，当地网商在各大电子商务平台开通的账户总数超过24万个，远远超过实体商铺的数量。

4. 农产品电商深入发展

《2014~2015年中国农产品电子商务发展报告》显示，国内最大的电商平台上农产品的销售额从2010年的37亿元增加到2014年的超过800亿元，年均增速112.15%；2014年我国涉农类电商企业达到3.1万家，其中涉农交易类电商有4000家；2014年阿里巴巴零售平台上经营农产品的为75万个，较2013年增长61%，继续保持高速增长态势。

5. 电商下乡加速推进

自2014年10月提出“千县万村”计划以来，阿里巴巴农村电商战略已经在全国铺开，到2015年3月底，根据媒体披露的数字，“村淘”已进驻全国10多个省区市，覆盖800多个村，推进速度相当快；京东农村战略推进更为神速，到2015年8月已经建成县级服务中心近600个，招募乡村推广员10万多人，开设京东帮1000多家；苏宁易购服务站规模达到1000家，2015年将建成1500家。中国邮政也开始加速农村电商布局，遂昌赶街模式走出浙江在上千个村复制，村村乐、淘实惠等区域农村电商平台加速扩展。在一些地方可以看到，在经过初期的尝试后，农民的网购行为越来越大胆，由一般的服饰鞋帽、日用商品发展到采购大型家电、家具、健身器材等产品。虽然不能说目前电商下乡取得明显成效，但至少已经打开农村电商市场的缺口，农民的消费新习惯正在养成，后续的发展值得期待。

显然，从面上的观察可以看得出，农村电商方兴未艾，成绩不宜低估，未来不可悲观。

四、农村电商与金融并肩作战

在讨论农村电商的过程中，李昌平先生认为："内因是决定性的，外因是辅助性的。内生金融村社是内因，电商只是外因。在内因没有改善的情况下，外因所能起到的作用是有限的"，怎么看这一番论述呢？

首先。要承认，农村金融的问题，放到再怎么高的地位去论述也是合适的。2008年的十七届三中全会做出的《中共中央关于推进农村改革发展若干重大问题的决定》就指出，"农村金融是现代农村经济的核心"。而从一般经济理论来看，金融确实是经济发展的核心，也是所有产业资本的终极方向。

其次，要细分农村金融，内生金融只是农村金融的一小部分。农村金融的类别很多，既有商业银行的农村业务，也有农村政策性金融。还有以农村为主要阵地的三农金融，再就是农民的草根型内生金融。在目前农村的金融饥渴中，虽然商业银行提供的农村金融不乏雷声大雨点小的情况，但总体还是提供了大头，农民的草根金融只是毛毛雨。当然可以批评政策不给农民放开，但目前的农村金融现状至少是这样。

第三，是不是还给农民金融的权利，农村内生金融就会风风火火？应从多方面看待这个问题。一个是农民现在缺少金融人才和管理能力。多少本意良好的农村合作金融最后变成了高息揽储再放高利贷的"异形"钱庄，一遇风险，跑路频频。最近的江浙一带，农村合作金融负责人跑路的新闻再次出现。有人指责监管不到位，监管的手哪里够得着农民？在基层工作过的人深有感触，如果给农村的干部再讲大办农村金融，那么他们首先会跳出来反对，因为2000年农民合作基金会关闭后的"烂尾工程"至今有些地方还没有收拾完，新的问题再出怎么办？不是最后又成了基层政府的责任？还有人总是讲，台湾那边农民金融搞得就不错。大陆这边怎么不行。后来经过了解，发现一个情况，那边的农民金融用的都是城里的金融人才。我们什么情况呀？能请得起吗？另一个根本的问题在于，目前农

村金融的困境在于整个农村的衰败，一个连人都在大量撤离的农村根本不可能办起欣欣向荣的农村金融来。我也到基层去看一些农村合作金融的试点，听到的情况是，一年就开两次门，一次是放贷的时候，政府的注资和配套的入股，一开门就被农民贷完，然后就关门了；再一次是收贷的时候，这个门可能要开很多天，因为过程慢，还得好好算账。这种状态下农村内生金融，发育的日子还长着呢。

第四，为什么李昌平先生举例的珠海农村金融就行呢？其根本原因是，珠海的农村不是一般的农村，这里的人没有向外大规模流动，这里的地正在等着坐地生财，这里的村还有大量外来的人流、物流、资金流等着注入。在这种状况下，整合村内的资源，自己办一个内部银行，通融通融，合伙发财，自然有动力。所以，珠海的内生金融不具备普遍性，珠海的例子恰恰让一般农村的内生金融看起来更悲观，很难推得开。

第五。要农村电商还是要农村金融？目前农村都需要。但要注意，金融是必要条件之一，不是完全条件，不是有了内生金融，农村就起来了；而是农村有人有产业了，加上内生金融，会发展得更好。至于农村电商，对金融的需求要比一般产业少，因为目前的模式都比较轻，周转也快。农村传统产业需求最迫切的是资金，可谓“无钱难倒英雄汉”；而农村电商需求最迫切的是培训，主要是不会干，钱倒在其次。

第六，电商的终极方向也是金融，电商与金融会融合。李昌平先生说，“内生金融村社是内因，电商只是外因”；“电商是硬件，内生金融村社组织体系是软件”。真的是这样吗？这样的“拉郎配”式比较本身在逻辑上就有问题。至今还没有听谁说电商是硬件的，反倒都在说农村电商需要硬件支撑。电商和金融都是激活农村发展的重要动力，本身并不排斥，正在携手并肩前进，因为农村电商的发展过程，必然要连带推动农村金融发展。2015年元月汪洋副总理视察蚂蚁金服，令人振奋，颇有深意，即农村金融在内部破解无方的情况下，基于电商带来的互联网金融，能克服一般商业性农村金融的诸多缺点，如成本高、信息不对称、有效抵押不足等问题，而且效率高，十分便捷，发展迅猛。这恐怕是将来农村金融的重要方向之一。

农村电商形势比人强，农村电商的事情应该坚持“风物长宜放眼量”的基本态度，只要有利于农村农民，就让农村电商的“子弹再飞一会儿”吧！

第七章　农村电商创业

第一节　“互联网+”链接农业，农村涌现出的创业机会有哪些

2015年7月14日，国家财政部和商务部公布了2015年电子商务进农村综合示范工作的200个示范县名单，中央财政还将拨款20亿元，用于扶持农村电子商务的发展。对中西部，特别是老区农村电子商务的发展给予重点扶持，资金主要倾向于县、乡、村三级物流配送体系的建设。在这200个示范县中，中西部地区占到了82.5%，贫困县占比超过了过43.5%，每一个示范县都可以获得1000万元的项目启动资金。

同时国家还对示范县在资金的使用上提出了三方面要求：

一、构建完善的县、乡、村三级物流配送体系；

二、为县城电子商务公共服务中心和村级电子商务服务站的建设改造提供重要的支持；

三、开设相关的农村电子商务培训，向企业和农民传授更多的电子商务知识。

从以上国家发布的新政策来看，农村电商、农产品电商、农特微商以及农村物流的兴起将掀起一股创业热潮。其中能够抓住的创业机会有哪些呢？“互联网+农业”模式的出现，并不是指将农村的产品向城市输送，也不是向农村卖商品，而是以农村为中心构建一个生态体系，并通过鼓励当地农民创业的方式积极带动农村就业。

下面我将就在互联网时代，农村领域出现的几大创业机会进行一一解读，希望能对瞄准农村市场的企业以更多的启发。

一、农村电商和村淘创业

随着城市市场的逐渐饱和，越来越多的电商企业开始将目光转向了农村市场，电商渠道下沉开始成为一种趋势，京东、阿里巴巴等电商巨头也开始在县域、农村电商领域展开了激烈的厮杀。根据官方发布的数据显示，中国一线城市互联网网购人群的数量已经达到了4.5亿人，而县域以及农村电商市场的网购人

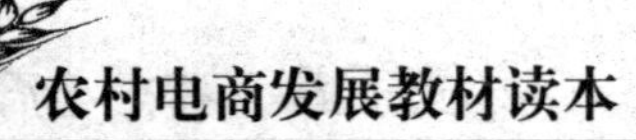

群已经突破了9亿人，这就意味着县域以及农村电商市场蕴藏着巨大的潜力。在互联网飞速发展的趋势影响之下，农村电商将在近几年得到爆发式的增长，同时也将掀起一股农村电商的创业热潮。

相对于城市来说，农村电商市场有自己特殊的属性和特征：

★农村的用户居住比较分散；

★农村领域的网购购物还处在萌芽阶段；

★随着农村生活水平的提高，农民对品牌商品的需求日益增长，但是却缺乏有效的购物渠道。

创业建议：要解决农村电商市场存在的问题，满足农民对品牌商品的需求，发展农村电商以及村淘站点不失为一个好办法，期待在农村电商市场有所作为的企业也可以趁势在农村电商市场上抢占先机，稳固自己在农村电商市场的地位。总的来说，在农村电商市场上有几种主要的创业模式。

1. 借平台创业模式

京东农村电商模式、阿里村淘。创业者需要向平台电商递交申请，当然只有满足一定的条件才有资格申请。

京东现在已经招募和签约的乡村推广员达到了数万名。构建的县级服务中心超过了100家，并新增500家县级服务中心。

阿里在2015年推出了村淘计划，大力推进“千县万村计划”，并计划在3～5年内投资100亿元，成立1000个县级服务中心和10万个村级服务站，惠及全国70%的农村人口。

2. 自主创业模式

将当地农户的需求集中起来，统一向平台下订单。这样的模式可以有效推动农村在互联网领域的创业活动。

★商机评估：这种创业方式可行性比较大，风险较低，不存在库存的风险，只要运营者具备一定的电商运营经验，选择具有互联网基础的农村进行试点，就可以取得一定的成效。这种创业方式关键是要在企业以及农户之间建立信任关系，因此产品的价格、品质以及服务等是吸引用户并建立信任关系的重要基础。

二、县域农村电商物流创业

从目前国内的快递网络来看，县级的城市基本上实现了快递网络的覆盖，但是从县级到村级的物流一直以来都是快递行业的一个痛点和软肋。因此京东、阿里菜鸟等电商平台为了实现在农村电商市场的布局，也在积极推进县到村的物流网络建设。

阿里巴巴计划在3～5年成立1000个县级运营中心和10万个村级服务站，支持其农村物流。顺丰也在加快布局全国农村的物流网络，采用了双向商流和物流通吃的战略。顺丰已经在农村领域展开了布局，物流网络已经覆盖了大约全国40%的乡镇。顺丰还积极鼓励员工回乡创业，带动服务网点的下沉，建立乡村站点，将快递直接送达至农村农民的手中，同时利用乡村站点为“城乡购”中土特产的物流运送提供重要的支持。

通过县级快递服务站的建立，实现与“三通一达”、顺丰等快递企业在县级网点的合作，如果单就一个县来说可能包裹数量比较少，但是如果能够建立县级快递节点站，那么就可以将多个县的包裹集中起来统一进行运送。这样一来在县到村的配送中，由于包裹数量比较集中就可以采用小货车配送或者采用滴滴打车的众包模式。

★商机评估：可行性大，风险较低，只要能够说服快递企业在各个区的区域总经理，同时还要对电商快递包裹流量的稳定程度进行风险评估，就可拥有一定整合和调度社会运力资源的能力。如果能够建立比较完善的县到村级的物流体系，那么对于农产品流向城市以及工业产品流向农村都有重要的意义。

三、农村刷墙创业

村村乐是全国最大的刷墙公司，依靠刷墙业务的公司，每年的收入能够达到几千万元，估值已经达到了10亿元。

★商业价值：刷墙业务牢牢抓住了农村互联网的入口。

★运营方式：招募网络村官进行线下推广，雇佣农民为其工作。

★数据：将农村1万家小卖部资源整合起来，对农村用户进行分析。

★策略：设计符合农民语言特色的刷墙语言。

随着村村乐知名度的不断提升，村村乐开始成为各大电商企业争相合作的对象。

★商机评估：农村刷墙实际上就是掌握了农村广告的入口，并且付出了比较低的位置以及劳动力成本，但同时这样的方式也将面临如下重要的挑战。

★吸引上游广告投放的客户，抓住意欲进入农村市场的客户：

★利用社会化的资源开展刷墙业务；

★语言要有一定的创意，结合农民的语言特色。

四、农产品电商创业（F2B和F2C）

F2B即Farm To Business，农产品直供模式，当前这种模式主要集中在城市，通过省去中间渠道，将产品直接从产地运送至城市的学校、食堂、机关、酒店等机构，这种模式已经在全国范围内广泛运用开来，并且有的已经获得了一定额度的风险投资。

上游的平台一定是与多个农业基地实现对接的，因此在基地端的创业者，可以通过给予农民一定的种植指导，去对接上游的平台，从而实现为农村电商的发展提供重要的支持。

F2C即Farm To Customer，线上多渠道模式，对于多品牌农业基地的产品，可以借助淘宝等电商平台，实现农场与家庭的对接，采用预售和订购的模式来销售农产品。

★商机评估：传统的农场主不仅不了解互联网，同样也缺乏品牌意识和商业化思维，因此这个创业机会值得年轻人去深入挖掘和整合，或许未来能创造更大的商业价值。

五、农特微商创业

2015年对于农特微商来说是重要的一年，农特微商迎来了井喷式增长。只要有地标性的特产，具备农特微商发展的基础，就可以进行农特微商创业。万人农特微商创业孵化平台正在积极筹备中，并且目光已经瞄准了600多个全国农特基地，对50个规模比较大的农特基地给予重点扶持。全国已经建立了20个农特微商创业孵化园。对接农特微商基地产品的渠道创业者都有资格申请渠道创业。此外，农特微商还积极打造全国的物流网络，为农特产品的配送创造良好的物流条件。

随着"互联网+"行动计划的提出，国家也越来越重视互联网在农业领域的深入渗透和融合，农特微商的出现将整个农村领域带进了一个新的发展阶段，万人创业孵化园的建立。也为农村创业提供了重要支撑。

适合开展农特微商创业的对象包括以下两类。

1．基地。地标性的农特产，具有独特的产品价值。基地的产能比较稳定，同时能够保证产品品质，符合当前的物流承运标准。规模比较大的基地可以运用品牌化的策略，中型的基地可以运用众包的品牌战略，而小型的基地和单品只需要做好心态运营。

2．渠道。只要能够懂社群，在农特微商领域就能实现快速成长，农特微商会向他们推荐比较靠谱的单品，结合基地就可以玩转社群营销，依靠一个单品就可以注册公司；如果还能为用户提供几次O2O体验，那么品牌的名声就能打出去。

或者是建立独特的微商运营体系，在农特微商平台上同时申请多个单品来做农特微商。

★商机评估：农业是一个具有较大挖掘潜力的行业，通常情况下，一个人工资的1／3是消费在吃上的，因此，农特微商具有较大的创业价值，可以推动成千上万人的创业，让每一个人都有机会成为独立创业者。

六、农村O2O服务平台创业

这里的O2O服务平台并不是指单一的物流或者是电商，如日日顺在全国拥有2万多个村级服务站，除了物流服务之外，日日顺也是一个提供家电送装、以旧换新的综合服务平台，在农村家庭的消费中赢得了更多的商业机会。

★商机评估：O2O服务对于村级服务站来说具有重要的意义，如果能在全国农村范围内建立O2O村级服务站，那么将具有重要的商业价值，不仅会吸引京东、阿里巴巴等电商巨头的目光，同时也会获得其他意图进军农村市场的品牌的青睐。

七、农资集中采购平台、农机融资租赁创业

农村集中采购平台原本是供销社的事情，但是由于其特殊的属性以及体制，供销社中没有一个能与互联网深度融合的，而今在“互联网+农业”趋势的影响下。这一领域也应该积极尝试变革。随着农村对农资、种子以及农业机械等需求的日益提升，在农村市场可以搭建一个农资的集中采购平台，如果是比较大型的农业机械设备，可以联手金融机构开展融资租赁，从而创造出更大的发展空间。

★商机评估：这个领域的商机，需要有多方面资源的支持，而且供销社可能会设置一定的门槛，因此创业者在这个领域进行创业的时候，可以选择相对比较发达、思想比较先进、对新事物接受程度比较高、深受互联网影响的农村地区。在资本的支撑下，创业者还应该积极与县级和市级的相关部门进行对接，在他们

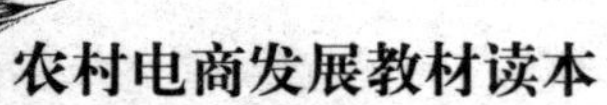

的协同作用下开展创业活动。

八、农村电商培训创业

在中央发布的20亿元扶持农村电商发展中，其中有一个方向就是开展农村电子商务培训，因此说整个农村电子商务培训也是一个巨大的市场，需要有具备一定互联网思维的人，深入到县域和农村进行交流和培训，向农民传授更多的电子商务知识。

★商机评估：既可以迎合国家政策的需求，也可以通过培训业务的开展带动创业，创业又可以为农村解决一部分就业问题。而且全国已经拥有了20多个农特微商创业孵化园，推动基地以及渠道的农特微商发展，这些申请农特微商的会员们会逐渐孵化成为导师，在自己操作农特微商的同时，会影响和带动更多人。

九、农村旅游平台创业

农业互联网化的发展趋势，不仅带动了农村市场的商品买卖以及服务，同时也促进了产业旅游业的发展，对于一些生产地标性特产的地方，可以通过搭建农村旅游体验平台，在为消费者提供乡村游以及特色产品体验的同时，带动农特产品的销售。2015年6月，农特微商领域的知名品牌“简小妞燕窝”开展了一场走进马来西亚的燕窝寻燕之旅，获得了比较好的品牌传播和营销效果。

★商机评估：这种创业形式不需要太多商业化的推进，只要能够将全国的农业基地以及农特基地整合起来，然后将农特产品的旅行体验粉丝作为主要的消费群体，就可以在带动农村旅游的同时，推动农特产品的营销和推广。

第二节　鲜活农产品电商创业的5大运营思路

衣食住行是人们生活中不可或缺的四大要素。而随着互联网的飞速发展以及在人们生活中的渗透，衣食住行开始摆脱传统形象的桎梏，以一种全新的面貌呈现在人们眼前。

在这四大要素中，衣为先者，淘宝就是依靠服装鞋帽逐渐成长壮大起来的；在食品方面，各种团购网站的兴起正在一步步瓜分传统的线下市场；在住、行方面，携程、途牛以及58同城等网站在极力追求对线下市场的覆盖。

在以上四大要素中，食品方面未经加工的原材料可以算得上互联网还未涉足的处女地带，同样也具有较大的市场空间。阿里巴巴、顺丰以及中粮等大企业开始涉足这一领域，但是却都停留在初期的探索阶段，还未进行更深入的发展和开发。因此，随着新一代消费主体的崛起以及人们生活水平的不断提高，鲜活农产品网购将逐渐成为一种热潮，这也将是推动农产品行业发展进入一个新阶段的重要节点。

现在，中粮、首农已经在地铁站投放了相关广告，鲜活农产品网购领域开始出现竞争场面，这一点在一线城市表现得更为明显。褚橙在网络上的火爆营销，给很多还在徘徊的投资者带来了信心。高端的农产品以及有机农产品，在市场上受到了越来越多的欢迎，因此其市场前景也被广泛看好。

鲜活农产品电商市场作为一个刚兴起的领域，得到了众多企业和商家的青睐。鲜活农产品电商应该怎样运作呢?

一、选择布局在二三线城市

之所以选择在二三线城市布局鲜活农产品电商，最主要的原因就是规避一线城市的激烈竞争，一线城市往往众星云集，实力也比较雄厚。如果在一线城市与他们竞争，不仅不会占据任何优势，反而会陷入进退两难的境地。

有个好的建议是创业者可以选择竞争形势相对比较缓和的二三线城市作为突破口。有人或许会对二三线城市的市场前景提出质疑，但是从淘宝发布的官方数据显示，三线城市的购买力要大于一线城市，造成这种结果的原因是多种多样的。比如京东在一二线城市斥资的举动，最后并没有收到预期的效果。而且一线城市的生活节奏比较快，相较于自己做饭来说，在餐馆消费人更多一些，因此创业公司最初将鲜活农产品定位在一线城市并不是一个明智的选择。

高端农产品以及有机生态农产品与普通农产品相比拥有更高的附加值，而且在市场上也得到了消费者的普遍认可，这才是正确的产品定位。有人提出这样的疑问：高端和有机生态农产品固然附加值高，但是产品单价也要高，而二三线城市收入较低，消费者会愿意为这高附加值的产品买单吗？事实上关于这个问题，我们可以这样来思考：

（1）食品安全问题一直是国家最关注的问题之一，而且一些特殊的人群，如儿童、老人以及母婴等需要通过一些有机食品来满足自己的生理需求；

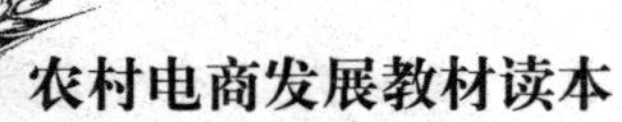

（2）淘宝数据显示，三线城市的购买力与一二线城市相差并不大；

（3）鲜活农产品只有在靠近产地的时候才能保证其鲜活性，因此在二三线城市更适合做鲜活农产品电商。

对创业者来说，选择在二三线城市创业，不管是在人力、仓储还是物流方面付出的成本要远远低于一线城市，从而可以让创业者有更多的资金促进企业的发展，并且也不需要面临激烈的市场竞争，可以集中精力专注于鲜活农产品的经营。

二、物流难题（冷链）及关联销售

要做好鲜活农产品，最关键的就是要解决好农产品的存储以及物流配送问题，这就需要搭建完善的冷链系统，顺丰凭借自己在物流方面的优势推出了顺丰优选，而中粮我买网也搭建了相应的冷链配送体系。阿里菜鸟物流业在冷链方面投入了大量的资金，用于鲜活农产品的存储和物流运送。而对于初创企业来说，由于在资金方面一般没有优势，因此在二三线城市搭建冷链物流相比在一线城市投入也比较少。

而且二三线城市往往只需要3～5台冷藏车就可以满足配送需求了。根据产品的附加值的高低以及电商企业存储的难易程度，制作了一个四象限图，如图7-1所示。

通过此四象限图结合实际的农产品，可以将鲜活农产品进行分类，并结合农产品存储的难易程度，制定出比较合理的搭配销售，将保质时间相同的产品进行关联销售，从而推动整体的销售。

例如，豆腐和鲜肉都属于保质期比较短的产品，而且储存也比较难，因此可以将这两种产品作为关联产品进行销售，在销售鲜肉的同时，将豆腐以低价的形式卖给消费者，之所以会出现这样的产品搭配，也是出于对消费者实际生活中的考虑，一般在生活中经常需要购买的食材基本都是价格比较低并且也难以保存的，因此这种关联销售能满足消费者对产品的需求，从而增强消费者对平台的黏性和忠诚度。在这一方面，阿里巴巴做得比较到位，依靠支付宝将用户牢牢地黏在了平台上，然后再与用户讨论收费的问题。

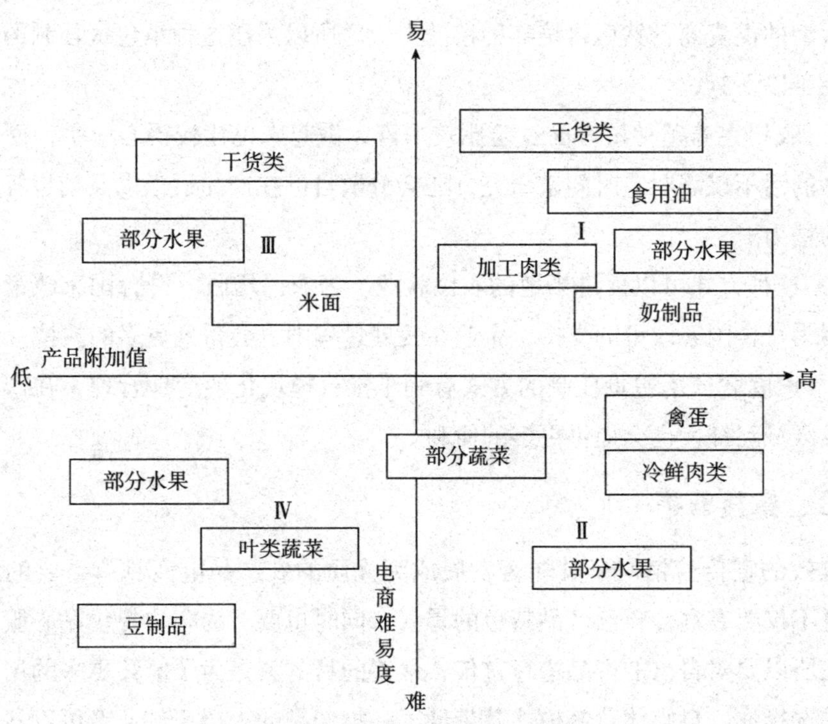

图7–1　产品附加值与电商存储难易度

还有一种关联销售的模式就是按照菜品进行销售，如根据某一道菜中所需要的原材料将各种食材组合起来打包进行销售，这样不仅可以为消费者省去了寻找食材的麻烦，同时也可以带动商家的产品销售。

三、按需订制及小米模式

在国内，过节发放福利已经成为一种常态，因此在逢年过节之前，初创企业可以准备一些产品，如土鸡蛋、黑猪、土鸡等，并根据企业的预订需求来进行供给，同时也可以融入更多的创意。如在企业开展农家乐活动的时候可以认养土鸡、猪羊等，在饲养之后就可以再将其卖给企业。

还有另外一种做法就是，如商家最近要出栏一批牛羊肉，那么就可以放在网络平台上让客户预订，根据不同的品质标注出不同的价格，供客户选择。

四、家庭联产承包责任制

创业者可以将具体的生产工作承包给农户，由农户提供实际的劳动力，而创业者只要给予相应的技术上的指导，并在最后收购的时候进行检验即可。可以先

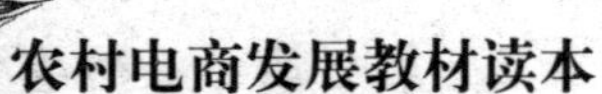

选择大型的供货商，然后再培养种植散户，之所以采用这种承包责任制的方式，原因在于以下3点。

1．农户在养殖种植方面经验比较丰富，做起来也比较得心应手，而如果要自己做的话不仅需要花时间来研究，还会分散自己在产品运送以及销售等其他环节上的精力。

2．这种方式可以促进当地的农民就业，为农民增收，符合国家政策需要，而且因为符合国家政策的支持，企业在发展过程中也会得到更多的扶持。

3．家庭联产承包责任制的方式有利于推行模块化的产地管理，在产品的协调以及区域互补上也会提供更多的便利。

五、宣传营销

有效的宣传营销对于其能否发展成为优质的农产品电商具有重要的意义。创业者不仅要有宣传自己产品特色的勇气，同时也要有为客户提供贴心服务的理念。之所以要对自己的产品进行宣传，最终的目的就是为了能让更多的用户了解你，并选择你。自媒体营销模式就带动了一批产品的火爆，创业者可以从中进行一些借鉴。

第三节　农业创业者必须首先解决7个问题

一、选准创业切入点

对创业者而言，在创业的开始阶段最关键的就是要选准创业切入点，这不仅决定着企业的发展方向，也关系到企业最终能否成功。

虽然有些企业属于同一个领域，但他们所处的环境和各自的发展状况都不一样，企业在经营过程中应该明确自身的优势所在，并在此基础上找准产业链的切入点，即使切入点不同，企业也能开辟出自己的发展道路。创业过程中也会出现类似的现象。例如，现阶段农业创业领域中最火爆的当属生鲜电商，但其发展还处在探索阶段，最关键的还是切入点的选择，而不是急于扩展规模，否则只能始终处于弱者的地位。并且越来越落后。

2015年，电商领域中发展规模位居前列的当属阿里巴巴、京东，很多知名企业也在该领域重磅投资，不断完善自己的电商平台，这给资金有限的创业者带来巨大压力。一些小规模垂直电商企业试图通过完善物流体系来获得持续发展，然而京东和顺丰在这方面早就积累了多年的建设基础，其他竞争者就算是投资规模很大，也不可能在短时间内赶超。

现在还无法预测巨头什么时候能够成功收购沱沱工社。垂直企业的运作方式就是将一系列高端产品包装成能够吸引更多消费者注意的形式，这是农产品电商处在探索阶段的情形下可以实现的，但还无法与大众生鲜电商匹敌。企业会在今后的发展中不断降低各个环节的成本消耗，大规模企业还会以不同方式来经营自己的产业链，有些企业会补贴生鲜类产品的运作，巨头迟早要将垂直电商纳入麾下。

二、深耕上游才是创业者的最佳姿势

互联网巨头企业涉足农产品电商领域的时间比较早，其边际成本也不高，简单来说，进军该领域是丰富其经营业务的多样性。巨头企业无论是在产品推广还是物流体系上都积累了发展资源，创业者和他们竞争获胜的可能性很小。深耕上游才是他们的最佳姿势。

中国农业产业在上游存在一系列阻碍因素：农产品缺乏统一标准、粗放型生产、不明确农产品的原产地等。然而着手于该行业上游的发展很难，很多创业者不愿尝试。京东虽为互联网巨头，却进军农村地区，为了形成农产品的统一标准，提倡农户使用他们认准的作物种子，涉足生产环节，目标是最终完善整个产业链。

中国农业产业的上游建设还要经历漫长的时间才能过渡到成熟阶段，作物品类多，又受到具体地理环境的影响，若要深耕上游，应该找到最具开发潜力的农产品。虽然发展电商平台给人一种很上档次的感觉，但对于创业者来说，最重要是要生存，而不是和巨头企业竞争。农业企业普遍缺乏品牌意识，要明确产品定位，借力于互联网电商平台的发展，注重冷链物流的应用，建设企业品牌。以期获得消费者的认同。

三、农业创业的“七把剑”

1. 加强生产环节的控制，提高产品质量

针对农产品品质较低的现状，应该加强生产环节的控制，制定作物种植的标

准，并以产品质量作为级别划分依据。光靠投资是解决不了这个问题的。应该把重点放在农户和土地资源的整合上，如果做得不好，就会影响整体经营。投资虽然重要，但人力资源方面的阻力更大。多数科技人员不愿意深入到农村地区，要解决这个问题，就要发展本地区的农民科技人员，这样可以避免外来人员流失的情况。

关于土地资源的整合，创业者受到资金的限制，不能像佳沃那样采取大规模收购土地资源的方式，但可以借鉴他们是怎样处理与农户关系的。

★企业投资租地，全面经营。

★和大户达成合作关系，获得土地管理权，企业负责产品销售，向大户提供生产技术。

★企业制定种植标准和质量标准，进行技术指导并给予补贴，负责产品销售，这在产品质量有保障的地区可以实行。

京东在这方面采取的措施与上述方法有共同之处：企业制定标准、承担部分生产资料，基地负责作物生产。企业和基地的关系向松散化方向发展的可能性比较大，基地承担自身的职能，降低成本消耗。不过现阶段，我国由农户负责的农产品生产质量不高，还是应该加强管理。

2. 租地不是创业公司的唯一选择

创业者的资金没有巨头企业那么多，不能大规模租地，农户也可能产生质疑，应该先与一部分农户达成合作关系，建设合作基地，对农户的生产活动给予帮助，还要发展企业品牌，然后再进一步深入。如果不能建设合作基地，企业也能制定标准，据此找到合适的产品进行推广，先建立自己的品牌，发挥品牌效应，寻求农户合作建设基地，加强产业链上游管理。

不管怎样，创业公司都要联手那些有信誉保障的农户，即使刚开始不能建设合作基地，也不能放松质量要求。

3. 做好初创环节的品类选择

我国幅员辽阔、地大物博，有各种各样的农产品，说一个品类可以形成一个产业也不为过。现阶段农产品电商还没有被农户普遍接受，冷链物流也有待发展，创业者在寻找切入点时要考虑其风险性。

举个例子，三只松鼠主营干果品类，这种产品不会在运输中产生损耗，库存难度小，标准实行也比较顺利，不过干果已经不属于生鲜产品。另外，三只松鼠根据自身实力，没有一上来就构建平台，而是选择合适的产品，不断扩大业务范围。优菜网之所以没有成功，不能保证产品的质量和供应是其原因之一。

相比于蔬菜产品，水果的储存时间更久一些，标准实行的难度也降低了，所以多数生鲜电商会选择水果而不是蔬菜。海鲜、肉类产品的经营难度更高，因为它们对冷链物流的要求高，标准实行也不容易。创业者应该根据自己的能力，不要轻易尝试那些运营难度高的品类。

4. 本地化和体验经济大有可为

优菜网惨败，其创业者断言，平台类企业不能选择生鲜品类，垂直企业做出这样的选择是自寻死路。不过甫田网和生活网的发展实例证明，本地化经营可以避免很多风险，而且他们运作的高端产品能够弥补成本方面的损耗。

本地化还有一个好处，经营者能够全面提高消费者的体验。没有打造出消费者满意的体验是优菜网失败的原因之一，大多数用户已经习惯了去附近的菜市场买菜，不可能一下子转移到网络平台上，应该让消费者体验到线上买菜的便捷之处。青年菜君就是这样做的，他们为上班族准备了成品菜的材料，切实满足了消费者的生活需求。

借助于线上平台，针对本地消费者的生鲜电商可尝试提高选购过程的互动性和趣味性。中老年妇女是城市中主要的买菜群体，她们的空闲时间多，很想从日常生活中体验到更多乐趣。

上游产品发展到一定阶段后，如果产品的多样化有限，也可以联手零售商应用B2B模式，这种方式不仅能降低物流方面的消耗，提高运作效率，还能提高自身品牌的影响力，而且不会给其他竞争者带来威胁，还能深耕线下产品营销，增强消费者体验，逐渐形成自己的发展模式。

5. 根据产品特点来打击假冒伪劣

随着品牌知名度的提高，假冒伪劣产品问题也日渐突出。有消息揭露，昆明在售的褚橙九成是冒名产品，该品牌的信誉也因此受到损害。即使现在可以扫码验证，但还是不能排除假冒伪劣产品的可能，因为二维码可能也是假冒的。如果能够按照品类特征来打假就能事半功倍。褚橙品牌的知名度已经很高了，该产品可以学习小米打假的方法，指定销售商、限定渠道。若能从产品生产环节一直到销售终端都可以通过扫描验证，就能避免假冒伪劣产品的困扰。

比如褚橙，有自己的官方网站，他们所有的产品都有二维码标志，通过扫

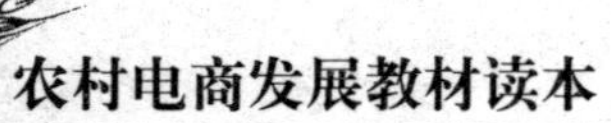

描，消费者可以查询产品信息。举个例子，产品从新平金泰公司发送至本来生活网，在网络平台上销售。当消费者订购该产品时，网站会把交易的时间、价格等都输入其中，消费者可以通过二维码查询所购产品从生产到消费环节的相关信息，对产品质量放心。

并不是所有的渠道商都可以输入二维码信息，需要经过褚橙官网的批准，而且二维码中包含的信息是唯一的。通过查询二维码，消费者可以对照，看与交易信息是否一致，则产品真假一清二楚。另外，该信息在官网可查询，这就避免了鱼目混珠现象的发生。

6. 在消费过程中加入人与人的连接

用户与用户之间、用户与产品之间、产品与产品之间的连接是互联网思维注重的一个侧面，能不能把用户的消费过程也延伸成用户与其他人之间的连接呢?

有些产品的销量不好并不是因为产品质量有问题，而是出在销售方式上，可以尝试把创业者的创业历程或生产者的相关事迹体现在商品的外包装上，这样消费者会对产品的质量更放心。另外，消费者还能了解创业者或者生产者的故事，甚至可以与其互动。

通过查询二维码中的信息，消费者可以知道生产者的联系方式，如果对产品质量不满意，消费者可以直接咨询生产方。除了减少消费者的担忧，还能发挥品牌效应，以借此连接方式开发其他业务，如加强对生产地区旅游景点的宣传，不断积累长期用户。

7. 注重品牌建设和标准的制定

在经营生鲜产品的电商企业中，褚橙是一个比较典型的代表，在那之后他们又尝试了潘苹果和柳桃，但并未成功，毕竟营销方式只是生鲜产品经营的一个方面。柳桃也曾面向社会聚集众人的智慧来寻找自己的出路，孟醒（雕爷牛腩创始人）针对该产品提出的方案是，在联想的品牌效应和国外产地的基础上，制定能在全球实施的柳桃标准，将联想的标准拓展至整个领域都能应用，突破褚橙式的发展思路。

不管企业的具体发展规划是怎样的，品牌和标准都是不可或缺的两部分，品牌能够突出企业的独特性，标准则是品牌的基本框架构成，品牌以标准为基础才能获得长足的发展。如果某商品实现了标准的品牌化，就能成为该领域的典型代表。可以说，在某个领域建立起统一标准的企业，可以驾驭所有的电商经营手段，该企业也能成为这个领域中的掌舵者。随着互联网的普及和发展，会有越来越多的生鲜农产品拥有自己的品牌并制定产品标准，因此要将统一标准的制定作为战略组成部分。

行业变革是一把双刃剑，传统企业会因此面临压力，新兴企业可能会看到更多的希望。现阶段我国正处在变革之中，企业想要在竞争中脱颖而出就要有所行动，要运用先进的技术，明确自己的优势所在，根据当前所处的环境，找到顺应社会发展潮流的发展方案，这样才能获得持续性发展。

第四节　玩转农特微商，把握下一个爆发点

随着现代科学技术逐渐融入农产品从种植、生产到销售的整个环节，农产品的产量得以提升。而移动互联网的发展以及农民网购意识的养成，扩大了农产品的销售渠道，除了可以在网站上展示外，还可以通过微商销售。未来，微商销售农特产品是必然趋势。

农特微商在2015年的发展势头正猛，微商作为移动互联网兴起的一个新领域，引起了新农人的重视，纷纷投身农特微商。相比于传统的销售方式，微信营销更适合农副产品的销售。移动互联网的发展，使信息趋向透明化，消费者可以了解到农特产品产业链上的各个环节，从农产品的种植到成长，再到采摘、包装、销售、运输等，完全实现信息的透明化，从而可以让消费者放心购买，加强了消费者对农产品的信任。

一、农特微商的4种模式

1. 认领

2013年，认领模式开始兴起，按照“亲身种植—农耕劳作—远程观察—送货上门”模式，为认领户主提供技术指导和托管耕种服务。

认领模式也就是主人制模式，认领户主对土地有使用权。通常，在农村采用这种管理模式的一般是有机绿色农产品，如有机大米、土豆、脐橙、香菇、蜂蜜等。认领的户主无需到田地里亲自作业，而是让农民统一管理，只需告诉农民自己想种植什么农作物即可；或者认领户主也可以在周末的时候，带朋友、家人到认领的土地进行农业活动，如种植、浇水、施肥、采摘等，体验乡村生活。认领

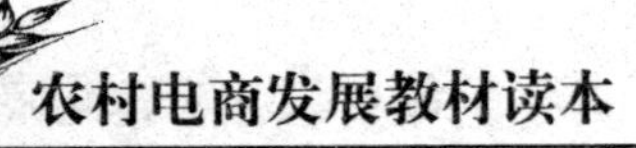

户主在离开田地之后，还能通过互联网远程监控，实时了解农产品的生长情况。

认领模式除了可以让户主体验田园生活，增加农民收入外，最重要的还在于，认领户主通过远程监控，实时了解农产品的生长状况，确保自己所吃的粮食蔬菜都是绿色无污染产品。随着环境问题日益严峻，食品安全成为人们最关心的问题，而认领模式能为人们提供大量的绿色有机产品，必将有很大的市场潜力。

2. 预售

要想提高农民收入，最关键的一环就是扩大销售渠道。在农村，经常会出现供大于求的情况，这意味着农产品积压，甚至腐烂变质，农民的付出与回报不成正比。而预售模式则能改善这种状况，在种植农产品之前，根据消费者订单确定种植清单，有效规避风险。农民可通过微信朋友圈、微信公众号以及社区等进行预售。

那么。预售模式又有哪些优势呢？

（1）市场反馈

通过预售，农民可以了解市场需求情况，根据客户的需求相应地种植农副产品，避免供不应求或供大于求的现象出现。

（2）用户数据

通过微信朋友圈、微信公众号进行预售，可以预先获取客户的基本信息，如姓名、地址、职业、手机号等，统计客户数据，分析客户的喜好，从而有针对性地为客户提供服务。

（3）降低风险

预售方式可以降低农民的损失，通过提前了解市场详情，种植消费者需要的农作物。大部分农产品的保质期都比较短，如果没有及时出售，很容易造成产品积压，甚至腐烂变质。

预售模式虽然可以根据市场反馈，有针对性地种植农作物，从而降低风险，但是预售模式操作流程复杂，相关的信任体制机制还不完善，在实际运营过程中，消费者很难相信农民，提前下单。因此，在采用预售模式之前，还要具备以下要素。

（4）人脉

移动互联网时代，也是粉丝经济时代，庞大的粉丝团会带来巨大的经济效益，预售模式的顺利运营依赖于粉丝群体的庞大，在好友有限的朋友圈里预售，根本无法达到预期的目标．如果没有粉丝，可以与一些微博大V、名人进行合作，依托他们的粉丝进行营销。

（5）信誉

预售的顺利运营还依托于农户的信誉，只有对信誉足够高的农户，消费者才会放心下单，才会提前支付。

（6）品质

在信任的基础上，消费者提前下单、支付，而农民也不能辜负消费者的信任，必须保证农副产品的质量以及品质。将那些品质较好的农副产品通过微信预售，确保消费者的利益不受侵犯。

（7）感恩

农民与消费者之间的关系，不是单纯的卖家与买家关系，农民也不能仅靠产品的品质出售营利，还需要为消费者提供富有人情味的服务，感谢他们的无偿传播，如向消费者致以新年问候、生日祝福以及赠送礼物等。

3. 众筹

众筹最先出现在互联网金融领域，将其运用于农业领域，还属于一个新的理念。

类似于预售模式，农业领域的众筹也是农民根据消费者的需求种植农作物。消费者事先向农户支付费用，待到农作物成熟之后，农户再将农产品运输到消费者指定的地点。这种众筹模式被称为订单农业，根据订单量进行农作物种植，以此降低风险。

在咖啡众筹、房产众筹、影视众筹之后，农业众筹也开始进入人们的视野。2013年2月，综合性众筹平台众筹网正式上线，提供投资、运营等服务，将农业作为发展的重要领域，与汇源集团、三康安食、沱沱工社等进行战略合作。

目前，众筹模式已引起国内农产品领域的重视。2014年1月，本来生活网与众筹网联合推出了国内第一家农业众筹平台——尝鲜众筹，合作推出延安宜川红富士项目，精心挑选苹果的品类进行营销。

第一，苹果消费者的数量非常庞大，具有巨大市场潜力。

第二，山东、辽宁、河北、北京的红富士对于消费者来说，已经非常习惯，

不算特产了，而延安宜川的红富士对于消费者来说还很陌生，再加上本来生活网的创意营销，使之具有很大的市场前景。

但是，尝鲜众筹与众筹的风格、创意属性并不相符，并且农产品的产业链较长，而保质期较短，无法保障农产品在运输途中的质量，为用户提供满意的服务。

经过多次的探索后，众筹网明文规定，禁止食品、农产品、酒类等产品在其网站上发布，而农业众筹网站则关注农产品的种植、采摘、运输、销售等各个环节，突出家庭直达农场的经营理念，将城镇消费者与新农人密切联系起来。

农产品的众筹模式有很多，如消费型众筹、股权型众筹等。目前，随着农村新农人群体的壮大，一些新的农产品众筹模式正在兴起，如端午众筹一个粽子品牌，以每人的出资金额分配股权。

4. 会员制

纵观目前的市场环境，会员制遍及各行各业。餐饮、酒店、电影院、百货店等都在利用会员制吸引消费者的二次甚至多次消费，会员制同样也适用于农产品领域。从形式上看，会员制与认领制、众筹制相同，都是消费者提前支付，农户根据订单确定种植农作物的品种；但从本质上看，会员制与认领制、众筹制之间还存在很大区别，那么，与其他模式相比，会员制有哪些优势呢？农户在什么样的情况下，采用哪一模式才能达到预期的目标呢？

通常来说，会员制以其专属、定制、独享的优势，适合农场或是订购农产品的经营模式，而众筹和认领的适用范围则相对来说比较广。

农庄在经营过程中采用会员制，每个用户需要5万元的加入费，并且可获得价值5万元的农产品，还可以随时带着家人和朋友来农庄体验生活，这是会员享有的特权；而农产品的会员制，则需要用户预先支付1年的费用，农户每月为客户快递农副产品，这项业务只针对会员，非会员顾客无法享受这一服务。例如，蜂农采用会员制的经营模式，在收到会员的1年的付款后，每个月为客户快递1瓶蜂蜜，一年共12瓶，并且每个月快递不同口味的蜂蜜，包装也采用不同的风格和花样，为会员客户量身打造，体现贴身服务。

二、农产品的短板和优势

1. 农产品的短板

（1）季节性短

通常而言，水果、腊肠、腊肉等农产品的保质期短、季节性强，受季节和天气的影响较大，很容易腐烂变质。

例如，完成板鸭产业链上的各个环节，包括生产和销售等，总共只有3个月的时间，真正的热销时间只有短短的1个月，致使在板鸭的生产环节必须控制产量，以防出现货物积压、过期变质或者无法满足消费者需求等问题。

（2）受众人群窄

虽然特产是一个营销亮点，但除了水果之外的大多数特产只在当地有市场，由于饮食习惯和风俗的不同，当地居民很难接受其他口味的特产。例如，江西、广东人喜欢的板鸭，在浙江以及北方地区却很难有市场。

（3）利润低

目前，我国的农产品市场利润很低，一般低于20%，致使农民的生产、销售积极性很低。微信的营销模式是代理，而农产品的利润极低，根本无法支撑微信代理模式，只能依靠自己销售，而运费又增加了成本，不利于农产品的销售。

（4）运输成本高

一般来说，农产品尤其是水果的季节性以及保鲜期比较短，很容易受天气的影响，出现变质发霉现象，无法保障其在运输途中的质量。而如果要确保水果等农产品的品质，需要对包装、物流投入大量的资金，再加上农产品自身的利润不高，导致很多农户亏本。如果用提高农产品的价格来弥补亏损，客户的数量将会大大减少。

以蜂蜜为例，为了确保蜂蜜在运输的途中不发生侧漏、瓶子破损等状况，需要在包装上投入大量资金，使用气泡、加固等方式，而蜂蜜自身的利润很低，造成高成本、低利润的现状，加剧了蜂农经营的难度。

2. 农产品的优势

（1）资源短缺

特色农产品之所以能冠之“特色”二字，源于这种农副产品只在当地生产，而在其他地方则是稀缺产品，如云南产玛卡、赣州盛产脐橙、广东盛产荔枝、湖北随州产香菇等。因此，这些特色农产品就在非盛产地广受欢迎。

（2）受欢迎程度高

特色农产品具有强烈的地域性特征，因此除了在当地受欢迎之外，也深受全

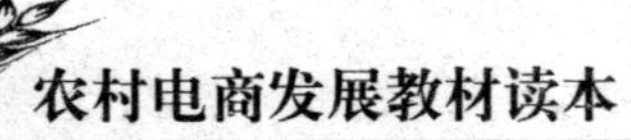

国各地消费者的喜爱，尤其是水果。

（3）适合讲故事

每个农产品的背后都有一个兴起发展的故事，可以是产品自身的故事，也可以是当地的文化或挖掘人的故事，这些故事的流传提高了产品的知名度与影响力。2011年，褚橙依托其种植入褚时健的名气出现在大众面前，并深受消费者欢迎；随后，模仿褚橙的案例也都获得了一定的成功，证明了依靠故事来营销产品的方法可行。

（4）有地域文化

特色产品和农产品一样，都具有地域属性，而依托文化属性的营销更能从情感上打动消费者，引起他们的共鸣，从而刺激消费欲望。因此，农民在销售自己的农产品时，可以从文化和情感的角度去吸引消费者。

三、农特微商的三种营销策略

1. 打造品牌故事

大部分的农产品种植方式、口味都大体相同，而如何能让消费者在众多的农产品中选择自家的农产品，是一直困扰微商的难题。微商在销售农产品时，要从情感上打动消费者，引起他们的共鸣。

2012年，褚橙大卖，其热销很大程度上是因为种植人褚时健的励志故事，以及互联网的传播，人们在同情褚时健晚年的同时，也对他种植的褚橙产生了强烈的好奇心，虽然市场上脐橙价格一般为每斤4～7元。而褚橙的价格为每斤15～16元，但褚橙通过品牌人格化和故事营销，从情感上打动了消费者。

占据了大部分的市场份额。褚橙的成功无疑证明了品牌故事在产品营销中的重要作用。

2. 提升产品的趣味性

在移动互联网时代，用户更容易被趣味性的东西吸引，尤其是微信的用户大多是“80后”、“90后”。他们购买产品除了实用之外，还会关注是否具有趣味性。目前，很多营销者都抓住消费者的这一心理，将互联网与产品相融合，以期吸引消费者的注意力。

因此，微商在销售农产品时，经常会从产品的名称、包装、文案、推广等方面寻找能吸引消费者眼球，的亮点，让产品营销深入人心，激发消费者的购买欲望。

那么，微商如何使自己所营销的产品吸引消费者的眼球，从而引起他们的共鸣，可以参考以下几点。

（1）品牌名。简洁好记，读起来朗朗上口，并与所营销的产品有关联，让消费者一看就知道卖的是什么产品，不能只追求华而不实的名字，如芒果可以叫好芒，蘑菇叫蘑蘑哒，玉米叫包谷包养，苹果叫十二个苹果，柚子叫李金柚等。

（2）包装。包装要美观大方，具有吸引力，让消费者看了第一眼后就想购买，留下完美的第一印象，由于农产品的利润较低，因此在包装上要尽可能地节省成本，但必须美观、实用，具有趣味性。由于传统的包装不适合拍照，也不符合现代人审美要求，因此并不适合通过微信营销。因此，微商要在产品的包装上投入时间和精力，推出符合大众消费心理的包装设计。

（3）产品文案。微商主要是通过文字和图片去营销产品，因此，除了产品的包装要吸引人之外，还要配上具有吸引力的文字，产品的热销离不开文案和图片的配合，其中，文案起着介绍产品功能的作用。同样的产品，文案策划得好的那一款，必将比另一款产品销量好。

（4）产品附件。相同功能的产品在市场竞争中取胜依靠的是产品附件，即在大体功能相近的情况下，通过附加的功能赢得消费者的青睐，从消费者的立场出发，进行创新研发。随着三只松鼠推出了产品体验服务之后，越来越多的产品开始竞相推出类似的服务。例如，柚子不容易开，商家可以为消费者附送一个开柚器，在低成本的前提下，提高了服务质量，让消费者获得满意。

（5）营销文案。产品的名字、包装、文案等工作已准备就绪后，剩下要做的就是销售了，但不是毫无策略的销售。营销文案的质量关系到产品的销量，有吸引力和趣味性的文案，更容易通过互联网传播，提高品牌的知名度和影响力，同时也更容易引起消费者的关注。

（6）其他。除了通过广告营销之外，还可以经常举办一些小游戏，吸引消费者的参与，可以在微信公众号、朋友圈，也可以在线下举办。

通常而言，品质好的产品，消费者更愿意主动去传播，在无形之中成为了产品的代言人。

3. 制造产品的爆点

当产品的前期准备工作都已做足之后，就要面向市场进行销售了。那么，如何让产品一上市就吸引人们关注呢？各大朋友圈都充斥着关于产品的讨论呢？这

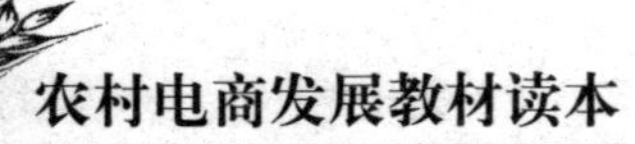

时，就需要制造产品的爆点，可以是事件、产品或需求爆点，商家可以根据具体情况自行选择。当引爆了产品的爆点之后，销量的问题便得到解决。

第五节　农特产品微商制胜未来的10大关键问题

2015年是农产品微商全面爆发的年代，围绕食品展开的农业发展借助互联网平台开启了发展新模式，不仅依托互联网大数据、平台等资源，而且还逐步形成品牌化经营，拓展多渠道经营，还充分利用微信、社群等平台。此外，新模式下要做到供应链扁平化，组建物流网络，这是如今微商时代下需要面临的新模式。

农特产品做微商的过程中也面临着不少问题，为此，我对国内400多家农业基地的经营进行研究，总结出农特产品微商所普遍存在的10大问题，存在于微商角色定位、供应链、物流等多个方面，每一个问题都不可避免，需要打起精神来应对。

一、热门产品选择

微商是农特产品拓宽新渠道的一种有效方式，每一家农特产品都希望通过这种“流行方式”来打开自家产品的销路，但问题在于并不是每一个产品都适合这一渠道。微商运营主要的核心在于热门产品，选对合适的产品是经营顺利的前提。微商营销存在其特殊性，单品的选择要注意产品能否以其特殊的方式讲述品牌故事，还要考虑物流、包装、冷链、晒单等多个细节，同时也要认真对待产品所精准对应的消费体。

大多数农特产品具有季节性的特点，因此要在全国建立一个数据库，筛选列出全年农特产品清单，而且单品需要适合微商运营。

二、标准化体系的建立

标准化问题是农特产品微商发展的关键，要想产品实现标准化，那么具体环节如卖价标准化、物流SKU化、包装的标准化、市场定位精确化就必须要一一做到位。

实施标准化的过程不仅仅在于关注其最后的成品和外观，种植过程的一系列因素都会对产品质量产生直接影响，如光照和水分会影响口感和色泽。再者物流过程的标准化也是极其重要的部分，运送或者包装不当会造成不必要的损耗。不同的产品包装方式不同，有的适合直接进行单品包装，有的则适合在分拨地进行再包装。

所以农特产品微商要建立标准化体系，必须在从生产基地到客户手中的每一个环节中都做到标准化。

三、品牌化经营

农特产品做微商，必须进行品牌化经营。因为微商所推销的不仅仅是产品，还有品牌，品牌背后的故事、品牌所带来的高品质生活的概念以及品牌带来健康等都是微商的经营重点，尤其是微商平台用户通常对健康生活、品味生活越来越重视。

农产品生产基地在种植方面积累了大量经验，但如何实现品牌化对大多数基地来说还是新的一课。真正的品牌化需要在品牌理念、定位客户群、营销策略、产品质量等多方面独成一体综合发展，所以大多数基地目前还做不好这一步。

四、独特营销策略

与化妆品不同，农产品的营销具有其特殊之处。化妆品可以通过美女展示来实现，换句话说化妆品在微商中的营销也可以称作“美女营销”。

但是这种营销方式也有一个明显的缺点，那就是日复一日相同产品的展示容易造成人们的视觉疲劳。但是农特产品不同，其季节性的特点可以在不同的季节推出应时的产品，而且产品的展出也就是在展示健康的生活，具有极大优势。

所以，农特产品营销是与化妆品营销有明显差异的。

五、产品安全背书问题

食品与安全有些极为密切的联系，而农产品从种植到末端配送需要经历一个相当长的过程，因此其中的安全就更要受到强有力的监管。那么监管如何实现呢？如何对产品质量背书？有的基地是一家企业，但有的也是多家企业共同依存，需要对地标性农产品共同背书。农产品做微商必须要解决好这一问题。

如何提高产品的安全可信度？最可靠的方法就是依靠政府监管，引入政府背书。这样一来最终的监管不是企业，不是末端营销，更不是物流配送，可信度就

会大大提升。

但现在很多政府对企业如何运营和发展了解不够透彻，他们大多把企业的发展交给互联网。而一家企业凭自己的能力可能无法推动品牌背书，在这种情况下就需要把产业链整合下的平台与企业、微商等联系起来共同与政府建立背书体系。

六、供应链模式问题

农产品微商在供应模式上与农村电商本质上有着很大的区别，而且农产品具有特殊性，与其他微商产品供应链模式也不同。例如，从库存方面说，化妆品完全可以实现用库存渠道进行代理，因为其可以囤存，但是农产品不能够囤存，其必须要使用C2B的供应链模式。这个模式的核心之一在于预售模式和供应链计划结合，对供应链的能力和经验是一个极大的考验。如果运行不当，就会造成两种结果，或者是基地产量大于订单，存货压力大，或者是基地产量小于订单，供不应求。

在农产品微商的领域，真正能做好农业、基地、物流之间供应链模式的品牌少之又少，因此可以说这是一个弱项。

七、冷链多温运输体系

农产品本质的特殊性对于运送过程中温度有着极其苛刻的要求，农产品微商需要多温系统的支持，可以直到C端。但是现在国内能够直到C端的物流网只有顺丰一家，其运营能力无法满足包括微商在内的多家互联网商业的要求，因此农产品微商直达C端需要一整套冷链多温完备的快速物流标准化体系。

八、产品加工问题

基地所生产的商品适于批量作业，很多产品都需要进行加工，但加工的方式不一样。例如，有的产品就可以在产地直接进行加工，然后做成单品进行输出，但有的产品就适合到了末端再进行加工。

在基地进行整体加工，固然有集中作业的优势，但是单品输出的物流成本必然会提高。而末端加工可能会降低物流成本，但是末端的效率、资源、专业性等方面未必能做得很好，所以说加工问题仍旧是农产品微商的一大问题

九、地标产品同类品牌竞争

如今地标产品同类品牌种类增多，竞争性也不断加大，如阳澄湖的大闸蟹、五常大米、赣南脐橙等。商品种类繁多，也难免存在良莠不齐的现象，品牌保护和产品之间的竞争会让用户对产品的信任度产生极大的负面影响。

在对品牌进行保护的同时避免恶性竞争，保证用户能够买到优质产品，这是微商经营所面临的一个重要问题。因为品牌一旦有了一定的名气，仿冒者就会纷至沓来，对品牌信誉产生不好影响，同时也会削弱品牌自身的竞争力。

十、渠道优化问题

以食品为中心的微商，也可以做到把人人打造成一个“自媒体”，但需要注意的是，在做微商的过程中要注意针对不同的人群进行准确定位，推送不同的商品。微商运营最致命的问题就是前期不管不顾地盲目推进，这样一旦从习惯上被用户所排斥，后期将很难进行补救，致使用户的体验出现缺陷。再加上万一出现食品安全的问题，那么对于后期微商的运作将是致命的打击。

目前，微商运营可以称得上是百花齐放，但是其中我们不得不注意到的是其质量也是参差不齐。如何打造体系完善的微商是所有微商人都在探索的问题。对于农产品微商来说，在保证产品性价比高、个性化、安全健康的同时，还要尽量使成本分配最优，不断优化渠道，使客户获得便捷的购买体验。基地产品能够通过渠道优化开辟出微商发展的一条途径，这是在做微商产业链的每一个从业者都必须密切关注的问题。

农产品微商作为一种新模式，开始阶段必然会存在不少问题，但是与问题共存的则是商机。问题可以解决，但商机可遇而不可求。玩转农产品微商不是做好某一个单品就可以的，而需要从基地互联网化、品牌化经营、拓展多渠道、完善物流网络等多方面进行优化综合，形成一个多位一体的平台。在这背后需要有一个专业的运营团队和庞大稳定的资源提供有力支持。

第八章　互联网+农业——农村发展的新热点

互联网+农业，就目前的实践看，主要是将互联网技术运用到传统农业生产中，利用互联网固有的优势提升农业生产水平和农产品质量控制能力，并进一步畅通农业的市场信息渠道、流通渠道，使农业的产、供、销体系紧密结合，从而使农业的生产效率、品质、效益等得到明显改善；如果再放眼未来的话，则农业也可能在互联网的影响下走上一条智能化、多样化的发展道路，这将取决于互联网在农业中的渗透程度与实际运用的融合程度。

第一节　互联网+农业的新机遇

2015年两会上，总理报告中的“互联网+”一亮相便引起热议，各个行业都在讨论互联网加了自己会怎么样。《工业4.0——即将来袭的第四次工业革命》，主要是讲人类将迎来以信息物理融合系统（CPS）为基础，以生产高度数字化、网络化、机器自组织为标志的第四次工业革命，很受启发。可以看出，在互联网技术的推动下，基于人机互动、社交新媒体、大数据、云计算、物联网等新兴科技发展的基础，工业正在从传统的技术推动型向软件控制型进化，即嵌入式软件系统将主宰工业的整个产品周期，从研发到设计再到生产再到改进与回收等，以适应消费需求的多样化与小批量化生产，也适应不断复杂的产品功能与控制系统，形成智能工厂与智能生产。这就预示着，互联网已经由我们传统意义上的一种工具、一种载体、一种思维方式全面渗透进产业的各个环节，整合为一体，并在其中居于主导地位。套用“改革中的问题要通过改革来解决”一说，则互联网带给产业的现实问题也要通过互联网来进一步解决，任何躲避与视而不见，都是十分危险的　其代价要么是被边缘化，要么将被历史淘汰！

图8-1　“互联网+”的具体表现图

那么再看互联网与农业，一个现代一个传统，一个像阳春白雪，一个像下里巴人，本来风马牛不相及，但这两年随着互联网技术对农业的渗透，互联网与农业逐渐紧密结合起来，从对农业的深度改造开始，到颠覆农业的传统营销模式，再到互联网公司跨界进入农业生产领域，一场轰轰烈烈的互联网农业盛宴正在上演。所以，“互联网+农业”不是正在讨论的未来问题，而是正在发生的当代问题，不是理论问题，而是实践问题。

实际上，在2012年11月召开的中国共产党第十八次全国代表大会上，“四化同步”被写入大会工作报告，即在确立城乡一体最终路径的基础上，进一步提出“促进工业化、信息化、城镇化、农业现代化同步发展”，从原来的“三化（工业化、城镇化、农业现代化）同步”到“四化同步”，标志着对信息化和农业现代化关系的认识达到一个新的历史水平，也表明信息化不再只是推进农业现代化的一种技术工具，而是作为一种新型生产力的核心要素融入现代农业产业体系和价值链。也就是在这种背景下，互联网农业已经呈现出方兴未艾之势。

互联网+农业，就目前的实践看，主要是将互联网技术运用到传统农业生产中，利用互联网固有的优势提升农业生产水平和农产品质量控制能力，并进一步畅通农业的市场信息渠道、流通渠道，使农业的产、供、销体系紧密结合，从而使农业的生产效率、品质、效益等得到明显改善；如果再放眼未来的话，那农业也可能在互联网的影响下走上一条智能化、多样化的发展道路，这将取决于互联网在农业中的渗透程度与实际运用中的融合程度。

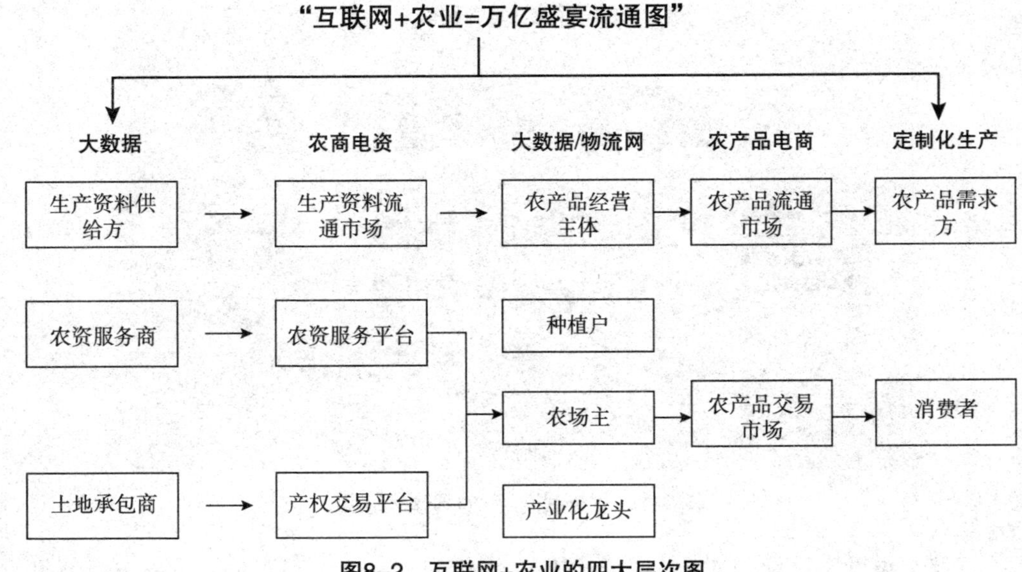

图8-2 互联网+农业的四大层次图

一、互联网+农业，正让农业驶入信息化快车道

凭经验，靠感觉，看别人的样子，这种传统的农业生产经营模式正因为互联网的普及而加速改变，大量的农民正在运用互联网决策自己的生产经营活动。由于互联网的信息收集优势，大量农业相关的市场信息、产品信息、技术信息、资源信息开始在网上汇集，并出现专业分析，大大方便了农业生产者进行经营决策。到今天为止，中国已有4万家农业类网站，演化出综合门户、研究分析、专业集成、产销对接等不同定位的农业网站，并进一步呈现加快细分的态势，不仅种植业、畜牧业、渔业、农产品加工等次级行业已经分开，就是每个行业内部也逐渐专业化。玉米、马铃薯、牛、羊、猪等专业网站不断涌现。特别是近几年，农业新媒体开始活跃，微博、微信、手机平台相继出现，农业信息化向纵深挺进。

二、互联网+农业，正为农业现代化装上加速器

互联网的信息集成、远程控制、数据快速处理分析等技术优势在农业中得到充分发挥，3G、云计算、物联网等最新技术也日益广泛地应用于农业生产之中，集感知、传输、控制、作业为一体的智能农业系统不断涌现和完善，自动化、标准化、智能化和集约化的精细农业深度发展。在一些现代化的种养殖基地

中，早已告别传统的人力劳动场景，养殖场管理人员只要打开电脑就能控制牲畜的饲喂、挤奶、粪便收集处理等工作，农民打开手机就能知晓水、土、光、热等农作物生长要素的基本情况；工作人员轻点鼠标，就能为远处的农作物调节温度、浇水施肥。而基于互联网技术的大田种植、设施园艺、畜禽水产养殖、农产品流通及农产品质量安全追溯系统加速建设，长期困扰农业的标准化、安全监控、质量追溯问题正因为互联网的存在而变得可能与可操作。

三、互联网+农业，已为农产品销售搭建新平台

利用互联网，将产销之间的距离大大拉近，让产销充分对接、消费者与生产者直接见面成为现实中的可能，有利于减少生产的盲目性，扩大销售的视野，有效对抗市场风险。特别是随着电子商务的兴起，农产品流通领域互联网应用程度明显提高，国家级大型农产品批发市场大部分实现了电子交易和结算；电商又进一步让农产品的市场销售形态得到根本性改变，从最初的干果、茶叶、初加工品网上销售开始，在仓储物流技术和条件不断改善的情况下，生鲜农产品的网上销售难题也得到破解，农产品电商2014年达到1000亿元规模，大量生鲜电商创新案例涌现，出现生鲜电商八大平台，跨境生鲜电商风生水起。与此同时，微博、微信与电商结合来推销农产品的成功案例层出不穷，微营销中农产品的身影频频出现。

四、互联网+农业，将为农业发展方式带来终极革

互联网在与传统产业的结合中，越来越表现出不甘于配角地位的特征，一步一步渗透并在最终主导传统产业的发展方式。如果说前面提及的三个方面还只是互联网对农业的介入和改造的话，则近年出现的互联网营销让农业的发展方式从根本上被改变了，这就是颠倒了一般意义上的“生产——销售”模式，是运用大数据分析定位消费者的需求，按照消费者的需求去组织农产品的生产和销售，从而不再让农产品销售难在理论上成为可能，也在现实中得到初步的实践，形成了电子商务的“C2B”模式，即消费者对企业（Customer TO Business）。比如，乐视网就宣布其有机农业运营上借鉴C2B订单销售模式，而在QQ农场模式基础上融合预售与电商模式的聚土地项目已经完成第二代升级，大量的农业类众筹开始出现，互联网正让农业的生产方式发生根本性转变。

五、互联网时代的农业盛宴正式开启

买黄金不如投资农业？2013年美国著名投资者罗杰斯一番言论引发热议。经羊城晚报记者梳理发现，近年来，我国农业各细分领域投资持续受宠，吸引了包括产业资本、社会资本在内的各类机构。2012年，全国著名的风投深圳创新投资、中科招商等给出天地壹号估值40亿元，以2.4亿元从创始人陈生手中买入6%的股份，正式入驻天地壹号，引来业界一片震惊。同时，继地产大佬大连万达投资有机农业之后，以房地产开发为主的寰球德胜集团也宣布，掷10亿元在辽宁盘锦市种植9万亩有机和绿色水稻。《中国农业产业投资报告2011》显示，自2006年至2011年上半年，中国农业领域已经披露的投资案例累积达到114起，其中104起披露了金额的案例共涉及投资金额17.6亿美元。其中，2010年创下历年投资的新高，共披露投资案例47起，投资金额达到8.91亿美元，仅从投资金额看，超过历年累积金额的一半。2011年共有8只农业产业基金成立，总目标规模超过60亿元，呈现爆发式增长态势。

在这样一片投资农业的热潮中，互联网公司的身影尤其引人关注。2009年初，网易CEO丁磊高调宣布开始养猪，声称要为中国探索“第三代养猪模式”，为中国的养猪业寻找一条全新的路子。虽然时至今日不见网易猪上市，但其引发的争论和市场连锁反应不可低估。2010年联想开始涉足现代农业投资领域，并于当年7月正式成立农业投资事业部，2012年8月进一步组建成立佳沃集团，2013年“褚橙柳桃”联袂上市，一时成为市场佳话。2011年5月底，京东商城CEO刘强东在微博上称：“我自种的大米终于上柜了。它的品质和安全性无可置疑，唯一遗憾的是有点儿贵！去年只种了几百亩，今年有数千亩，希望可以降低一些成本！”2013年末，乐视控股进军生态农业大幕终于揭开。在乐视生态产业园葡萄酒产业基地与乐视生态农业产业园落地山西临汾、首批花卉——红掌试卖大获成功后，作为运营主体，乐视控股旗下网酒网正式对外公布了乐视生态农业首个产业基地的详细规划及落成情况，其产品定位为有机农产品。

在互联网公司对农业投资大举进军之际，农产品电商企业针对生鲜农产品这一最后的蓝海开始了激烈争夺，2012年被业界称为“生鲜农产品电商元年”。当年5月，顺丰速运旗下的电商食品商城“顺丰优选”宣布上线，定位为中高端食品B2C；6月，亚马逊中国推出主营海鲜食品的生鲜频道，淘宝则上线以有机农产品交易为主的生态农业频道，还包括蔬菜水果、肉禽蛋类和粮油副食等；7月，“本来生活网”正式上线，内部“买手”亲自到全国各地采购特色生鲜农产品；京东商城宣布推出生鲜食品频道；11月，由本来生活网策划的“褚橙”进京事件，成为公众关注国内农产品电商市场的引爆点。到2013年，顺丰速运更将其农产品配送服务由此前的北京扩展到了上海、广州、深圳三地，中粮“我买网”、1号店、沱沱工社、甫田网等生鲜电商都纷纷发力展开竞争。进入2015年，风生水起的生鲜电商近日再掀热潮，各路巨头扎堆进入。步步高集团旗下的云猴网宣布推出定位中高端的全国性生鲜电商业务——云猴生鲜，初期主要以粮油、米面、蛋禽、蔬果类等商品为主；京东“拍到家”APP正式上线，京东方面称，这是一款为解决大众对生鲜食品、服务类产品的实际需求而上线的互联网+产品；天猫生鲜则宣布，全球多个国家的生鲜食品陆续将在天猫首发，配送服务已实现全国301个城市；而在3月初，苏宁正式上线“苏鲜生”，开售自营生鲜产品，进军生鲜电商市场。

当然，互联网也不是可以在农业领域为所欲为，就像电商并不能改变商业的基本逻辑一样，互联网并不能改变农业的自然属性，但只要遵循经济的、生态的、社会的规律，“互联网+农业”还会带来更多改变，这让人更加期待！

第二节　互联网农业的三种模式

互联网农业大概有三种模式：互联网技术深刻运用的智能农业模式、互联网营销综合运用的电商模式和互联网与农业深度融合的产业链模式，并呈现梯次推进的现状。

一、互联网的智能化让农业也如此现代

2012年12月中旬，一位记者来到位于北京密云县西康各庄村的海华云都生态农业股份有限公司奶牛养殖基地，探访这里的智能化养殖。发现仅仅四五名饲养员，就能在半天时间内为数千头奶牛挤奶。原因是，每头奶牛一出生都会戴上一只专属的电子“耳钉”，里面储存着奶牛的所有身份信息，包括出生时间、谱系、初次产奶时间等，只要进入挤奶大厅，就会与相关设备相连，读取奶牛“耳钉”里的信息，并通过挤奶杯上的感应装置传输到后台，每次挤奶的奶质是否合

格都会得到监测。其实这还只是养殖业智能化的冰山一角，目前动物的智能化精确饲喂系统，以计算机为控制中心，以饲喂站作为控制终端，称重传感器和射频读卡器采集动物信息，根据科学公式运算出饲料日供给量，再由控制器控制机电执行部分精确下料。饲喂动物不再是过去的人工操作，而是在计算机上轻点鼠标即可。

在种植业领域，同样呈现智能化的系统性操作情形。在陕西的西咸新区泾河新城秦龙现代生态智能创意农业园里，喷药施肥靠无人飞机，地面遥控员通过雷达和GPS导航对其遥控、定位、喷药施肥和传输数据；采摘番茄机器人代劳，通过多传感器数据融合技术，具有获取果实信息、判别成熟度、确定收获目标的三维空间信息标定能力，再引导机械手完成抓取、切割、回收任务。

互联网带来的农业智能化浪潮，是以计算机为中心。对当前信息技术的综合集成，集感知、传输、控制、作业为一体，将农业的标准化、规范化大大向前推进了，不仅节省了人力成本，也提高了品质控制能力，增强了自然风险抗击能力，正在得到日益广泛的推广。

二、互联网的电商热潮让三只松鼠脱颖而出

成立仅1年，营业额就达到3亿元，仅2013年“双11”当天就销售3562万元。如果不是在互联网时代，则不可能诞生这样的奇迹！创造这个奇迹的就是一个叫做三只松鼠的电子商务公司，其标签是第一个互联网森林食品品牌，代表着天然、新鲜及非过度加工，主要销售坚果，上线仅65天销售就在淘宝天猫坚果行业跃居第一名。奇迹是如何诞生的呢?

从表面上看有三条十分关键：首先，三只松鼠的产品并不特殊，只是松子、山核桃、碧根果等干果，但是做得很时尚，紧盯“80后”、“90后”的时尚人群；其次，品牌形象十分有特点，是童真、可爱的动漫小松鼠，又以森林绿色和高端黑色为主打色，形成基础、直观的品牌记忆点；第三是产品细节十分周全，以时尚文化延伸与三只松鼠有关的东西。比如，产品的包装上撰写松鼠卖萌的小故事；加上倡导“慢食快活”的微杂志、绿色封口夹、剥壳器；将果壳垃圾袋命名为“鼠小袋”，擦手用的湿纸巾叫做“鼠小巾”……所有这些随同产品出现，明显有别于一般干果产品，自然能引起消费者的满足感和惊喜感，迅速形成品牌认同和口碑传播。

若从策划运营角度看，则同样有三条关键因素：首要是细分市场理念的良好

运用，运用大数据，精准定位目标客户，避免了泛化营销，没有特色；其次是以精良的客服实现与客户的密切互动，把简单的“B2C”模式演化为“B2C2B”，不断改进产品质量；再次是产业链的控制，既没有走从头到尾的全产业链经营，也没有单纯的外包生产，而是把原材料供应外包，审验达标后精选分级包装，从而实现了轻装上阵与产品质量控制的良好结合。

三只松鼠带来的启示是：互联网时代的产品销售，不要妄想包打天下，而是要深入研究行业规律，以特色迅速起步，特别是要重视时尚文化的运用，那些年轻的买家们，可能表面买的是东西，实际买的是文化，是那种感觉。

三、联想佳沃开创的跨界时代

2013年11月12日，继佳沃蓝莓于当年5月上市后，联想控股旗下的农业板块佳沃集团宣布推出第二个旗舰水果产品——佳沃金艳果猕猴桃，但非常特别的是，联想此次推出的猕猴桃与昔日“烟草大王”褚时健种植的“励志橙”一起，组合成“褚橙柳桃”首发，随即引发市场热议，并连带引发潘石屹代言家乡苹果、任志强代言家乡小米……一时间，褚橙、柳桃、潘苹果等成为农产品品牌营销的佳话。而产品的上市，也标志着联想农业初步结出果实。

联想进入农业有标杆性意义：它标志着互联网农业迈入产业深度融合的新层次，也标志着资本下乡进入了资本跨界运营的新阶段。联想对农业的改造是全方位的，不仅用互联网技术去改造生产环节、提高生产水平，而且运用互联网技术管控整个生产经营过程、确保产品品质，还运用互联网技术对产品营销进行了创新设计，最终将传统隔离的农业一、二、三产业环节打通，形成了完备的产业链。同时，依托联想的全球化视野，可以在全球范围内进行产业布局。也即联想提出的“三全”解决之道，即全程可追溯、全产业链运营、全球化布局。

联想农业的可贵之处在于：对农业的深度研究与平和的预期。首先，联想没有选常规的粮油蔬菜等产业，也没有像网易那样去搞养殖业，而是选择了产品较为高端、利润提升空间相对较大的蓝莓和猕猴桃。这让运行有了可靠的产业基础，形成了盈利的预期。其次，充分进行了资本运作，没有从头开始，而是采取了收购的办法迅速形成规模化生产基地，缩短了投资期限。第三，联想意识到农业是一个长周期的产业，于是柳传志特别提醒负责农业板块的陈绍鹏：“我们不急着挣钱。十个亿，二十个亿咱们投得起，咱们一步一步稳着做。”当然，联想充裕的资本实力也让他们有了这样说话的底气。

第三节 互联网农业的方向与出路

互联网农业，理想丰满而现实骨感，真的不好做。网易至今一头猪也未见上市，联想农业勉强能做到盈亏平衡，已经实属不易，京东商城上的“强东大米”基本没有对外销售，即便是该公司内部员工，也越来越少吃到“强东大米”了。其他大举进军的互联网农业，估计还需要很长时间才能达到量产水平，盈利模式更是遥遥无期。说句玩笑话，女人再漂亮，娶回来是做媳妇的，最终得结婚生孩子，互联网与农业的结合，不管多么富有传奇和情调，最终得体现在“家和万事兴”上，得有一些内功的扎实修炼，否则有可能是新一轮的泡沫。

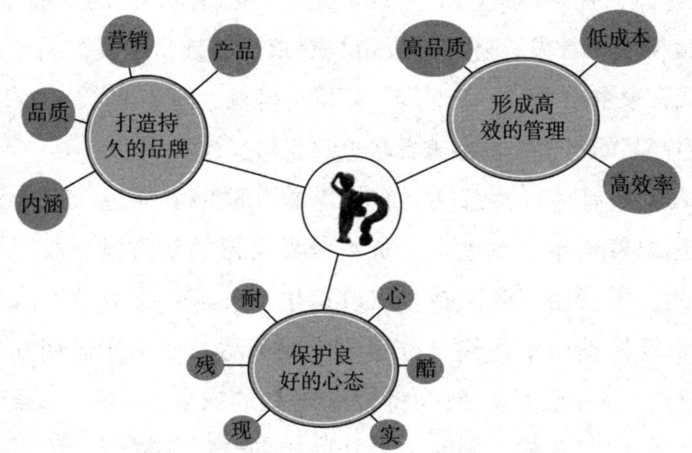

图8–3 互联网农业的方向与出路的表示图

一、打造持久的品牌

做农业的多了去，好的农产品也不缺，但缺少能让消费者记得住、信得过、消费之后就放不下的农产品品牌，互联网用了那么多新技术，打通了那么多产业瓶颈，如果最终不能在这一方面有所建树，那真是有点白来农业领域一趟的味道。要做到品牌要亮，以地域品牌为基础，商业品牌做提升；内涵要新，吃的不仅是产品，还要有文化；品质要优，不管做生态有机还是绿色无公害，关键是生产过程控制得怎么样，能不能经受住安全考验；营销要特，买得方便，送得及时，包装独特，产品新鲜，有自己的特点。

二、形成高效的管理

农业上玩概念根本不长久，吃的东西最终靠品质，行业迟早要向平均利润率过渡，更不要说让人头疼的低价营销，亏本赚吆喝的事不可持续。所以，核心竞争力才是根本。互联网农业竞争中最终胜出的将是高效的管理，以此保障产品的高品质、企业运营的低成本、市场营销的高效率，从而从低价营销的恶性循环中逃脱出来。最终的依靠是，企业领导人对产业战略的把握、优势人才构成的精干团队、与互联网一样永不停歇的创新和能让企业基业长青的有效机制与企业文化氛围。

三、保持良好的心态

与互联网的一日千里、千变万化相比，农业显得安静祥和、不紧不慢，你也可以嘲笑它龟速前行，什么生产周期长、见效太慢之类，但农业注定是生物按照自然规律的生产，不尊重这些规律注定是要受到教训的。所以，没有一点耐心是做不了农业的，联想农业做好了十年不盈利的准备，乐视网显然也有了长期作战的思想。特别是要警惕那些不太靠谱甚至不健康的想法，想打农民土地的主意最终可能会给自己套上脱不下的“湿布衫”，想套取国家的项目资金最终可能在“长袖善舞”中偷鸡不成反蚀一把米，想靠农业挣大钱最终只见涓涓细流而非财源滚滚，等等，数不清的事例已经证明，现实的回应是多么残酷。

然而，农业究竟是一个永恒的朝阳产业，只要人类生存，农业就永远存在，也就永远有投资和收益的前景，就看具体的做法了，互联网农业也不例外。

第四节　从褚橙柳桃潘苹果看资本下乡

随着三中全会对农村经营体制的进一步放活，资本下乡再次成为热议的话题，大型工商资本“跨界”到农业行业的现象多了起来，而“褚橙柳桃潘果”也成为近日为人津津乐道的“跨界”代表。综合大多数人的看法是：“褚橙”难以复制，有特殊综合因素；“柳桃”是商业探索，模式值得总结；“潘果”尚为道义，急需产业转化！

“褚橙”就是原红塔山集团董事局主席褚时健从监狱出来后，以70多岁高龄进入农业领域创业而种植的生态健康农产品，只是冰糖脐橙的一种。正如褚橙的广告词，“人生总有起伏，愿精神可传橙”，褚橙在行业内也叫励志橙，更多地体现为一种精神象征，即怎样在人生的起伏中不断实现自我，而其商业路径一般人是难以复制的，因为基本上是唯一的。当然，这并不代表褚橙在产业上没有示范意义，除了褚老先生的个人营销力之外，是什么因素促成了橙子品牌的形成呢？其他农产品是否有复制的机会呢？这其中有三点特别突出：品质为先，自控渠道，特惠农民。先说品质为先，褚时健老先生讲水果必须要和香烟一样有品牌，农产品品牌的核心就是品质，特别是水果，卖的就是安全、好味道。褚橙是从湖南引进的，近10年内，褚时健带领果园内的农户做了大量的改良工作，真正做到了“十年磨一剑”，最终实现了褚时健讲的“把品质做好最重要，市场会求着你的”。再说自控渠道，从2009年开始褚橙逐步把代理权回收，直接对经销商进行管理，携品质以令渠道的态势已成，生产者逐步升级为价值链管理者。当然，这个是以褚时健的个人影响力和品牌的底气为基础，一般的农产品不一定学得来。再说特惠农民，像水果这样的劳动密集型产业，好东西一定是农民种出来的，所以褚橙的生产在经济利益、人文关怀、激励考核等方面做了精心设计，让农民愿意按标准生产好的产品并受益。

“柳桃”，即联想控股旗下的农业板块佳沃集团推出的第二个旗舰水果产品——佳沃金艳果猕猴桃，因联想的掌门是柳传志而得名。本来“柳桃”之名还没有约定俗成，因为联想于11月初正式推出佳沃金艳果猕猴桃时与昔日“烟草大王”褚时健种植的“励志橙”一起，组合成“褚橙柳桃”首发，迅速让这一新词在市场发酵。褚时健与柳传志两位传奇式企业家晚年不约而同投身农业，从种植开始脚踏实地做农业，从而让“褚橙柳桃”这个特别组合有了十分突出的时代意义，即诚信做农业、为中国消费者提供安全高品质食品。联想农业有几个很好的理念：首先，他们知道农业不是工业，做好了十年不挣钱的准备，有长远眼光，而这种踏实是好多资本下乡者不具备的，当然好多下乡的资本也没有这个实力。其次，农业与电子信息产业虽隔行很远，但联想用电子信息改造传统农业却很在行，让农业的产业形态得到改良，为现代化、标准化生产和品质保障奠定了基础。第三，联想知道农业要挣钱，但不是挤农民，而是与农民共赢，那些不让农民得利的公司最终自己也要吃亏。第四，农业公司也要上市，但不能仅仅是圈钱，而是更好地盈利，就像火箭升空后要有二三级动力，所以必须有长远考虑，而不是急功近利。

至于“潘果”，则是因为地产大亨潘石屹发了几条关于家乡苹果促销的微博，于是有人便呼唤“潘苹果”尽快上市，但目前并没有真正生产。其微博上能明显体现苹果营销痕迹的就是2013年11月19日发布的一条微博：“有网友建议在纽约的gm大厦设一点卖肉夹馍；在@银河SOHO设一点卖天水的花牛苹果。后一个建议可考虑，前一个先放一放。”那么在之前，他也发过几条关于天水苹果的微博，如童子尿花牛苹果、榨汁酸苹果等，但并无真正投身苹果种植的意向。所以，“潘果”目前只是帮助家乡苹果销售的道义呼声，缺乏真正的生产支撑，所以市场上是不存在真正的“潘果”，除非潘石屹真正开始投资苹果产业。但可以想象一下，如果真的“潘果”上市，与那么多的高端地产业主结合起来，则又会是怎样的形势呢？

有投资家讲，投资农业就是投资未来，现代农业前景无限。然而。真正的农业投资现状却呈现一半是海水一半是火焰的状态，在农业中赚钱，何其不易！网易猪至今不见一头上市，联想的蓝莓虽已上市，但已经做好十年不盈利的准备。那么，通过对“褚橙柳桃”的简单观察，可以总结出资本下乡的一些基本规律。

一、要端正投资思想

联想缘何跨界务农，他们自己讲有两大理由：一方面，发展现代农业是一项利国利民利己的好事，不仅面临着重大的产业机遇，也有重要的社会意义。另一方面，落后就是机会，就有改进的空间，也一定会有合理的利润回报。于是联想控股决心进军农业，作为联想控股的“二级火箭”。然而，在现实中，好多资本下乡并不是真正为了做产业，有的想打土地的主意，结果偷鸡不成反蚀一把米；有的为贪图国家的项目资金，结果陷入不断争取资金项目、不断粉饰业绩的恶性循环中无法挣脱；有的纯粹是打地方长官的政绩牌，想着从形象工程中换取其他好处，结果容易陷入人走政息的尴尬境地。所以，要投资农业，就是要真正做农业，挂羊头卖狗肉的行为风险远远大于农业产业本身。

二、要熟悉农业行业

农业有一句行话，不怕外行领导内行，就怕外行折腾内行。什么意思？外行进入农业来发展，是可以的，因为有基本的经济规律可循，农业也需要资本和工商管理经验；但外行往往要按工商的路子做农业，结果违背自然规律，轻则鼻青脸肿，重则血本无归。农业不是工业，仅此一点，让多少投资竞折腰！农业问题要比一般产业复杂，仅靠经济学的单纯解释是不行的，还需要社会学、政治学等多学科介入其中，方能充分解释，这是三农研究的经验，也是教训。因为，从经济规律角度讲，农产品处于产业链底部，后向性不足，前向市场控制力弱，是一个前后受制的产业；从政治角度讲，农产品是物价基础，必须稳定、必须相对低廉，只能政策控制与补贴相结合，本质上不是一个完全的市场化产业。农业至少要对抗工业公司没有的自然风险、疫病风险，还有比工业更变幻莫测的市场风险，更有政策风险、社会风险、决策风险、管理风险、技术风险等。在农业产业的问题上，把问题想得复杂些，则做起来就简单些；把问题想得很简单，则做起来就很复杂。

三、要耐得住寂寞

农业比工业周期长，一般呈现投资大、见效慢、风险高的特征，好多投资等不及，忍不住，最终铩羽而归。像养肉牛，需要最少四年以上的周期；快一点的养猪，也需要一年多；果树更是需要五六年以上；大棚蔬菜两年可实现上市，但必须做好十年的周期性规划。而且，农业有十分明显的季节性，无法向工业品那样常年均衡生产供应，往往会出现产品上市与市场行情不匹配的情形。因而，要充分认识农业与工业的不同，静下心来琢磨，放长线，钓大鱼，细水才能长流，任何急功近利对农业来讲都是大敌。

四、要与农民共赢

当一个农业产业的终端企业不是在与农民的共赢中向前发展时，农民就只能用脚投票，“杀牛倒奶”便是极端情形之一，最终让企业的发展成为无源之水！农业企业要赢利，但不是在农民身上压榨利润，而是在市场中寻找，在品牌中开拓，在管理中实现。“褚橙柳桃”的成功在于，为保证农民的丰厚利润，通过品牌发展获得收益，而不是从单纯的生产中获得收益。

五、要与传统农业不同

资本下乡，一般的情况是要流转农民的土地，已经比一般农民种地的土地成本高出不少，如果依然像农民那样低效生产，则赔钱的结局基本注定。所以，资本下乡，注定要明显提升产业的发展水平，真正达到现代农业理念所描述的：用现代物质条件装备农业，用现代科学技术改造农业，用现代产业体系提升农业，用现代经营形式推进农业，用现代发展理念引领农业，用培养新型农民发展农业，提高农业水利化、机械化和信息化水平，提高土地产出率、资源利用率和农业劳动生产率，提高农业素质、效益和竞争力。如此，才能实现现代农业的良性发展，实现最终的朝阳产业形态。

第五节　褚橙的启示

褚橙标新立异，褚橙模式难以复制。正如褚橙的广告词，“人生总有起伏，愿精神可传橙”，更像是励志橙，基本上成为一种精神象征，即怎样在人生的起伏中不断实现自我，而其商业路径一般人是难以复制的，因为其基本上是唯一的。用流行的话说，吃褚橙不是吃橙子，吃的是精神。更重要的是褚橙背后的一些特殊综合因素：一是褚时健的“人气”，且不论褚橙的品质，只要有褚时健这个名头，便是一种市场号召力；二是褚时健的“人脉”，在自有资金只有120万元的情况下能很快凑1000万元来收购一个农场，且十年内只有投入没有回报，而且是一个70多岁的老人在做，这样的事哪个资本敢给融资？但褚时健可以；褚橙最初的销售也基本上是被云南几大烟草公司包销，主要作为员工福利；三是褚时健的“人治”，姜还是老的辣，能把一个小烟厂带成亚洲最大的烟厂，也能把一个小小的农场做成极品，其敏锐的市场观察能力、独到的管理经验和丰富的人生阅历是最大的底气。

褚橙的启示给人许多思索，如果仅仅把褚橙作为一个神话一样的个案，作为高不可攀的阳春白雪，那也是走向了另一个极端，褚橙所开创的农业品牌之路带来了诸多的现实启示，也有着可以借鉴的实践路径。

一、好的产品永远是根本，生产最核心

十年磨一剑，用这样的词形容褚橙似不为过。水果这东西，说白了，就是卖那一口水。民间讲，宁吃鲜桃一口，不要烂杏一筐。东西说得再好，放嘴里

一尝，什么广告词也不顶用。褚橙能通过坚持不懈地土壤有机培肥，最终让生产出的果实甜酸比达到18：1，这是别的橙子很难达到的口感标准。也正是因为如此，在褚橙如日中天之际，褚时健谈到果园发展的隐患时却说："我84岁了，管不了几年了，以后只有交给我外孙女小两口打理。说实话，现在他们管管销售还行，但还没真正掌握种植技术。"是的，好味道来自于好技术，光果园培肥就是一门大学问，褚时健有独特配方。就是从当地的气候和土质出发，大量向土壤施入鸡粪、烟沫，还有榨甘蔗后废弃的糖泥等，不仅成本低，而且改良了土壤理化性质。再回过头来看现实的情景，多少人做农产品时陷入了概念炒作的误区，走着过度营销的路子，能长久吗？

二、不要与农民争利，赢利要靠外向拓展力

做农业最大的无奈恐怕在于市场卖不上价，而成本却不断攀升，于是在外部赢利水平无法提升的情况下，只能在产业链内部"巧妙"切蛋糕——无非是让农民挣得少一些，企业多得一些，或者少赔一点。农民也不傻，于是用脚投票，要么不好好干，产品质量下降，走向恶性循环；要么干脆不玩了，毁约收回土地，于是演化成社会事件。有着做烟厂时与烟农打交道的经历，褚时健最懂得好的烟叶是农民种出来的，好的橙子也是农民种出来的。所以，在褚橙农场，一个果农只要承担的任务完成，就能领到4000元工资；质量达标，再领4000元；年终奖金2000多元，一个农民一年能领到一万多元，比到外面打工挣钱还多。110多户种植农户中，第一等级的农户最高年收入已经达到6万元，而技术员的年薪足以达到10多万元，不低于一个大城市的白领收入。农民满意了。橙子的质量也就有保障了。但能给农民这么多，则企业必须在市场上挣得更多，褚橙是靠市场的高价位来赢利的，比一般的橙子确实贵多了，显示了其市场营销的硬功底。

三、品牌营销，农业必须恶补的必修课

有了好品质，关键看能不能卖上好价钱，而且卖得顺当。对于农产品而言，只有真正介入，才知道销售是如何重要。如今跨界已经成为一种时尚，搞农业的大佬也多了去，为何褚橙能掀起一场营销风暴，迅速让品牌形象深入人心？与本来生活网的合作，走电商的路径，优选经销商，是褚橙成功的重要因素。以好的故事聚人气，把褚橙定位为励志橙绝对是褚橙营销的制胜法宝，一个关于

人生起伏的好故事让人印象深刻，赵蕊蕊、蒋方舟等80后励志人物的“80后致敬80后（86岁的褚时健老人）”系列视频进一步让“褚橙”迅速传播。好的渠道有神气，褚橙产量只有不到一万吨，走传统的批发零售，不仅环节多，利润低，而且终端不好控制；通过本来生活网上的销售，聚划算团购，加上对传统渠道的代理权收回，直接对经销商进行管理，整个销售的主动权便牢牢控制在自己手里。

四、“众筹农业”还得看实效

2014年春天，一个叫做“农业众筹”的新事物热度迅速攀升，不少行内人士给予厚望，认为解决了农产品安全、信息不对称、中间环节过多等问题，而且增加了农民收益，大有前景。对新事物可宽容，但问题要客观的指出，以利行业发展。概念新还不行，还要看实践可操作性如何，否则可能只是一次新闻热点的转换。

农业众筹，把众筹与农业结合，很有想象空间，但其在生产组织环节与社区支持农业、参与式保障体系等模式依然没有本质区别，对于产品质量信任、物流配送成本高企、储藏保鲜困难等问题，并没有什么新的破解之道，筹钱模式不是问题，但生产模式还是有问题。

首先，众口难调。稍微算一下，每个家庭每天消费的农产品就多达几十种，农业区域性强，众筹来的土地到底能供应多少种农产品？生产的农产品又是否能够适合消费者的品位？

其次，远水难济。有的农业众筹生产消费还是有隔离的，有的还筹到了千里之外，千里尚且不运粮，何况鲜活农产品。怎么保质保鲜地运到消费者手里？技术上不是问题，顺丰可以办到，但成本受不了，而转库损耗更是惊人的。

再次，管理困难。弄点地，种点放心想吃的东西，再送到城里的家庭，这种设想若干年前就有了，一直在被实践否定，于是社区化才不得不登场。在网上筹钱容易，但在现实中把订制的农产品送到出钱人的手里很不容易，背后的管理运营成本很高。

还有，即使众筹依然不能破解信任问题，因为田间地头的操作十分复杂，情况也千变万化，农业生产过程的监管也是世界性难题，远离生产的客户照样有农产品安全的担忧。

总之，农业众筹虽然概述很新，但在实践层面依然要面临已有的老问题，需

要更多的实践探索。俗话说，出水才看两腿泥，等农业众筹运行几年再观察吧。

五、农产品微博公益营销的尝试与体会

学习用微博时间不算太长，开通时并没有想到微博可以用来营销。但后来看的微博营销案例多了，于是在2013年尝试了一下。当然，不是为自己，而是做些公益。第一次帮助扶贫村卖红枣，第二次帮助一个村卖滞销的大棚红提葡萄，没有想到效果还不错，现在做些回顾和总结。

微博卖红枣的尝试，是为帮助对口扶贫村的滞销红枣销售而想出的一个办法。得帮扶的吴堡县寇家塬镇薛家塬村以加工红枣干制枣为主导产业，全村有30多个加工户，主要为经销商做干制红枣的代加工。往年并无滞销。但这两年，新疆红枣因个头大、商品性好，市场人气迅速上升，价格能达到每斤20~30元，价格远远高出陕北枣，经销利润也更高，于是经销商纷纷转而经销新疆红枣，给加工陕北红枣的薛家塬带来很大冲击。2012年的红枣库存到2013年5月依然没有消化，全村滞销约400吨，眼看天气变暖，不能保存，却无客商上门，村民十分焦急。为解决实际困难，团省委先后组织爱心企业买走20多吨，但积压数量依然较大，需要更多社会力量出手。

在此情况下，我们决定尝试一下微博营销，具体做法是：

（1）摸清底数。对滞销红枣总量进行统计后详细分级分类，标明销售价格。

（2）明确思路。采取线上与线下结合：在线上指定当地一名大学生创业者“@信天游土特产”的淘宝店作为窗口，供应商品性好的一级红枣，以保本的形式供大家爱心购买；同时，通过微博连续宣传，扩大影响，推动网下的产销对接，争取大单订购。

（3）突出公信。为避免误解，一开始就亮明活动的公益性，“@信天游土特产”淘宝店与寇家塬镇出具爱心代销授权委托书，网上晒出，让大家充分信任。

（4）注重推广。在5月21日首条红枣滞销爱心求助微博发出后，在此后的20天连续进行微博推广，通报销售进展，和关注的爱心人士充分互助，向关注的媒体介绍有关情况。20天内“@信天游土特产”和我个人在新浪、腾讯的相关微

博评论累计转发评论达到2900多次，微博阅读量超过50万次，通过淘宝代理直接销售接近3吨，先后吸引近20家企业前往考察或电话洽谈购销事宜，达成销售协议30吨。红枣微博营销，在一定程度上缓解了滞销困局，也为以后用好微博这一平台积累了经验。

微博卖红提是又一次尝试。8月19日，合阳县百良镇镇长来西安为该镇太枣村的大棚红提找销路，据介绍，太枣村共栽植红提葡萄1300余亩，所产葡萄色艳品质高，口感好，耐运输、耐储藏，曾连续两年在省上的果品评比中获奖，销路本来也较通畅。但今年8月中旬，采用设施栽培的300余亩红提葡萄已率先成熟，时间较露地栽培提早了近一个月，由于是大棚红提第一年上市，客商并不了解，一时出现销售困难，总量约有600吨。听此消息，我提出再用微博营销做些尝试。镇上随即发来大棚实拍照片和文字说明，留下了详细联系方式。8月20日我在新浪、腾讯微博同时发布合阳600吨大棚红提成熟待售消息，很快得到关注支持，形成大V友情转发、官方微博积极跟进、相关媒体跟踪报道、网友热心关注转发的良好态势，当天下午浏览量突破5万，两天后浏览量突破20万。该条微博在腾讯累计浏览15.9万、评论转发338次；在新浪浏览14.7万、评论转发416次。很快，有四家较大的农产品采购商前往收购，销售压力大大减轻，加上周边市场的小型批发零售，600吨大棚红提基本销售完毕。就此，微博显示巨大魅力，大棚红提葡萄营销基本告一段落。

由于葡萄是生鲜农产品，不便运输，也难以长时间保存，必须在短时间内销售出去。所以，春季红枣微博营销的线上模式不适用，重在宣传，找大客户。所以对应采取的办法是：一是标明联系方式，随时接受询问；二是主动求助大V和媒体，争取支持，广泛传播；三是保持频度。持续形成影响。从最终的效果看，这样的思路是正确的。

两次微博营销的良好效果让我增强了信心，也积累了一些心得，主要是：一要把握微博规律。在信息真实的基础上，突出爱心，体现热心，保持耐心，一定虚心，积极寻求帮助，争得关注和支持。二是注重保护爱心。呼唤爱心帮助，但不过度爱心消费。比如春季已经让一些爱心人士义购了红枣，即使红提葡萄可以快递，也要谨慎，不可再号召义购；同时，这样的爱心导购行为，也不可过于频繁，整天搞营销，会导致大家的厌烦情绪。三是道义服务市场。要突出宣传推广，但最终应尊重市场规律。农产品的特点决定，微博个体的购买行为实质上道德意义大于经济意义，并不能根本解决问题，关键是要通过微博的宣传，达到产销信息的对接，让市场行为主导销售，这才是最为可靠的路径，也是最终目的。从这一点上讲，大家转发就是最大的支持。四是注重点面结合。就是把面上的广泛宣传与专业推广结合起来，加强涉农领域的定向推广，提高营销效率。应坚持虚心主动地向三农相关的尤其是农产品销售相关的博主推送信息，寻求支持，最终的产销对接机会也在这里。

第九章　农业+互联网：构建新常态下的现代化农业

第一节　如何构建新型农业经营体系

在农业和互联网的融合上，有两种不同的看法：一种认为这种融合拥有广阔的前景；另一种则认为目前面临的形势很严峻。对于后一种看法，互联网和农业的融合遭到批判的方面包括管理体系的不完善、品牌建设的不易、农村地区产业化程度的低下和农民市场观念的缺乏等。

在这方面，百度总裁李彦宏曾经表示，先利用互联网确保食品安全、建设农业的品牌，有了品牌之后，就能够整合包括种植或养殖、产品的加工、物流运输和销售等相关环节，接下来就可以向更深层次的领域进军，比如有机农业、高科技农业、旅游农业、休闲农业等方面，这样必定能够挖掘出农业领域的巨大潜力。

尽管一些商家已经尝试涉足农产品与互联网的融合，例如京东、顺丰，也有一小部分企业初步建立了自己的品牌，例如360大米。但是就目前的情况来说，农业与互联网的融合仍需要很长的时间去发展。不过，我们还是可以看看目前已有的实例，从中寻找发展的机会。

一、选择和决策

信息的收集和相关数据的处理在新品种的开发和筛选过程中显得尤为重要。这些信息不仅仅局限于市场流通方面，例如某种产品在市场上的供需状况和相关信息，还应该了解对该产品有影响的方方面面，比如产品种植地的天气状况、种植／养殖的频发灾害、政府的政策变动等信息。

除此之外，还需要保证信息的及时准确和足够的信息量。同时，信息的收集需要和有关部门进行合作，而这些都需要网络的参与。

人们对食品安全和健康的重视，也让我们将视线放回到了源头，关注种植/养殖过程的监控和品质的管理。

人们生活水平的日益提高使人们在满足物质需求的基础上越来越重视生活质量，这要求我们从生产过程的最初环节出发，加强对产品种植/养殖过程的监管力度。

如果有了农业物联网，就能把传感器接入网络。通过网络的信息处理对种植或养殖过程实行全程监控。一旦出现问题，农民能够通过网络找到问题发生的精准位置和诱因。产品的买家也能够通过农作物与电脑形成一体的标签及时了解农作物的生长状况。

举个例子，卖家与农作物种植方达成协议后，可以在网络上追踪农作物种植过程中的情况，也可以将所得的情况记录下来作为产品质量保证，为产品的销售增加砝码。

二、渠道的拓展

我们应该改变传统的想法，换个角度看问题，在农业与互联网的融合中，我们可以通过网络去改善农产品的流通环节，而不是一味绞尽脑汁地去改变农产品。互联网在流通环节为农业的发展提供了更多元的渠道和更方便、更快捷的流通方式，也调动了农民从事电商的积极性和主动性，这也使农村的生产方式根据市场需要更加注重相互之间的合作或者进行集中生产，使农民更加注重品牌建设和产品的渠道开发（也可以称为“商品意识”）。

这些改变促成了一些专门经营农产品的电商群落，比如三只松鼠、菜管家、易果网等。自此，许多商家看到了农产品与互联网结合的发展前景（也有部分商家将农产品经营与社会化媒体如电视等结合）。

360大米的营销方式反映出商家在销售中对产品种植环节的重视。互联网企业在农业领域的涉足，使商家在农产品种植环节就通过互联网与买方进行沟通，使自己的产品更能迎合市场需求。

在这方面做得比较好的电商还有中农网电子交易平台，这个网络平台的交易涉及大宗类产品（棉花、食用糖等）和农产品。这种方式被称为“B2B业务”。所谓“B2B”，指的是农户采用快递等物流方式将自己种植的农产品送到消费者面前。“聚划算”的“开心做地主”项目也用采这个模式运作。

三、资金和保障

2002年，肯尼亚为了方便小农户之间进行交流互动，建立了“Dr-umNet”网络平台。平台不仅为农户提供全面而丰富的信息咨询，还能够按照用户的意愿使操作界面符合其特定要求。

“DrumNet”平台还与商业银行合作，向小农户和零售商提供小额贷款服务，只是以非现金的方式进行。小农户或零售商通过“Drum-Net”的贷款服务从商业银行得来的贷款会直接到达农资公司，小农户能够在这里获得养殖或种植所需的生产资料。银行可以运用网络和现代通信技术对借款人的生产、销售、资金的运用等活动进行追踪查询，借款者的销售所得会自动回笼到收取他们贷款的账户。除此之外，肯尼亚还创建了一套农业保险系统，这套系统以搜索功能为基础，向小农户提供天气预报和市场行情，与保险人的互动非常紧密，可以运用这套系统对保险还款进行监控追踪，并且能使诉讼过程得到完善。

同样的例子还有大北农公司打造的事业财富共同体综合服务项目，该项目为经销商提供财务和信息服务渠道，把经销商的经营信息和信用数据集中起来。国内一些地区也在尝试促进农业生产和合作的尝试，这些尝试以经济投资为杠杆，成为农村金融改革的重要组成部分。

这些改革是在农村地区发生的，并且针对的对象是农民，他们在资金方面的需求没有集中性，而且抵抗风险的能力低并且没有抵押的物品。目前，一些地区为了解决农民对小额信贷的需求开始了网络信用体系的建设。网络在信息收集和分析方面强大的功能有效解决了农业保险的高复赔率难题。

The Climate Corporation是美国的一家公司，该公司向农民提供天气方面的农业保险。这家公司的信息平台中保存有250万个信息采集点的气候信息，根据平台提供的信息和现实中对土壤的分析、植物根部构造的研究以及大量的模拟实验得出天气结果来服务农业生产。

另外，中央出台的农业政策可能改变土地资产的流通情况和流动方向。阿里巴巴的“土地宝”虽然冒着相当大的政策风险，但也是对新模式的探索。

四、商业化

考虑到我国的多数农产品行业没有进行品牌建设，对农村信用和市场方面的认识也不足，许多企业和商家，比如360生鲜、中粮我买网都通过企业自己的农产品产地或者定向直接采购的方式保持正常运营。

经营专业合作和股份合作的农民合作社在2013年年末的注册数量达到98.24万家，有7412万农户入社，也就是说28.5%的农户参加了农民合作社。农民合作社成为农村地区实现农业的商业化转变、与互联网融合的主体。

例如，近年来，浙江省遂昌县逐渐发展成淘宝县，不仅在经营当地的特色产品（比如茶叶、竹炭等）上获得了成功，而且通过特色生鲜品在电子商务领域的团购营销模式为农业产品在网络平台的营销开拓了新的渠道。该县为了成功实现农民合作社和农业企业、农民的商业化，以电子商务带动农产品的发展，寻求特色农产品经营企业与网店协会的合作，使产品更符合消费者需求，为经营者带来了利润。

农民虽然是分散的个体，但借助网络平台提供的信息，也能够作为一个个独立的经营机构在网上经营自己的农产品。

农民生产的农产品通常都品种单一，那么他们在与销售者和零售商沟通中就会发现，他们的产品不完全符合市场的需求，如果能够突破自身的范围限制与面对同样问题的其他人进行合作，或者和农产品经营机构合作，就能打开市场。除此之外，农民也能在合作中借助合作方的品牌为自己的产品名誉增值，或者改变品种的单一性来迎合市场需求。行业专家认为，借助互联网平台将个体拓展为独立经营机构的方式加强了农产品经营与相关企业的联系，在这种联系下形成的合作组织可以超越地域和时间的限制，也能突破行业局限。如果合作范围能够进一步扩大的话，农民可以与分散的农产品销售者合作，在网络平台上作为一个虚拟公司共同经营，并且在产品经营过程中相互学习与借鉴产品生产和销售方面的经验知识。

五、增值能力

《失控》的作者凯文·凯利曾经指出，信息对称性问题的解决是互联网发挥的最大作用。确实，信息不对称的问题是当前农产品市场中存在的最大问题。也就是说，现在我国生态农业产业链的最大困难是市场信息的不对称，解决了这个问题，就能加快农产品的品牌建设。

第二个问题是如何把分散的客户在网络平台上组织起来，打造农产品的企业品牌，提高农产品的附加值。物质生活使消费者更注重商品的安全和质量，这就要求产品经营者在进行网络营销时抓住市场需求，挖掘产品的内涵，努力让消费者从产品最初的生产环节到最终的消费环节都能感受到产品的可靠性。

将农业与电子商务融合可以让农产品生产者与消费者之间直接沟通，简化了产品的流通过程，减少了流通环节，减少了产品在流通过程中的损耗，降低了流通成本，从而使产品的市场价格更合理，与产品价值与价格也更加相符。

借互联网的电子商务从事农产品的经营是对生产和销售关系的本质变革，利用网络平台提供的信息数据获知市场动向和需求，从市场需求出发进行农产品的生产，并利用多种手段实现更高收益。

把互联网和农业结合的新思想和新实践是对传统农业经营的彻底变革，在产品生产、销售、企业品牌的建设和农村地区商业意识的提高等方面助益良多，能切实解决农产品销售难的问题。

第二节　构建现代农业信息服务平台

互联网农业成为“互联网+”的又一焦点，受到了包括资本市场在内的多方关注，阿里巴巴、京东等互联网巨头也开始借生鲜电商介入农业市场，一大批农业互联网平台应运而生。然而，如何将互联网与农业有机结合，运用互联网发展农业市场，目前还没有已被证明成功的模式。我国的互联网农业尚处于初级发展阶段，还有很多问题需要解决。

一、农业信息市场需求量得不到满足

信息化水平是衡量农业现代化程度的重要标尺。尽管各方一直在推进农业互联网建设，并且取得了一定的成果，但是相比农业信息市场巨大的需求量来说还是远远不够的。

我国农业市场拥有将近4万个网站平台、3000多本专业的农业期刊，另外还有数百种与农业相关的报纸，以及一大批农业类广播电视节目，资源不可谓不丰富。然而，我国农村人口占全国多半，达9亿之多，而农村网民人口不到2亿，还有7亿多的农民消息闭塞，对信息的需求得不到满足。

二、农业互联网呈现四大发展态势

由于我国农业信息市场存在着巨大的缺口，因而我国农业互联网逐渐呈现出

多元发展的态势，在众多农业网站中，以农产品电商、农业导航、数据咨询、信息媒体类平台最多。

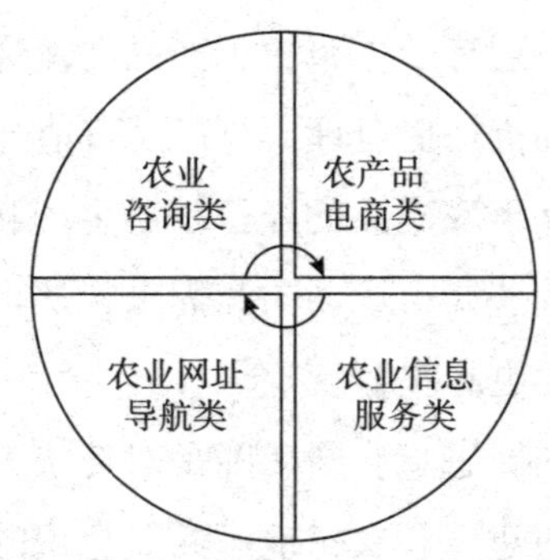

图9-1　农业信息平台的四种类型

（1）农业咨询类网站

农业咨询类网站的运营模式是将线下渠道的咨询信息发布到平台上，与其说是一个互联网公司，还不如说是一个披着互联网外衣的线下信息集中营。信息内容主要包括来自其他行业或企业的相关经验、先进的管理技术和工具以及成熟的工作方法。

图9-2　天下粮仓页面

跨行业的经验有助于帮助企业拓宽视野；借助管理领域的先进经验，企业可以变得更专业；将专业顾问高效的工作方法带到企业团队中，整个团队就可以迅速成长起来。

比如天下粮仓、卓创资讯、艾格农业等从事农业数据分析的资讯类网站，就是通过学习大宗产品期货市场数据分析等其他行业的成熟经验，进而开展自己的业务，取得了迅速的发展。

我国农业互联网起步较晚，数据资源并不丰富，甚至很多数据不可靠，严重影响了农业咨询网站的服务质量。数据的不可靠导致了部分咨询服务的不可靠，给农业咨询行业带来了很不好的影响。然而，随着行业的发展，以及农业企业对咨询服务的认知的提高，有实力的资讯类平台逐渐得到了发展，靠忽悠客户生存的滥竽充数的咨询网站逐渐被市场淘汰，农业咨询行业的发展逐渐步入正轨。

企业对农业咨询行业认知水平的提高，必将促使此类平台完善自身的服务，过去单纯售卖数据的模式已经不足以维持网站的运营，网站必须为企业提供完整的咨询服务，首先要严格按照企业的真实情况诊断其存在的问题，然后根据诊断结果设计解决方案，最后帮助企业实施整个方案。

（2）农产品电商类网站

农民的收入主要来自农产品的销售，所以销售环节是发展农业经济的关注重点。长期以来，农产品销售饱受渠道限制，除了卖给粮站、粮店以外没有多少选择，导致了农产品价格与农民收入偏低。

进入互联网时代，农产品品类日渐丰富，消费者的需求日趋个性化、多样化，农产品生鲜电商趁势崛起，喵生鲜、沱沱工社、顺丰优选等各种形式的生鲜电商纷纷冒出。

到2014年年底，我国大大小小的生鲜电商已超过4000家，涉农综合类电商超过3万家。自2014年起，推进农产品电商平台发展被纳入政府工作计划，意味着农产品电商即将被纳入正规军，逐渐向规范化、品牌化、平台化转型。

人们选择在互联网电商平台购物，除了便利之外，更主要的原因是价格便宜。低于实体卖场的售价，是电商平台吸引消费者的主要原因。然而，目前我国的农产品电商很难实现低价售卖，甚至很多农产品售价略高于实体店铺，这种状况的出现主要有两个原因：

一个原因是大部分农产品电商走的是高端路线，主要售卖有机、生态、可追溯的高品质农产品，高品质的农产品意味着更高的培育成本，更高的培育成本就意味着更高的售价。

更重要的原因在于高昂的时间成本和物流成本。生鲜类产品由于其本身的特性对物流的配送速度要求非常高，必须在尽量短的时间里送到消费者手中，如果在路上花费太久，产品往往不再新鲜，产品的品质随之大打折扣。而除了物流公司本身的运力、仓储、人工效率外，物流的配送速度更依赖于畅通的交通网络，这一点很难满足。很多偏远的地区农产品产地道路不通畅，消费者所在的城市也有限号、堵车等交通阻碍因素，这些都是生鲜配送的致命伤。

图9–3　沱沱工社页面

（3）农业信息服务类网站

在这四种类型的农业网站之中，信息服务类网站起步较早，大大小小的网站已经有3万多个，每天平均浏览量高达120多万次，这些网站为企业用户提供多种类型的信息和服务，内容涵盖农业领域的各个角落。

然而，这类网站虽然数量众多，但是成功的很少，有影响力的仅有几家，大部分网站资源分散，内容千篇一律，服务功能十分有限。造成这样的情况主要是由于此类网站资金匮乏而且缺少目光长远的行业领导者，没有大量的资金投入，很难健全网站服务功能。

图9–4　中国惠农网页面

（4）农业网址导航类网站

其他三类网站越来越多，农业网址导航类网站也随之发展起来，逐渐跻身最方便的网站信息搜索平台之列。在网站架构方面，这类网站几乎完全按照hao123之类的知名互联网导航网站的模式而建，在内容方面则涵盖了各大农业相关网站，包括产业链上下游的互联网平台，基本能够满足企业用户对各种农业资源的搜索需求。

农业网址导航类网站起步时间相对较晚，大部分都是新注册的网站，网页级别普遍较低，被搜索引擎收录的较少，而且基本都是文字导航，页面设置过于单调，各个网站大同小异，缺少引人注意的个性特点，影响力普遍较小，发展情况比较好的只有中国农业网站导航、中国农业网址大全等少数几个。

此类网站的未来，应该往差异化方向寻找。网站应该做出自己的特色，朝多元化方向发展，比如按照网站LOGO排列的可视网址导航，以及支持用户自己定制网站、更换网站主题等，为用户提供更好的使用体验。

第三节　智慧农业+电商模式+产业链模式

互联网已经渗透进各个产业，农业也不例外，互联网对传统农业的渗透主要表现为三种模式：将互联网技术应用于农业生产过程的智慧农业、将互联网电子商务应用于农产品销售的农业电商、将互联网融合于整个产业链的农业互联网生态。

一、互联网带来的智慧农业

智慧农业就是集成现代信息技术将农业生产过程标准化、机械化，通过大量的传感器感知农作物的状态，再将具体数据传输给计算机处理中心，由计算机处理中心做出相应的判断，然后将结果传送给终端执行。

如图9-5所示。

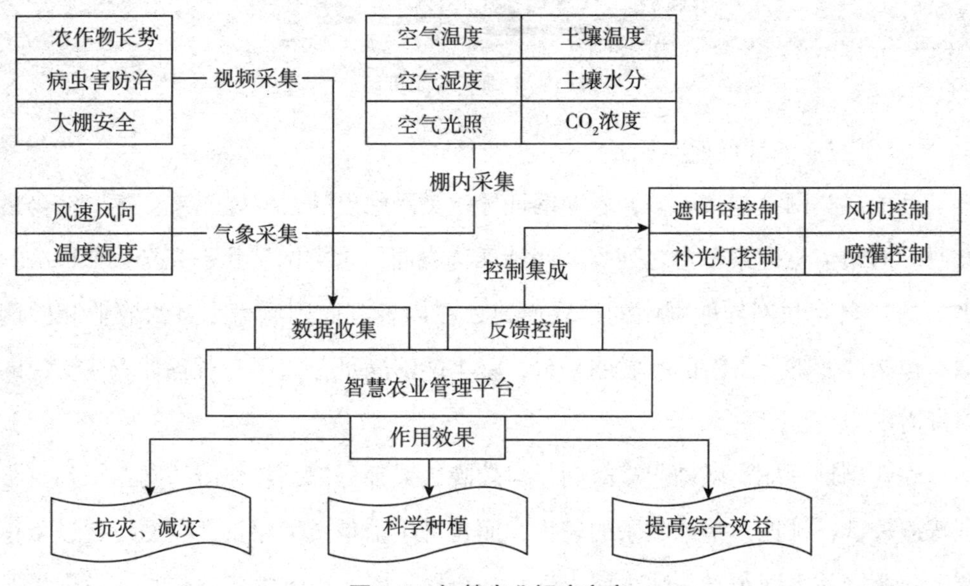

图9-5　智慧农业解决方案

相比于传统农业，智慧农业能够大大节约人力成本，同时加强了对农产品品质的管控，也更容易抵御干旱等自然风险，因而得到了积极的推广。

互联网带来的智慧农业，让畜牧养殖和农产品种植过程都变得现代化十足。国内已经有很多现代化农场实现了农产品种植、养殖的智能化。

位于北京密云县季庄的海华云都是一家经营智能养殖业务的生态农业公司。这家公司的养殖场里养着数千头奶牛，每头奶牛佩戴有一个电子身份识别卡，里面存储着这只奶牛的所有身份信息，包括年龄、血统、初次挤奶的时间等，这些信息会被智能挤奶大厅自动读取，奶牛产出的奶的品质会被智能挤奶杯自动检测，这样一个流程下来，只需要四五名工人就可以完成全部的挤奶以及质量检测工作。

类似的情形在这个养殖基地随处可见，比如在奶牛的喂养环节，由计算机中心控制的饲喂站会自动称取奶牛的重量，再参考奶牛电子识别卡中的信息，在后台计算出每只奶牛需要的饲料量，然后自动投料饲喂，整个过程全由机器完成，人们只需坐在计算机前轻点鼠标，就可以保证每只奶牛被饲养得健健康康。

图9–6　秦龙现代生态智能创意农业园

总投资100亿元的秦龙现代生态智能创意农业园（图9–6），是政府主导下的智能农业项目，该园区占地10000亩，主要开展智能化、规模化的农产品种植，从播种、浇水、施肥再到打药、采摘，全部实现了机械化自动作业。比

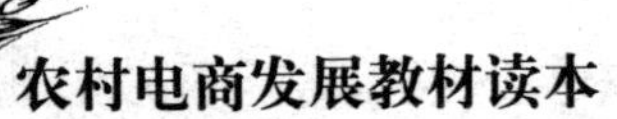

如，通过雷达定位和GPS导航，无人驾驶的飞机可以自动飞到园区上方对农作物进行喷药和施肥；通过传感器传回的数据，机器人可以自动判断果实是否成熟，自动进行采摘动作。

二、互联网带来的农业电商

互联网电子商务模式的介入大大拓宽了农产品的销售渠道，将农产品直接卖到了消费者手中，在将农产品卖得更快、更好的同时，也催生出一大批成功的农产品电商品牌，“三只松鼠”就是其中之一。见表9-1。

2012年成立的“三只松鼠”是一家经营坚果、干果、茶叶等农产品销售的新型电商，成立第一年就创造了3亿元的营业额，日销售额将近800万元，上线仅65天就夺得淘宝天猫零食坚果特产类目第一名的成绩，创造了农产品电商行业的奇迹。之所以能够取得这样的成绩，离不开“三只松鼠”独特的经营方式。

在经营产品范围的选择上，“三只松鼠”选择了年轻人爱吃的夏威夷果、松子、山核桃等干果；在店铺装修、包装设计上迎合“80后”、“90后”网购人群的喜好，跟紧时尚步伐；品牌形象方面选择了三只萌版松鼠，以动漫形象吸引用户，同时突出其森林系品牌定位；在细节方面，“三只松鼠”更是照顾到了方方面面。

在产品包装上设计“三只松鼠”的漫画，用附带的微杂志传播“慢食快活”文化，随产品附送封口夹、剥壳器、吐壳袋和擦手湿巾，这些设计别致又贴心的小工具甚至还有自己的专属名字，比如吐壳袋叫“鼠小袋”，擦手巾叫“鼠小巾”等。借助这些细节，“三只松鼠”打造出了良好的用户体验和品牌形象，在消费者群体中赢得了良好的口碑。

从策划运营角度，也能看出“三只松鼠”品牌的用心之处。“三只松鼠”通过大数据技术的运用，实现了对目标客户群体的精准营销，提高了营销效率；在服务方面，“三只松鼠”打造了精良的客服团队，保持与客户群体的密切互动，重视客户的反馈意见，并据此不断进行改进；在产品链的控制方面，“三只松鼠”选择了轻装上阵，从供应商处购进原材料，自己负责产品质量的控制和包装。

表9-1　三只松鼠的核心战略

三只松鼠的核心战略		
一个核心	让品牌和消费者更近，始终围绕这个中心部署战略	
四个要素	品牌：如何让品牌和消费者更好地沟通	动漫化：消费者也许会拒绝帅哥、美女，但很少拒绝童真和可爱； 互联网工具：微博、旺旺等沟通； 话语方式：以松鼠口吻拟人化沟通； 杂志：做看似与销售无关的杂志，其实是一种情感沟通
	速度：如何更快一点	提高坚果从树枝到消费者客厅的速度；提高消费者从购买到收货的速度；追求速度就是在追求产品的新鲜和更好的消费者体验
	服务：如何做到更加人性化	基于大数据的收集和挖掘，充分了解消费者，从而做到更个性化的服务
	品质：如何让坚果更好吃	
四化	品牌动漫化	
	数据信息平台化	互联网时代最大的特点是数据海量化、碎片化，客户的数据散落在不同的平台、不同的沟通介质（比如微博、微信和天猫的购买数据），因此必须借助IT系统，将数据信息打通，将客户资产有效地运营起来
	仓储物流智能化	提高单位容积的仓储效能，提高物流效能，提高货品的周转速度，进一步提升消费者体验，同时也是提升企业的核心竞争优势
	食品信息可追溯化	用物联网的技术实现农产品从采摘到餐桌的全程溯源，强化食品安全，保障食品品质

资料来源：天下网商。

“三只松鼠”的成功，揭示了农产品电商的一些特殊规则：要想在互联网时代把产品销售做好，必须做出自己的特色，尤其是需要重视产品文化的打造，以此迎合网购群体对特色、对文化的消费需求。

◆联想佳沃开创的跨界时代

2013年11月，联想控股投资的佳沃集团与曾经的中国烟草大王褚时健联合推出“褚橙柳桃”产品，即联想柳传志的“佳沃金艳果猕猴桃”与褚时健出产的“励志橙”的组合。“褚橙柳桃”售价不菲，但是在各电商网站频频创造了销售佳绩，成为互联网营销的经典案例，随即引发了一轮互联网大佬代言农产品的热潮。包括潘石屹的苹果以及任志强的家乡小米等，开创了一个互联网大佬务农营销的新时代。

联想控股对农业板块的布局，意味着互联网农业已经发展到了一个新的层次，互联网开始全方位改造传统农业，从生产过程的品质管控，到生产环节的生产水平提高，再到营销环节的创新设计，互联网技术被运用到了农业产业链的各个环节，搭建出完整的互联网农业生态。从长远来看，依托联想的全球战略，农业也可以实现全球范围内的产业布局。联想对农业的跨界，最终可实现农产品全程可追溯、全产业链运营和全球化布局。

联想对农业的布局，经过了对农业的认真研究，并对此有着比较平和的预期。在经营产品的种类上，联想选择的蓝莓和猕猴桃产品都是较为高端的农产品，这些农产品具有比较大的利润空间，更容易实现盈利。在具体运作上，联想通过对佳沃集团的收购，迅速完成了生产基地的布局，这在很大程度上缩短了投资年限。考虑到农业的周期性特点，联想在农业板块稳扎稳打，不急于求成，这也是联想农业的可贵之处。

伴随着“互联网+”的热潮，互联网农业正成为新的投资热点，在“打头阵”的联想之后，还有更多的互联网企业已经或者准备跨界农业市场。然而，农业是一个回报周期较长的产业，互联网农业的未来能否成功，现在还无法判定，让我们拭目以待吧。

第四节　如何构建“农企+农产品电商”的商业模式

我国的农业发展历史悠久，具有良好的基础，但仍然存在许多不足的地方，如果农业企业想要迅速与网络结合，就会受到非常严峻的考验。我国农业现在所处的发展阶段有以下特征：

1. 我国农业目前进入到转型阶段（即从分散型转型到订单型）

政府出台过有关粮食作物的扶持政策，但是以前我国农作物的生产和销售是相互脱离的，也就是说农民与消费者之间缺乏沟通平台，中间商则借机层层提高商品价格。这样的模式使得农作物陷入流通过程拖沓、农产品成本增加的恶性循环中。

农产品通常需要4~6个环节才能完成整个流通过程（从农民到消费者），农民收获的农产品会出售给收购商，再由收购商将产品转送到产地批发市场，经过运输，产品到达销地批发市场，最后消费者在超市、菜市场、农贸市场购买所需的产品。在这个流通过程中产生的消耗使得最终农产品的价格变成之前的两倍，因为除去管理费用和上缴的税金以外，每增加一个流通环节就会将农产品的成本提高5～10个百分点。

订单型农业能够有效提高农产品的流通效率，在农民和农产品消费者之间建立交流渠道和桥梁，极大地节约了产品的交易成本。

2. 农产品质量参差不齐，品牌混乱，缺乏企业品牌

中国的地理环境决定了中国农业物种丰富，不同的地理区域中有独具特色的农产品，但是许多具有地方特色的农产品都属于地域品牌而不是企业品牌。比如东北大米、新疆葡萄干、长城板栗、西双版纳蜜柚，甚至包括著名的西湖龙井。这样的情况造成农产品的质量达不到统一的标准，缺乏企业品牌，也难以进一步推广。最终受损的还是商家，他们投入大量资金却得不到相应的经济效益。

地域品牌只能小范围取得一定的经济效益，想要在整个国内市场甚至国际市场上立足，就要依靠像“都乐”这样的企业品牌，因为它们的菠萝和香蕉享誉全球，所以也能卖出好价格。

当前我国的农业企业忽略了品牌的塑造，缺乏农产品企业品牌，相反却说明这方面蕴含着巨大的潜力，应该抓住时机，在农业连接互联网的同时打造农产品企业品牌。

一、困境：农业电商面临的三大问题

农业农商面临的三大问题如图9–7

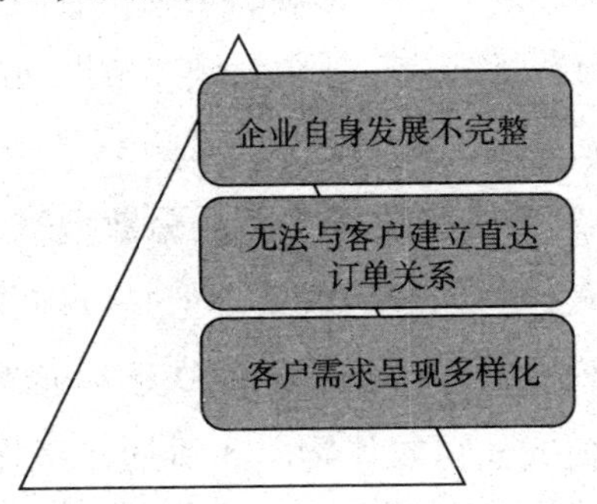

图9–7 农业电商面临的三大问题

1. 企业自身发展不完善

（1）中国企业长期以来依赖人工管理，企业的现代化程度低，不能充分利用具有丰富信息资源的互联网，信息管理系统并没有大范围应用到企业内部。更不用说是农业企业，而那些配备信息管理系统的小部分企业也只是注重表层信息，不能有效利用信息进行企业的发展。

（2）企业不能充分认识品牌的影响力，忽略企业品牌建设，也没有打造自身品牌或者农产品品牌的计划，不能依靠品牌效应提高产品价格，也无法从中获得更多的利润。小部分企业的地域品牌效益低下，还有一些具备企业品牌的企业，不能发挥品牌在市场竞争中的作用，也不会进一步完善企业品牌。

（3）企业接受新事物的能力差，农业企业固守传统观念，缺乏对电商的清晰认识和发展趋势分析，有限的视野让许多企业在电子商务面前缩手缩脚，不敢尝试，他们没有认识到互联网在商业发展中的作用，不知道应该怎样将互联网运用到企业经营中，也跟不上电子商务迅速发展的潮流。

2. 无法与客户建立直达订单的关系

农业企业对电子商务的接触不够，不能有效利用现代信息手段从策划、市场、营销等各环节降低成本和实现价值增值，与客户之间无法高效沟通，而必须经由中间商，这些都是农业企业没有网络运营经验的证明。

3. 客户需求呈现多样化

（1）供需矛盾更加激烈，供过于求的现象频发。在农业领域，农产品没有统一标准，由于顾客所处的区域变化，他们也会产生不同的选择，所以客户的最终需求很难把握。这样，农业企业的生产和客户需求之间容易脱节，造成过多的产品积压。这是传统农业企业面临的难题之一。

（2）在流通过程中，大幅度的成本增加降低了企业的回报率，而农产品又通常无法长期保鲜，如蔬果、肉制品等通常需要很高的保鲜手段，这就要求这类农产品在尽可能短的时间内完成整个流通过程送达消费者手中，否则，时间越长，成本越高，产品的损耗越多。一些商家对产品进行的临时保鲜处理一定程度上能够减少产品损耗，但也无法做到产品质量始终如一，这也不利于企业自身品牌的建设和维护。

（3）经过众多流通环节，农产品的市场价格通常与其质量不匹配，多数消费者既想购买到质量好的商品，又不愿意出太多的钱。前期没有注重品牌建设和推广，使得企业生产的产品在消费市场上没有牢固的群众基础和良好的口碑保证，企业也就无法从品牌效应和包装效果中获得增值，即使企业进行了大量的前期投入来保证产品的质量，也无法在市场上以高价格进行出售。

二、破局：农业电商的突围之道

1. 与专业从事农业经营的机构进行合作

农业企业想要获得消费者的青睐，让自己的产品在消费者心中树立起相应的地位，首先要做的是让消费者记住自己的品牌；之后，企业应该发展长期客户，让消费者增加对该类产品的消费频率和消费额度，也可以向消费者推荐本企业的其他产品，这样，当消费者产生需求时就会自然而然地购买该企业的产品。

要达到这样的效果，需要企业坚持不懈的努力，需要企业寻找在农业和电子商务方面有见解和经验的专业经营机构并进行合作。

专业从事农业经营的机构会与企业形成良好的互动关系，根据调查和企业提供的信息数据制定策略，在企业的生产和销售等方面提供指导，使企业的产品迎合市场需求。

农业企业不仅需要建立电子商务体系，更需要通过有效的客户引导性营销，

真正实现“以销定产”，在损耗可控的条件下，稳定企业销售利润。同时，还能通过及时、全面的信息情报，申请政策资金的支持和投资商的支持，有效解决企业发展过程中的资金瓶颈及相关政策导向问题。

2. 直接与消费者接触

（1）建设实体连锁店。在城市各个区域开设店铺，多种方式（直营或加盟）经营企业的特色农产品，依靠自身力量进行产品运输，在店面进行产品推广和品牌营销。宜家宜厨是河北的生鲜连锁企业，该企业在城市的各个社区开店面，主营生鲜蔬菜，同时经营粮食、食用油、干货等农产品，以商品价格合理、品质优良获得消费者的青睐，也为企业品牌做了很好的推广。

（2）发挥品牌效益。实行适合企业自身的CIS品牌规划，重视品牌推广方面的投资，发挥品牌的拉动效益，积极促进消费。可利用多种方式来推广品牌和吸引消费，比如向消费者展示公司实力，在消费者集中的地区和时间段进行品牌的展示等。例如洪山菜薹是武汉的特色产品之一，将洪山菜薹的历史和其种植地的稀缺性纳入产品的营销中，运用道家哲理进行品牌推广，让产品具有了文化附加值，既吸引了消费者对高价值产品的关注和选购，也为企业带来了品牌拉动作用下的利润。

（3）利用网络平台连接企业与消费者。电子商务运营在互联网平台上将企业与消费者连接起来。消费者直接与企业取得沟通，企业根据消费者所下的订单进行安排，也可以在电子商务平台宣传自己的产品和品牌。

（4）将电子商务向复合型方向发展。综合分析企业内外的情况，充分利用企业自身的品牌、渠道等优势条件，并与互联网电子商务结合，将企业的电子商务向复合型方向发展，既可以把企业品牌与电子商务结合起来，也可以把企业在各地开设的实体店连接到电子商务的平台上，充分发挥企业优势，利用复合型商务体系拓宽产品覆盖面，使线上线下形成整体，并与消费者直接联系，开发潜在消费市场。

第五节　互联网思维VS小农经济

电商巨擘通过墙体广告为自己做宣传，其标语故作搞笑：“生活要想好，赶紧上淘宝。”这句熟悉的广告标语不禁让人们想起了过去那句曾经到处都是，村民张口就来的宣传语："要想发家致富，赶紧养猪种树。"这种照搬经典的广告标语，在已经走入现代生活的新农村人看来，已经不那么高明了。

这种现象出现的根本原因在于，在城市当中发展成熟的互联网思维并不适用于农村的互联网发展状况。互联网销售在我国城市地区已经发展得相当成熟，但是若直接将这种城市互联网思维运用于农村，必然会产生矛盾。随着经济的发展，我国农村地区的网络建设也取得了快速发展，但是还远不如城市。综合而言，农村的互联网发展建设依旧面临着诸多问题。

一、农村浅度互联网用户居多

近几年，农村很多地区已经覆盖了宽带，这极大地促进了互联网在农村地区的发展，电脑开始走入寻常百姓家，且普及率逐年升高。

与电脑普及的发展速度相反，电脑使用程度的发展却并不乐观，表现在农村居民对于电脑的认识和运用情况仍旧处于非常浅显的层次。农村的电脑安装用户多将电脑用于娱乐，只是玩玩游戏、看看视频等，很少有人通过电脑进行网上购物，而便捷的网上本地生活服务更是无从谈起了。

这种状况导致农村互联网服务发展缓慢，甚至无法展开服务，而智能手机的出现让这个问题变得更加严峻了。智能手机可以部分代替电脑的功能，只要使用手机就可以获得很多的互联网服务。因为智能手机的出现，农村的互联网化懵懵懂懂地进入到了移动互联网时代。由于没有经历PC互联网时代，这种跳跃式的发展使得农村居民并没有养成使用互联网的习惯。

例如，几个打工的青年在城市待了一段时间后回到家乡发展，在一个不到30万人的小县城里，他们开的正是一家提供互联网服务的公司，名为兄弟讯通。开始，他们按照自己的工作经验，全套照搬城市公司的运作和服务模式，构建了自己公司的门户网站，并由专人维护更新，还创建了微信公众号，甚至都有自己的移动端生活社区，但是效果却并不好。

究其原因有以下几个方面：

①农村地区并未完全实现网络化，绝大多数地区没有实现电脑办公，所以白天基本没有人上网。

②即使很少的一部分人在上网，也只是聊天、逛贴吧等。

③普通居民使用智能手机的人仍为少数，且手机多用于用通信或是游戏娱乐。

④居民缺乏对互联网生活服务的认知，并不了解互联网的功能以及应用。因

为没有相对活跃的环境，没有用户关注，公司的网站形同虚设。也无法吸引顾客登门。

他们发现农村和城市的环境存在很大的差异后，意识到从城市照搬回来的经营模式在农村并不适用。所以，他们转变角度，把信息印刷在宣传单上，并在传单后面附上公司信息和经营的服务范围，在人群密集的地方向人们发放传单，供人们免费传阅。后来，陆续有企业与他们洽谈合作事宜，也有不少人用传单上的二维码关注了公司的微信平台。

上述事例说明，互联网在农村地区仍然有待进一步的发展，目前通过互联网平台进行推广的方式在农村还不适用。

二、自上而下的巨头式扩张不符合农村实际情况

农村地区俨然已经成为各大电商竞相争夺的战场，京东、苏宁、阿里巴巴都在农村地区积极开展宣传工作，不过墙体标语式的宣传所取得的效果微乎其微。

由于农村地区的交通设施还不完善，相应的物流服务也有待进一步提高，所以与城市不同的是，电子商务在农村的发展不可能一蹴而就，还需要经历一个漫长的过程。

现在大多数农村地区，人们不能享受送货到家的服务，而是要由居民自己到快递站点取东西。因为农村地区的人口分布比较分散，如果送货上门就会提高成本。京东虽然可以自己提供物流服务，但在农村地区的发展仍然有限，而且有些大型的商品在农村地区的运输确实比较困难。

自上而下的巨头式扩张虽然在城市的发展中取得了良好的成绩，但在农村地区的实施过程中却遇到了挫折。

“村村乐”是北京村村乐科技有限公司上线的互联网平台，用户可以在网站上查询所需的信息、政策新闻，也可以在平台上与其他人交流互动。不过借助网络平台的线上经营只是一方面，除此之外，“村村乐”还为国内60多万个村里的农民提供线下服务，既能提供信息，又能实际操作。

大电商采用的是自上而下的扩张方式，“村村乐”反其道而行之，采用自下而上的方式，他们在农村的各个地区设置服务站点，聘用在农民中具有高信任度的大学生村官和科技致富带头人来灵活管理各地的服务站，借助自身的平台优势结合市场需求帮助农民解决农产品的销售问题。

另外，“村村乐”根据农村地区的情况，采用农民能够接受的传统宣传方式帮助农产品和涉农企业进行产品推广，这些措施都取得了不错的效果，受到了农民的欢迎。因为能走到农民中间，“村村乐”在农村地区得到了快速的发展，在农民心目中具有了一定的地位和良好的信誉。

农村的市场之大为“村村乐”的发展提供了巨大的想象空间，依托80%的农村覆盖率和20多万村官资源，未来“村村乐”在电商领域、本地生活服务领域以及互联网金融领域都将有着相当大的发展空间。

三、农村的O2O需求大多已被通信方式解决

新兴的经营模式在发展到一定的程度和规模后都会迎来自己的鼎盛期，O2O模式也不例外。特别是政府为发展互联网经济出台了一系列相关政策，也为O2O模式的进一步发展起到了促进作用。

在这种新模式的鼎盛期，无论是金融业、服装业，还是房产开发行业等都把O2O模式作为盈利的法宝。虽然在农村地区也可以推行这种新模式，但是农村的类似需求大多已经被通信方式解决。

就拿订餐来说，在城里，大多数人已经习惯于网上订餐，但是农村居民会选择向饭店打电话订餐。只要能满足需求，他们就感觉没有必要去学习新的方式。

这种城乡差异是在一定的背景下形成的。城市存在着形形色色的消费场地，网络建设和配套的基础设施已经很完善，对消费的一方而言，他们与卖家的关系只是简单的钱货两清的交易关系，他们在拿到商品后与卖家再无交集，因而也无须付出商品价钱之外的任何东西。电话联系卖家需要注意自己的语调、情感流露，但是互联网则会简化这个过程，使他们更习惯于网上交流。

但是农村地区的情况恰恰相反。农村的规模大都比较小，居民之间的关系紧密，低头不见抬头见，在他们看来，即使是订餐这样简单的活动，通过打电话也能顺带联络一下邻里之间的感情，而互联网更像是陌生人交流的方式。在这样的情况下，O2O模式在农村地区开展得并不顺利。

近年来，农村地区的经济也有了大幅度的增长，在一些规模比较大的村子里也出现了餐馆。来餐馆光顾的不仅仅是过路人，还有当地的农民，比如有些农户家里举办婚宴或者其他大型活动需要招待客人时，除了自己家做菜还能向餐馆老板打电话订餐，这样的招待方式省心省力又不会怠慢客人。

餐馆做好饭菜后在吃饭时间直接送到农户家里，等到农户家里的活动结束后再找适合的时间来取钱，这种基于人们之间的熟悉和信任关系的经营方式在城市是不存在的，即使是先进的O2O模式，服务也不可能这么周到。

所谓的互联网思维，最重要的就是从顾客的消费需求出发，为消费者提供高水平的服务，让其享受最真实的体验。

上面所讲的农村地区的上门餐饮服务在某种程度上来说与这种思维是一致的。许多传统经营模式的商家把互联网经营思维看得深不可测，其实是他们没有抓住互联网思维的精髓所在，服务水平和服务质量的提高才是他们真正应该做的，让消费者在商家的周到服务下真正满意才是成功之道。

第六节 “村村乐”：致力于打造农业领域的阿里巴巴

“互联网+”在许多领域已经产生效应，在与人们日常生活相关的农业领域也已经有先行者介入。那么，“互联网+”能否在农业领域取得一如既往的成功而为后来者提供借鉴呢?

一、“村村乐”：中国农村市场渠道推广专家

“村村乐”是北京村村乐科技有限公司实行的一个项目，该项目希望能够将省、市、县、镇、村五个行政区域相结合并形成一个整体，将自己打造成为“中国农村市场渠道推广专家”。

“村村乐”网面向农村，是目前我国面向农村的门户网站中最大的互联网交流平台（见图9–8）。网站将社交、商务、信息发布合为一体，全方位向国内农村用户提供有关经济、生活、娱乐等多方面的服务信息。

在这个信息内容丰富的平台上，你可以根据自己的需要搜寻信息，既可以与农民交流互动，了解他们的需求，开发农村市场，也可以利用平台进行交易，还可以了解国家最新出台的农业扶持政策。“村村乐”在发展中形成了自己的独特之处。

图9-8　村村乐网页

★具有很强的综合性。“村村乐”网站将社交、商务、信息发布融为一体。发布的信息涉及经济、日常生活、娱乐等方方面面，具有很强的综合性，只要是涉及农村地区的信息内容，都可以在其中找到相关的提示和启发。

★覆盖范围广。作为我国最大的面向农村的门户网站，“村村乐”的信息覆盖率超过了全国村庄的80%，34个省、区、直辖市无一遗漏，精确到660521个村，其中的信息量之巨大和丰富程度可想而知，可以说，登录该网站，你便成为了解我国农村的达人。

★由分散到统一的管理。“村村乐”的管理人员分散在全国各个地区，每个区域都设有自己的站点并有相关人员进行管理，最后将各个地区的信息集中为一个统一的整体，这样做既有整体性又能够做到灵活管理，高效统一。

★能够有效整合各地的资源。“村村乐”网站在各级行政区域布有信息采集人员和执行部门，信息和资源的有效整合和各部门的协调合作是正常运营和进一步发展的保证。访问者通过网站进行信息查询，可以获得自己所需，这极大地开拓了农民的视野。

★效率高、更新快。高效的信息采集和统一的管理是“村村乐”网站及时更新信息的保证。农村地区的生活、经济信息在各个地区的站点进行快速更新，在网站上及时发布，网民能够利用信息做出快速反应。

★村与村之间、人与人之间高效的交流互动。各个村庄之间、村民个体之间通过“村村乐”网站搭建起来的信息交流平台互相对话交流，体现出网站的服务水平和服务的高度专业性，能够推动农村各地区之间的合作。

★多元的营销方式。为了达到营销的目的，“村村乐”将多种方式结合起来使用进行产品推广，并能够根据产品特点选取合适的方式进行重点推广。电影、广告、人为宣传、广播、标语是农村地区可以适用的营销策略，这样不仅可以解决农产品的销售问题，也能够吸引投资商的注意。

★明确服务宗旨，推动农村经济发展。“繁荣村庄、便捷村民”的宗旨明确后，“村村乐”为农民提供丰富而完整的信息，通过网络平台促进合作交流，根据各个地区的特色和资源促进经济发展，真正做到农村地区的市场开发。

★为农民谋利，帮助其致富。“村村乐”利用自身的平台优势和掌握的信息资源，为农民寻找商机提供有益的帮助，让他们足不出户就能够了解相关的市场需求和政府的惠农政策，帮助农民发家致富。

二、“村村乐“怎样整合全国60余万村落

农村地区的资源数量巨大却非常零散，如何将这些资源进行整合是解决农村问题、发展农村经济的关键，”村村乐“网站很好地找到了这个核心并对资源进行了有效的集中管理，通过网络平台将分散在全国各个地区的信息汇集起来。

（1）怎样推广高质量的农产品

迄今为止，“村村乐”网站的信息范围涵盖66051个村、45193个乡、3147个县、347个市、34个省，包括港澳台的农村地区。对于想要开发农村市场的商家来说，“村村乐”网站为他们提供了各个农村地区的产品信息和市场需求。对于想要解决产品销售问题的农民来说，“村村乐”网络信息平台为他们提供了多种方式的营销渠道和与商家联系的渠道，因而许多农民投身于电子商务行业，找到了自身发展的契机。

不论是多么偏远的地区，只要能够充分利用好网络平台，就能够在线上进行产品宣传和推广，可见，“村村乐”网站的确为农村经济发展和农民从事电子商务提供了极大的便利。

（2）“村村乐”如何取得农民信任

许多人包括许多农民会质疑，说从事农业生产的农民因为缺乏经验可能无法成功投身于电子商务。面对农民的犹豫和来自社会各方面的质疑，“村村乐”网站将管理任务划分给了各个地区的分站站长。

“村村乐”在挑选分站站长时，将候选人群锁定在大学生村官与科技致富带头人之中。之所以做出这样的决策，主要是大学生村官是农民眼中带领他们取得进步的一个群体，他们相信这些有知识有文化的年轻人，认为他们有活力、有干劲，能够帮助他们开阔眼界，找到发家致富的新道路。

现在，已经有20多万人在各个地区担任“村村乐”网站的站长，他们主要从事管理网站、开发农村市场、进行产品宣传和营销、吸引投资商的投资赞助等工作。

早在2012年，“村村乐”就发起“家电下乡”活动，通过各种营销手段开拓国内的农村市场，利用网络平台搭建起企业和农村居民需求之间的桥梁，解决农村地区的供需矛盾，用最小的成本、最高的回报率和科学合理的方式解决了与农村居民关系密切的食品、家电、通信等各行各业的市场开发、产品推广、品牌建设问题。

三、“互联网+”能链接农业吗

农业与互联网链接的脚步相对缓慢一些，不过随着发展，这个链接也慢慢开展起来。村村乐就是这方面的典型例子，它对农业与互联网相结合进行了有益尝试。

在项目实施过程中，“村村乐”实现了我国大部分地区村庄的覆盖，为农村经济的发展解决了一些实际问题。例如，通过在农村地区进行广告标示、免费播放电影、为农产品和相关涉农商品的销售提供帮助等多种方式引进战略合作，另外，还帮助农民解决技术难题和他们在资金方面的困难。

除此之外，打造一个覆盖农村的连锁超市系统，以超市小卖部为据点的销售中心、服务中心、信息交流中心和物流代办中心等计划，目前也正是“村村乐”考虑的范围。

虽然村村乐在农业与互联网的结合上做出了很好的示范，但是这种融合方式仍然需要不断发展与实践。让农业与互联网实现融合并不仅仅是指农业能够连接互联网，而是需要在互联网平台上真正实现农村经济发展方式的转变。

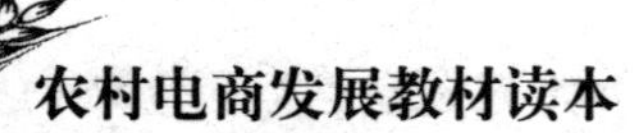

农村的地理位置、交通状况、人们的文化观念都会影响到农业的发展，这就使得农业与互联网的链接会出现时间上的滞后。令人欣慰的是，随着发展，人们的思想也在不断进步，像“村村乐”这样的网上交易平台也将得到更好的发展。

第七节　县域电商——县长们的新课题

2014年7月，由阿里巴巴集团主办的全国首届县域电商经济与电子商务峰会在杭州举行，来自全国各地的176个县长不约而同前往，共同探讨县域电商发展课题。为什么县域电商似乎一夜之间成为县长们热议的话题？主要来自两个方面的原因。

一方面，是传统县域经济发展面临转型的压力。经济下行压力增大，财政支出压力增大；招商引资的土地、环境约束越来越严，产业转移承接困难；经济转型升级面临基础设施、金融环境、人才支撑等现实制约；经济要素流出格局没有扭转，工业化、城镇化、农业产业化、信息化难以同步。在此情况下，县域经济的发展确实需要新元素、新动力，而电商经济却在2008年世界金融危机之后逆市上涨，发展十分迅猛，并加快向县域渗透，恰好为县域经济发展转型提供了新动力。

另一方面，已经实践的县域电商带来了成功经验，展示了县域电商的现实潜力。简而言之，电商带给县域经济的五大积极影响，一是民生新福祉，让农村群众享受到了信息化的红利；二是消费新热点，让中央农村工作会议提出的开发农村消费市场有了实现的可能；三是创业新载体，让农村青年返乡创业有了好的载体；四是增收新渠道，以电商促进农产品销售增加农民收入；五是转型新动力，以电商为切入点推动经济发展转型升级。

也正是在这样的背景下，县域电商风生水起，一时成为县域经济发展的新亮点，一大批县长们挽起了袖子，甩开了膀子，准备大干一场。2014年9月，阿里研究院推出《阿里商业评论（第二期）》（见图9-9），做了一个县域电商的专辑，初步梳理出9种县域电商模式，加上后来总结的陕西武功，共10个模式，各有特点。还有作为县域电商领头羊的浙江义乌，虽然与一般的以农村电商为主要内容的县域电商明显不同，而且发展方向也与一般的县域电商明显不同，但依然对县域电商发展有着可资借鉴的意义。

图9-9 小县域 大影响

总体而言，浙江遂昌是农村电商的全面探索者，以政府的背书推动农产品电商，以电商生态的构建推动县域电商，以赶街项目开创了农村电商的先行试验；浙江义乌是网上的再造，起得早，动作快，让小商品城在网上实现了又一次超越，今天又向跨境电商高地迈进；浙江临安是线上线下齐飞，将线下成熟的山核桃产业推到了网上，实现电商与实体产业良性发展；浙江丽水的电商服务模式值得称道，“梧桐”工程收到了良好效果；浙江桐庐犹如大树底下好乘凉，以完善的基础、优越的地理区位和对农村电商的深刻认识，赢得了阿里巴巴农村电商第一个试点的落地；河北清河在传统贸易模式日渐衰落的情况下，通过农民的首创，政府的积极推动，在网上实现了羊绒产业的二次繁荣；山东博兴的淘宝村双子星座的生动实践，演绎了县域电商的新农村包围城市，给人启示良多；浙江海宁的皮革电商历程，更让人清晰地认识到了电商绝对不是产业的末端销售这么简单，而是对整个产业体系有着深刻的影响甚至是根本改造；甘肃成县则在县委书记的带领下，以微博作为载体，集中精力在一个核桃单品上下工夫，找到了贫困落后地区电商的一个有效切入点；吉林通榆在电商氛围、人才等条件匮乏的情况下，以系统的委托这种方式实现了农产品原产地直销模式的电商起步；陕西武功则充分利用了区位优势，突破了县域的限制，以“买西北、卖全国"的响亮口号，实现了从县域电商到电商经济的跨越。每一个县域电商的实践都在启示着一个共同的问题，在情况千差万别的情况下，县域电商必须从实际情况出发，找到自己的真正优势，提出对应的有效措施，不可盲目照搬别人的模式，也不可简单地攀比。

一、浙江遂昌：农村电商的全面探索者

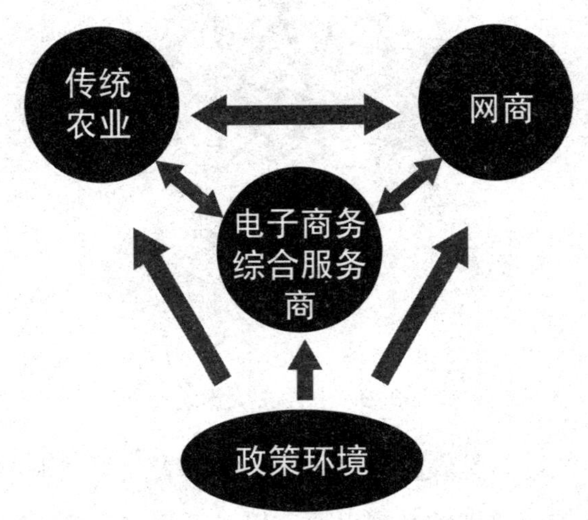

图9-10 遂昌模式示意图

遂昌模式示意图 如图9-10所示。

在所有县域电商的案例中，遂昌的案例尤为突出，因为其在基础条件较差的情况下，靠自己一步一步地探索，为广大的山区县和中西部电商后发地区趟出了一条由农产品电商到县域电商之路。2012年遂昌县实现电商交易1.5亿元，2013年1月淘宝网遂昌馆上线，2014年赶街项目启动，全面激活农村电商。目前，这个仅7万人口的小县城已有6000多人从事农村电子商务产业，开有1500多家淘宝店，2014年实现网上销售额为5.3亿元，同比增长76%，其中农产品销售额为4.1亿元，同比增长70.8%，初步形成以农特产品为特色、多品类协同发展、城乡互动的县域电子商务“遂昌现象”。遂昌在电商方面的探索，不仅路径独特，而且内容宽广，下面从三个层面做一些分析。

二、遂昌农产品电商：政府的背书

遂昌的电商是从农产品起步的，并且带有明显的政府推动痕迹。但与一般行政推动不同的是，遂昌较好地分清了政府与市场的边界，以有形的手为无形的手服务，充分发挥协会组织的作用，让市场主体全面发育，取得了良好效果。

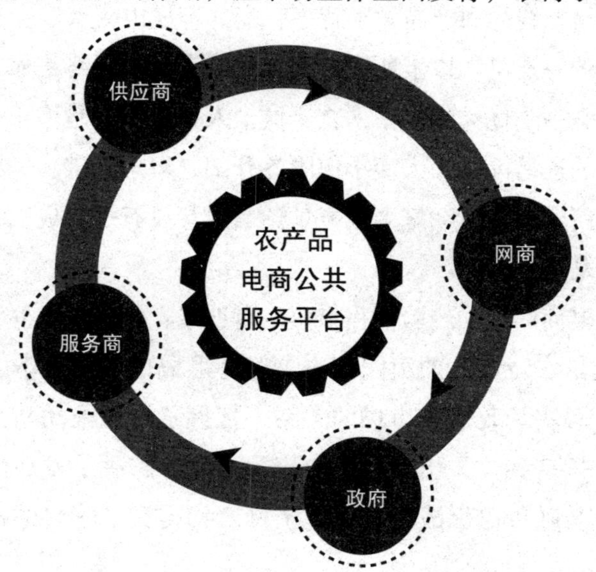

图9-11　农产品电商公共服务平台示意图

众所周知，农产品电商面临的一个重大问题是标准化程度差、食品安全难以让人放心。但这一情况并非一两个企业可以改变，是一个非常庞大的系统工程，非由政府主导不可。所以，遂昌的农产品电商起步之初，政府必须发挥应有的行政推动作用，在整合产业链上下工夫，不仅要系统开发全县的农产品资源，还要科学包装营销，更需要统一标准，保证质量。但政府又不能直接成为市场主体，必须以一定的形式来实现这一作用，于是网店协会起到了关键作用。遂昌电子商务协会的性质是农村电子商务公共服务平台（见图9-11），自负盈亏，是协会+公司的性质，二者合体。遂昌县网店协会成立于2010年3月，主要承担平台公共服务项目；浙江遂网电子商务有限公司成立于2011年3月，主要承担协会旗下增值服务项目。

到2012年，遂昌网店协会会员1473多家，其中网商1268家，供应商164家，服务商41家，提供近5000个就业岗位。县政府出台“全民创业支持计划"及配套政策，每年不低于200万元财政补助，建设3000平方米的配送中心和遂昌农产品检测中心，建立“政府+农户+合作社+网店协会+淘宝网”多方负责的品控机制。农民只负责养殖或者种植，产品由当地合作社收购，再由网店协会统一收购、统一仓储、统一配送、统一推广，农民负责电商的前半段，网店协会负责电商的后半段。这样，在表面的协会组织后面，是政府强大的支持，这就像政府以自己的信誉为遂昌上线的农产品做了背书，却并不显山露水。

还必须注意的一点是，以上所有这些完善的设计，最终是靠一个优秀的团队来执行的，特别是一个优秀的领军人物，这个人在遂昌就是潘东明，一个在外创业返回家乡发展的遂昌汉子，人瘦小但眼界开阔，思想先进，一路带领遂昌电商跨过一个又一个门槛。为什么好多地方学遂昌，却没有那么成功，缺少一个优秀的领军人物无疑是重要原因。

遂昌农产品电商的成功经验值得借鉴的有四条：一是系统开发，多产品协同上线，形成了遂昌农特产品的组团出击，容易形成市场的冲击力；二是以协会打通产业环节，解决了政府与市场的关系，把握了行政推动与市场主体发展的边界；三是政策扶持到位，出台的政府较为系统，解决了发展的瓶颈问题；四是由政府出面，与阿里巴巴战略合作，上网之初得到了平台的推广，迅速形成了市场影响。

三、遂昌县域电商：电商生态的重构

在初期的“遂昌现象”之后，遂昌探索的步伐并未停止，逐渐提升为“遂昌模式”，即以本地化电子商务综合服务商作为驱动，带动县域电子商务生态发展，促进地方传统产业特别是农产品加工业的发展，“电子商务综合服务商+网商+传统产业”相互作用，形成信息时代的县域经济发展道路，初步形成“电子商务发展—电商服务业兴起—电商生态完善—传统产业升级—居民网络消费提高”的正向循环。

电商从来不是一个孤立的产业，既没有改变商业的基本逻辑，更不可能成为脱离实体经济的空中楼阁，一个强大的电商体系，必须有强大的产业基础来支撑，有强大的产业生态来配套。从一般的实践角度看，当自发的农村电商主体发展到一定程度的时候，一定会出现对电商生态系统的强烈要求，因为随着电商规模的日益壮大，电商的各个环节开始相对独立成为一个独立的产业形态，逐渐会出现一个电商涉及产业的纵向一体化趋势，和横向关联产业的协同发展趋势，客观上会要求越来越细的分工，越来越完备的产业协作。遂昌在农产品电商规模上亿元后，客观上已经出现对电商生态建设的强烈要求，必须顺势而为。由此，一个庞大的电商服务商系统开始形成。

2013年中国电子商务交易总额超过10万亿元大关，而同年中国电商服务商经营规模也突破1万亿元大关，越是电商发达的地区，电商服务商越发达。道理很简单，小打小闹可以“小而美”，一个人两个人可以干多个角色，让一个网店运行得不错；一旦生意做大了，就必须不断分工，这就意味着人才需求大增和成本相应上升。所以，当大规模的网店上线后，往往会出现不会运营现象，各个网店要进行全功能的运营也非常困难，客观上需要一个服务平台去规划、营销、推广，让农民回归种植、养殖，让开网店的人回归到店铺运营，网商自己只需要担任客服，其他都可以交给协会平台按需要整合和分配资源。比如四五个人的电商团队就需要一个设计师，完全可以由平台共同聘用一个设计师服务，专业摄影与美工可能全县有几个也就够了，这样才能节省成本。

遂昌在农产品电商演化为一个县域经济形态时的一系列做法，带来的最大启示是：一个成熟的电商必须依靠成熟的电商服务来实现，就是要依靠服务商与平台、网商、传统产业、政府的有效互动，构建新型的电子商务生态，由此才可以助力县域电商腾飞。

四、遂昌赶街：农村电商的先锋

图9-12　赶街——新农村电子商务服务站网页

目前的县域电商，整体还把目光聚焦于如何把本地的东西卖出去，无论是农产品也好，还是当地的消费型工业品也好，上网卖是一个主要诉求。但随着农村的发展，让农村人也能在网上买东西成为一个现实的需求，中间同样蕴藏着很大的商机。根据预测，2016年中国农村电商消费总额将达4600亿元，这无疑是一个让人心动的电商新市场。而遂昌的可贵之处在于，创新与务实结合，探索的步伐从未停止，又率先探索农村电商的落地问题，连马云也是在参观遂昌赶街项目之后才启动农村电商战略的。

遂昌赶街的功能定位是：建立“赶街——新农村电子商务服务站”（见图9-12），以定点定人的方式，在农村实现电子商务代购，生活、农产品售卖，基层品质监督执行等功能，让信息化在农村更深入地对接与运用。2013年6月在浙江遂昌建立了第一家赶街村级电商服务站，到2014年11月已经在浙江省10余个县建立了800个以上的村网点，计划两年达到10000个网点。

电商下乡，面临的直接困难不少，一个是很多村民家里没有宽带，没有电脑，上不了网。二是农村老人和儿童居多，会上网买东西的人少。第三个问题是物流，没有物流公司送货。遂昌赶街依托当地已有的小超市、小门店等建立村级电商服务站，赶街为每一个村网点提供一台可以上网的电脑，由便利店的老板为村民代发、代收包裹，也提供代买和代卖网上商品的服务。而在县级层面成立运营中心，综合调度信息流、资金流和物流，达到降低成本的目的。

赶街项目的推出，推开了农村电商的破局序幕，也直接启迪了阿里巴巴的战略布局，将农村电商提升为三大战略之一。赶街的意义在于：打通信息化在农村的最后一公里，让农村人享受和城市一样的网购便利与品质生活，让城市人吃上农村放心的农产品，实现城乡一体。赶街运营的关键点是：一个综合的运营公司、一批设立在村上的服务站、一个强大的服务链条、一个便捷的物流体系、一个高效的管理团队。显然，农村电商又是一个复杂的系统工程，无论是先期投入100亿元启动“千县万村”计划的阿里巴巴，还是雄心勃勃快速启动农村战略的京东，还有在O2O痛苦转型中力图通过农村市场赢得转机的苏宁，都不可以轻视这个系统工程的复杂性。

遂昌电商的发展带来的启示是多方面的：在农产品电商启动阶段，政府的积极作为十分必要，要有为本地农产品背书的决心和配套举措，并按照市场机制推动；在发展中期，必须适应电商生态形成的现实需求，大力推动电商服务业发展，推动转型升级；在农产品电商成熟之后，则应该从城乡一体化的高度进一步开拓县域电商的广度和深度，推动电商下乡，实现城乡互通，最终形成县域电商的繁荣。

五、山东博兴：新农村包围城市

当2013年全国只有20个淘宝村的时候，山东博兴一县就有两个淘宝村，一个是博兴县锦秋街道湾头村，另一个是博兴经济开发区的顾家村，2013年两个村的电商交易额为4.17亿元，一个做草编，一个做土布。也正是捕捉到农村电商的重大历史机遇，博兴县将传统艺术与实体经营和电子商务销售平台对接，让草柳编、老粗布等特色富民产业插上互联网的翅膀，实现了农民淘宝网上二次创业。截至2014年底，全县拥有1个淘宝镇，6个淘宝村，农村淘宝商户达到8374户，直接从业人员达到2.7万人，全年线上交易额达到6.9亿元。2015年1月25日，阿里巴巴“千县万村”计划山东农村淘宝试点又在博兴县正式启动。

六、湾头村的法宝

作为全国草柳编工艺品出口基地，博兴湾头村的淘宝村形成可谓自然长成，不仅货源充足，而且质量和口碑一直不错，电商门槛和成本都不高，更易学和模仿。在博兴湾头村，1982年出生的胡伟，于2005年开设了村里第一家淘宝网店铺，售卖村里的草柳编手工艺品。2008年，胡伟店铺的年销售额达到了70万元，时值金融危机致使当地草柳编行业的海外订单开始下降。看到胡伟赚了钱，很多村民前来取经。同样是在2008年，在东营市开网店卖书的贾培晓，决定回家乡湾头村从事草柳编工艺品的网络销售。自2010年以来，他家的营业额连续翻番。如今在湾头村500多户从事电子商务的店铺中，年销售额在100万元以上的有20～30家，订单1000笔／月以上的也有三四家。

七、顾家村的突破

而在博兴经济开发区的顾家村，2013年淘宝网电商交易额为3亿元。在顾家村老粗布市场，有200多户老粗布经营户，涉及电商营销的有100多户，经营者多为80后年轻人。为了满足网上市场的需求，传统的老粗布产品已经突破粗布床单枕巾等低端家居用品，升级为中式服装、演出服、家居饰品等，2014年央视春晚主持人和嘉宾戴的红色粗布围巾就是从顾家村的一个网店上买的。类似的高端订单还有清华国学总裁班的唐装学员服和佛教协会的中式粗布服装，显示顾家村老粗布产品质量及电商交易实力。

八、县政府的“野心”

淘宝村的成功，进一步推动了本县传统企业的网上转型，目前全县拥有3000多家电商，从业人员超过2万人，80%的工业企业开展了网上贸易。博兴县也积极作为，努力将传统艺术与实体经营和电子商务销售平台对接，坚持“政府引导，企业主体，市场运作，多措并举”的基本原则，按照“初级阶段放水养鱼、发展阶段政府扶持、壮大阶段行业规范"的工作定位，将电子商务产业定位为战略新兴产业，创新体制机制，加强人才培养，叫响特色品牌。一个是开办各类培训班，广泛培训电商人才，提高经营水平。第二个是与山东工艺美院达成合作协议，在山东工艺美院设立手工织布设计研究所，在博兴县设立粗布设计研发工作室。第三个是加大市场推广力度，先后参加“山东省文化产业博览会”、“中国非物质文化遗产博览会”和“韩国艺术双年展”三个展，依托商务部全国农商网，建立草柳编、老粗布等系列产品博兴专页。第四是抓产业配套，在顾家村，除了已经营业的老粗布市场，一座包含老粗布仓储物流区、生产车间及展览馆等的新家纺城也在紧张筹建中。博兴电商给我们的启示是：一是要推动传统外贸的及时转型；二是要发挥人才的关键作用；三是注重产业园区与线上的结合；四是政府应及时引导与提升产业发展。

九、浙江海宁：电商倒推产业转型

图9-13　海宁中国皮革城网上商城上线仪式

提起海宁，可谓大名鼎鼎，是全国有名的皮草城，是皮革服装、裘皮服装、皮毛、皮革的集散中心。在一个电商来袭的时代，海宁也一直追随网络的步伐推动电商发展，到2012年底海宁网商（B2C / C2C）已经超过10000家，新增就业岗位40000余个，网络年销量破百亿大关；成功创建“浙江省首批电子商务示范市，和“浙江省电子商务创新样本”（见图9-13），列“2013年中国电子商务发展百佳县”榜单第3位；到2014年，全市从事电子商务相关企业共有1500余家，网商达2万家以上，天猫经营企业数870家，占嘉兴地区总量四成，实现网络零售额突破200亿元。与前面提到的义乌在网上实现再造，清河通过电商实现传统产业的第二春相比，海宁的历程让人见识了电商对一个产业的深刻影响与改造。

十、早起也有问题

说起海宁的电商历程，起步也相当早，淘宝网刚一成立，海宁就有中小商家和青年创业者跟上了脚步，特别是2008年外贸出口受金融危机影响后，纯电商企业网上销售的日益火爆，令一些长期从事实体销售的传统企业也按捺不住了，海宁皮革行业越来越多的企业运营者开始转换思路，积极投入到电子商务的发展浪潮中，努力走出一条以实体销售为支撑，以网上销售为助力的“双管齐下”的营销模式。但似乎顺利的电商历程在2010年后逐渐出现了危机，网上同业竞争日趋激烈，按照传统思维进行的网上卖货行为遇到了新问题。主要表现在：生产体系不适应，原来的单款走大单模式遇到了个性化消费的市场新要求，不得不转入小量多批的新生产模式；经营方式不适应，在同业恶性竞争面前缺少应对办法，最终陷入“低价营销→以次充好→质次价廉"的恶性循环；产品结构不适应，皮革服装消费具有明显的季节性，如果不能正季销售，则严重的库存积压会让企业吃不消。2013年最高峰时，海宁皮革城的商品积压总值达到30亿元。

十一、探索多条腿走路

在痛苦的现实面前，海宁电商开始多条腿走路：一是和阿里巴巴集团签约，合作打造“阿里巴巴海宁产业带"，形成一个海宁产品的网上大型批发、零售市场。2014年实现入驻企业441家，产业带实现交易额2.4亿元，产业带平台带动网上诚信通业务发展，诚信通海宁企业2014年实现交易额6.8亿元，比2013年增加5.7亿元。二是推动海宁皮城转型，开始建设网上商城，由“海宁·中国皮革城”联手工商银行浙江分行共同开发的第三方网上交易平台——“海皮城”全面启动，开辟了电子商务交易线上线下联动的新模式。三是积极推动跨境电商发展，95%以上的外贸企业纷纷通过阿里巴巴、环球资源、网上广交会、环球市场等载体发布信息，获取订单；部分企业开始主动入驻跨境电商平台。

十二、最终被电商改造

但更为根本的是，必须顺应电商发展趋势，推动产业根本转型。一是转变思维，切实加大专门的电商人才培养力度。电商发展已经让传统的网上卖货思维跟不上形势，积极引导各类培训机构与电子商务企业合作，依托职业技术学校、大专院校共建电商人才培育基地，培育具有实际操作能力的电商综合人才，提升电商经营水平。二是加大市场监管，推进品牌战略。加大对假冒伪劣产品的查处力度，对加大电商网络销售的企业进行奖励，推动传统的中小企业和家庭作坊向“品牌运营+网络营销+标准化生产基地”的精细化管理模式转型。三是强化电商服务，制定出台了《关于加快电子商务发展的实施意见》和相关扶持办法，对于培育电商企业、发展电商平台、建设电子商务园区、开展电商配套服务等方面，给予资金、人才、税收等方面的支持；先后资兴投建电子商务园区（楼宇）6个（其中电商园区4个，电商楼宇2个）；顺丰、申通、韵达等物流服务企业遍布全市，依托产业集聚优势引进大量第三方服务平台和服务商，电子商务服务体系得到进一步完善。

海宁电商的启示：传统产业必须抓住电商机遇来实现转型升级，但必须依照电商的规律来改造传统产业模式，改进产品研发、生产、销售模式，并对企业经营理念、经营模式进行根本转型。

十三、甘肃成县：一个核桃的逆袭

图9-14　成县核桃丰收景象

如果不是县委书记李祥（新浪微博@成县李祥）的一手推动，则很难想象成县能否像今天这样因为电商而声名斐然。而这一切看起来倒也简单，就是在县委书记的带领下，全县干部群众一起上手，共同吆喝同一款产品——核桃。

1. 县委书记卖核桃

翻开县委书记李祥的新浪微博“@成县李祥”的记录可以发现，在全部6200多条微博中，仅带“核桃”关键词的微博就达802条，这还不算转发的带核桃内容的相关微博，真正是名副其实的核桃书记了。对于核桃的痴迷程度表现在，核桃生长的每个环节都要通过照片和文字夸上一番（见图9-14），哪里有展销会、有销售窗口、哪个媒体做了报道都要炫耀一下，青核桃好吃、干核桃好吃、加工的核桃更好吃，如此这般，怎能不让人留下深刻印象。一个县因为“核桃书记"而迅速提升了知名度，而县委书记李祥也因为卖核桃一夜成名，不仅微博粉丝飞涨，而且成为各类论坛、讲座和媒体采访的常客，不断扩大着成县核桃的影响力。

2. 全县上手推核桃

在中国的县域政治中，县委书记亲自带头的工作，其示范推动力度是相当大的，由“核桃书记”发动的核桃宣传攻势轰轰烈烈开展起来。党政干部、县直各部门、乡镇村组、大学生村官、致富带头人等，全县上下全面开通微博，几乎异口同声地在集中宣传一个东西，还是核桃。在这样一种声势浩大的合唱声中，媒体和社会各界被感染，也纷纷加入宣传成县核桃的队伍，一时间成县核桃满天飞。2015年来自上海、河北、山西、四川、陕西、等15个省市的企业签订核桃购销合同16个，销售核桃产品5925吨，签约金额22850万元。

3. 全线出击做核桃

宣传的目的还是为了卖东西、做产业。抓住成县核桃满天飞的宣传效果，成县核桃的形象展示店、营销窗口、展销厅也紧锣密鼓地开设起来，迅速铺货；一批网上销售窗口也迅速开通，淘宝店与微博链接，微营销有声有色，淘宝上的“成县核桃"相关产品已经达到292种；核桃系列产品生产线也在紧张上马之中，形成青核桃、干核桃、核桃仁到核桃食品的系列化；围绕核桃开展的核桃树认领、核桃文化研讨等活动也相继举行，推动核桃营销；核桃标准化示范园也在加紧建设，产业规模不断扩大。

4. 功夫更在核桃外

仅仅一个核桃，终究县域产业规模有限，市场容量也有限，核桃只是成县电商的探路者，最终形成电商扶贫的县域经济之路才是目的。果然，在核桃站稳脚跟之后，成县系列土特产品相继推出，成县樱桃、成县土蜂蜜、成县土鸡蛋、成县金银花、成县香菇、成县土猪肉等，甚至成县奇石也卖到了网上，目前仅带“成县”字样的淘宝店铺达到159家，经营产品1058种。为推动电商事业发展，县上成立了电商协会，县委书记当顾问，持续推动；频繁请来全国电商大佬，做培训，搞研讨，提建议，全面促进；四处奔走，走出去，请进来，吸引一批企业和人才加入成县电商队伍；启动筹建电商产业园和农产品交易中心，解决产品供应、配送、培训等问题，电商产业链全线运转起来。

回顾成县一年多的电商实践，最重要的启示是，选择一个优势品种，集中推、整体推，在一点率先突破，带动电商全面发展和全民电商创业，值得总结和推广；同时也可以看得出，电商要作为一把手工程，才能主导电商开局；而在基础条件差的地方，更是需要集中全县人力物力，全力突破。

十四、河北清河：电商带来第二春

在县域电商的发展中，河北清河的情况与浙江义乌有些类似，都是在原有传统市场的基础上，实现了网上市场的繁荣。但不同的是，义乌提早着手，用电商引领产业发展转型；而清河则是在金融危机面前，依靠农民的实践换来“柳暗花明又一村”的盛况，再由政府抢抓机遇，全力推动网上市场发展，最终让羊绒产业迎来了第二春。到如今，“电商”成了清河县最具特色的商业群体，清河也成了全国最大的羊绒制品网络销售基地。全县淘宝天猫店铺超过2万家，年销售为15亿元，羊绒纱线销售占淘宝7成以上，成为名副其实的淘宝县。

1. 柳暗花明又一村

清河的羊绒产业一直在国内小有名气，发端于20世纪七八十年代，当时是中国最大的羊绒纺纱基地，羊绒原料占全国50%，纱线占到60%，被誉为“羊绒之都”、“羊绒纺织名城”。但由于销售渠道不畅和缺乏品牌运营经验，2000年以后，羊绒制品的生产销售陷入低谷。2007年，东高庄村村民刘玉国开始尝试淘宝销售，用借的数码相机，将自己生产的羊绒衫拍成照片传到网上，结果一发不可收拾，成为了全县有名的“淘宝大王”。在刘玉国的带动下，本村的刘玉肖、宋富强等人也加入到淘宝店的经营之中，并且获得了良好的收益，之后整个东高庄村掀起了在网上卖羊绒纱线的热潮。到2010年前后，东高庄村成为了全国首批淘宝村。东高庄村的成功在清河产生了巨大的示范效应，以东高庄村为核心，淘宝商户迅速向全县蔓延，黄金庄、许二庄、东张古等村相继“沦陷”。到2014年底，清河县形成淘宝村8个，淘宝镇1个，在全国县级行政区域中位居第三。

2. 东风劲吹好借力

面对来势汹涌的农村电商浪潮，县委、县政府顺势而为，推动羊绒产业上网，升级转型。一是全网出击，在继续推动各类经营主体开设网店的基础上，建成新百丰羊绒（电子）交易中心，吸引国内近200家企业进行羊绒电子交易；建立B2C模式的“清河羊绒网”、O2O模式的“百绒汇”网，100多家商户在上面设立了网上店铺。二是园区承载，在基础设施建设方面加大力度，先后开建电子商务产业园、物流产业聚集区及仓储中心等一大批电子商务产业聚集服务平台。三是加工升级，对引进先进羊绒纺纱设备的，财政给予两年贷款贴息的优惠；对购买计算机横机的，每台则给予2000~4000元的补贴。羊绒纺纱生产线从6年前的40条增加到去年的140条，计算机横机由过去的不足百台，增加到3000多台。全县羊绒加工量虽与过去持平，但所创产值却由初加工占主导地位时的70亿元增加到去年的160亿元，翻了一番还多。2008年前，清河县羊绒深加工产品只占整个产业的百分之十几，2014年已达到65%以上。四是实施品牌战略，12个品牌获中国服装成长型品牌，8个品牌获得河北省著名商标，24家羊绒企业跻身“中国羊绒行业百强”。如今，清河羊绒产业，不但形成了从分梳到制条、纺纱、织布、制衣、织衫、后整理销售等完整的产业链，而且原绒市场，毛渣市场，制品市场，梳绒机、横机配件市场，人才劳动市场以物流等配套体系也建立了起来，羊绒产业全面迈进羊绒经济时代。

3. 为有源头活水来

坚持网商需要什么服务，县政府就提供什么服务，先后成立三大中心。一是孵化中心，农民经营网店，需对网店进行设计，而网商们不懂也不会，县里就请来了网店设计、摄影、美工等专业机构，服务于全县网商，在县职教中心设立常年培训班，免费对农民进行“淘宝网入门”、“网店提升”等技能培训；二是研发中心，县里聘请清华美院等地的羊绒服饰设计人才，成立了羊绒制品工艺设计研发中心，免费为各网店提供设计服务，已累计推出了1200多款的潮流款式；三是检测中心，积极与国家羊绒产品质量监督检测中心联系，在清河设立了羊绒制品质量监督检验中心分支机构，使淘宝网商户足不出县，便能拿到公正权威的第三方检测报告。

清河电商的启示：政府要善于在电商的发展中顺势而为，以完善的服务维护正常市场秩序，促进电商企业发展，以有力的政策积极引导产业转型升级。

十五、浙江义乌：网上的再造

走进义乌，打造国际电子商务之都、打造跨境电子商务高地的宣传标语格外醒目，当大量的县域还在考虑如何启动电商的发展之时，领跑县域电商的义乌人已经将目光转移到了世界，这让前来参观学习的外埠之人情何以堪！义乌人何以有如此底气，敢于喊出世界级的口号？因为网上已经再造了一个义乌，跨境电商可能还会再造一个义乌。

截至2013年6月30日，注册地在义乌的淘宝卖家（含天猫）账户达到10万个，超过义乌国际商贸城的商户数量（7万家左右）。2013年义乌电商业交易规模达到856亿元，同比增长64%，交易额超过实体市场。这样的数字意味着，当世人惊羡着义乌国际小商品城的实体经济规模时，一个体量更为庞大的网上义乌已经形成。所以，在“电商百佳县”的排名中，义乌牢牢占据第一的位置。

1. 县域电商第一的底气

义乌电商占据第一，有着一些特殊原因：一是超前的意识，早在2005年就启动了电商战略，当时淘宝刚刚结束与易趣网争夺市场的战斗，整个网络零售市场才刚刚起步，但敏锐的义乌人已经抢先抓住了这一历史机遇，遂有今日之势。二是完整的产业配套。有着规模宏大的义乌小商品城做支撑，向网上的转移显然要容易得多，而且成熟的产业体系，完全可以支撑网上的零售与网络批发业务。义乌网商从义乌市场和本地厂家采购的量估计有70%，而初创业的这个比例更是有90%以上。三是人才优先战略。电商与传统商业的载体、路径不一样，需要专门的电商人才，义乌市把人才培养放在重要位置，当别的地方几百几千搞培训的时候，义乌人提出了培训30万人的惊人数字。四是政策扶持到位，十多年的持续扶持，从奖励到基础完善到支持服务商发展，义乌形成了支持电商发展的一系列政策体系。

2. 义乌只有一个

既然义乌电商已经发展到了这种程度，对于一般的县域而言，又从义乌学习些什么?显然义乌的模式是独一无二的，但义乌推动电商发展的做法可以借鉴。主要表现在：一是对新兴业态的敏感，如果说义乌把握了电商1.0时代先机的话，则今天的移动互联时代又为电商带来新的机遇，还有刚刚拉开大幕的农村电商，如何在新一轮县域电商竞争中跟上时代步伐，需要每个县域考虑清楚，并及时采取有效措施。二是在完善产业体系上下工夫，义乌电商已经进入电商服务商时代，网络批发商开始成熟，目标是专门为网商做供应商；电商产品的设计研发开始可以外包了，大量的电商环节发展成为独立的产业形态，支持更多的网商轻装上阵，今天的县域电商必须思考，本地的电商成长，其发育的土壤——以电商服务体系为基础的电商生态何在？三是把人才培养作为重要任务，产业再好，没有人做也起不来，义乌在电商人才的培养上可谓不遗余力，一批青年网商典型在义乌破土而出。一般的县域电商在起步之初，又将依靠什么力量，他们在哪里呢？

作为电商规模第一的义乌，对于一般县域而言，确实是一个不可追赶的高度，但作为一个电商成功实践的案例，则义乌电商发展不仅是一个让人羡慕的标杆，更重要的是，义乌的经验可以充分借鉴，这就是义乌电商的现实意义。